고기는 절반만 먹겠습니다

고기는 절반만 먹겠습니다

Meat Me Halfway

나와 지구를 지키는 희망의 약속

브라이언 케이트먼 지음

김광수 옮김

서문

우리는 고기를 '너무 많이' 소비한다

이 책의 원제 '미트 미 하프웨이(Meat me halfway)'의 '적당히 (halfway)'라는 단어 때문에 절충이나 타협을 추구한다고 생각할 수 있지만, 사실 이 책에는 상당히 급진적인 내용과 아이디어들 이 담겨 있다. 물론 현명함과 고상함은 두말할 것도 없다!

우리에게는 간과할 수 없는 문제가 있다. 사람들이 육류를 너 무 많이 소비한다. 지구의 기후 위기, 대도시보다 더 많은 오수 를 배출하는 집중화된 가축 사육 방식으로 인한 농촌 지역의 환 경 파괴, 이런 환경에서 살아가는 가축에 대한 학대, 과다한 육 식이 우리의 혈관에 미치는 영향 등 이런 문제들을 우려하고 말 고는 중요치 않다. 어느 문제든 육류 소비만 줄인다면 상황이 지금보다 훨씬 나아질 테니까!

육류 과소비의 문제점을 지적하면, 대부분의 사람들이 채식 주의(vegetarianism)나 완전채식주의(veganism)를 해법으로 떠올린다. 그러나 음식은 우리 문화와 역사에 깊이 뿌리박혀 있는 게 사실 이고, 육식을 단번에 끊는 게 매우 어려운 사람들도 많다. 환경

운동가로서 지구촌 곳곳의 오지와 빈곤 지역을 여행하면서 많은 시간을 보내온 나는 동물성 단백질의 매력이 사람들에게 얼마나 깊이 각인되어 있는지 누구보다 잘 안다. 그럼에도 불구하고 누구나 육류 소비량을 쉽게 줄일 수 있다.

이와 관련, 현장에서 사람들을 만나는 것도 하나의 해법이 될 수 있다. 모 아니면 도 식의 전제를 한 뒤 설교하듯 뻔한 소리를 늘어놓을 게 아니라 시장에서 적당한 가격에 맛있는 음식을 간편하게 즐길 수 있는 대안을 제시하는 한편, 육류 제품 소비량을 손쉽게 줄이는 데 도움이 되는 수단과 자원을 제시해야 한다. 이것이 이 책《고기는 절반만 먹겠습니다》의 주제다. 그 중심에는 우리 모두 힘을 모아 저마다의 역할을 충실히 해낸다면 미래 세대를 위해 지속가능하고 건강하며 가슴 따뜻한 세상을 만들 수 있을 거라는 긍정적이고 희망적인 메시지가 자리하고 있다.

나는 이러한 움직임의 아주 작은 부분에라도 일조할 수 있음을 더없이 기쁘게 생각한다. 우리의 대의에 함께하고 지지를 보내준 이들에게 감사한다. 우리의 미래는 바로 여기에 달려 있다.

- 빌 맥키번(Bill Mckibben)

우리는 왜 그렇게 고기를 좋아하는가

육식이 보편화된 세상

뉴욕이라는 이름을 들으면 사람들은 으레 화려한 마천루와 사람들로 붐비는 바둑판무늬 도로들을 떠올린다. 내가 태어난 스태튼 아일랜드를 생각하는 사람은 거의 없다. 스태튼 아일랜드는 60평방마일(약 156평방킬로미터)이 채 되지 않는 면적에 거의 50만 명이 거주하고 있어서 약간 혼잡한 느낌이 들기도 하지만, 그래도 미국에서 가장 큰 도시 뉴욕의 다른 곳들에 비하면 외딴 교외처럼 느껴진다. 스태튼 아일랜드는 60여 개 소지역으로 구성되어 있다. 이곳 주민들은 자신의 출신지를 언급할 때 주로 이 작은 지역의 이름을 사용한다. 예를 들면, "저는 '불스 헤드' 출신이에요"라고 말하는 식이다.

스태튼 아일랜드는 '힙(hip, 세련된)'하거나 '트렌디(trendy)'한 곳이 아니다. 굳이 그걸 직접 가서 확인하겠다며 배에 오를 필요는 없다. 자신도 이해할 수 없는 결정으로 하룻밤을 보내고는 수치심에 휩싸여 스태튼 아일랜드 왕복선에 오른 에이미(영화 〈나를 미치게 하는 여자Trainwreck〉에서 영화배우 에이미 슈머Amy Schumer 가 맡은 바로 그 배역이다)에게 그냥 물어봐도 충분할 것이다. 이 자치구는 몇 가지 점에서 유명해졌다. 첫째, 리얼리티 TV 프로그램 〈저지 쇼어(Jersey Shore)〉의 출연자 마이크 소렌티노(Mike 'The Situation' Sorrentino)가 태어난 곳이다. 둘째, 1993년 뉴욕으로부터의 분리를 요청한 스텍시트(Stexit, 'Staten Island'와 + 'Exit'의 합성어) 사건이다. 셋째, 세계 최대 규모의 쓰레기 매립지 프레시 킬스 랜드필(Fresh Kills Landfill) 때문에 유독성 악취의 근원지로 꼽히기도 한다. 넷째, 뉴욕에서 도널드 트럼프(Donald Trump)에게 두 번이나 압도적인 지지를 보낸 유일한 자치구다. 억양도 뉴욕의 다른 지역들과는 뚜렷한 차이가 있다. 예를 들어, '모차렐라(mozzarella)', '칼라마리(calamari)', '프로슈토(prosciutto)' 같은 단어를 '무즈-어-렐', '갈-라-마드', '프로-슛-토'같이 발음한다. 이는 스태튼 아일랜드 주민의 35퍼센트 이상이 이탈리아계로, 미국의 다른 카운티에 비해 월등히 높은 비율을 차지하는 데 따른 것이다.

이 모든 것은, 당신이 스태튼 아일랜드 출신이라면 다른 뉴요커들이 어렵지 않게 구분해낼 수 있다는 의미다. 브루클린의 베이 리지에 위치한 통신학 기술 고등학교에 등교한 첫날, 내가 채 몇 마디를 꺼내기도 전에 몇몇 친구가 불쑥 이렇게 물었다.

"너, 혹시, 스태튼 아일랜드에서 왔어?"

그런 질문을 던지는 친구들에게서 빈정거리는 느낌을 받은 것은 아니지만, 그래도 나는 교실이 아니라 '호기심의 방'에 갇혀 심심풀이 삼아 다들 한 번씩 찔러보는 대상이 된 것 같아 너무 싫었다. 그래서인지 사람들이 내 출신지를 다 알아차렸다고 해도 그 사실을 쉽게 인정하지 않으려는 나의 노력은 계속됐다. 나이가 들어갈수록 그런 태도는 더더욱 심해졌다. 온라인 데이트를 시작했을 때 내 프로필의 거주지에 '뉴욕, 뉴욕주'라고 표기했을 정도다. 맨해튼이나 브루클린에 사는 여성들과 여러 차례 메시지를 주고받다가 마침내 만나서 데이트를 하게 됐을 때 나는 추악한 비밀을 숨기려는 것처럼 상대방이 그 사실을 알아채지 못하도록 갖은 애를 썼다. 그 같은 오명으로 좋은 기회를 날려버리지 않도록 말이다. 지금이야 스태튼 아일랜드 출신이라는 게 부끄럽거나 숨겨야 할 만한 일이라고 생각하지 않지만, 솔직히 이런 전략을 썼던 것을 후회하지는 않는다. 사실 아내를 만난 것도 그 덕분이었다.

어쨌든 나는 특정 단어의 발음에 주의하는 한편, 느릿한 스태튼 아일랜드 억양을 쓰지 않으려고 항상 신경을 썼다. 콜롬비아 대학 여름 인턴십에 참여했을 때 둘째 주쯤 한 방문객이 내게 화장실이 어디 있는지 물었다. 말을 하면 감독관의 귀에 들릴 만한 거리에 있는데도 나는 반사적으로 이렇게 대답했다. "포스 플로(fawth flaw, 'fourth floor'에서 r 발음이 빠진 방언 형태 - 옮긴이)." 순간 낯이 확 달아올랐다. 그때 이후 나는 거의 다시는 'R' 발음을 빠트리지 않는다('거의'라는 표현을 쓴 이유는 화가 나거나 가족과 함께 있을 때는 마치 반항하듯 고향 말투를 쓰기 때문이다. 가수 케샤Kesha의 노래도 있지 않은가. "우리는 우리We R Who We R"다).

그리 썩 훌륭하지 않은 평판에다 이따금 상대방을 난처하게 만드는 특이한 구석이 있지만, 스태튼 아일랜드는 아이를 키우기에 꽤 괜찮은 곳이다. 나는 미국의 전형적인 중산층 가정에서 자랐다. 한적한 교외 거리에서 살았는데, 동네 공원이나 도로 바깥쪽 인도에서 발야구를 하며 노는 아이들을 쉽게 볼 수 있는 곳이었다. 밤이면 가끔씩 들리는 귀뚜라미들의 불협화음이나 자동차 경적 소리를 제외하면 쥐 죽은 듯 고요했다. 희미하게 가로등이 켜진 골목에 서면 하늘의 별이 또렷이 보일 정도였다. 추수감사절 다음 날에는 이웃들끼리 '가장 예쁘게 꾸민 집'이라는 암묵적인 주제를 놓고 서로 경쟁을 벌이기도 했다. 유대교 가정이었던 우리 집은 창가에 전깃불이 들어오는 플라스틱 하누카 촛대를 놓아뒀다. 그 자체로 충분히 아름다웠지만 이웃들은 우리가 경쟁에 참여하지 않는 것으로 간주했다.

우리 어머니 린다는 헌신적인 주부였고 아버지 러셀은 검안의였다. 가끔씩 심심풀이로 아버지 사무실에 전화를 걸어 교환원에게 '케이트먼 박사'를 바꿔달라고 했는데, 집에서는 익살맞기 그지없는 아버지가 일터에서는 어쩌면 그렇게 근엄하게 말씀하시는지 웃음을 참을 수 없었다. 아버지는 대학원 시절 친구들과 원숭이 눈알로 캐치볼을 했다고 너스레를 떠는 사람이었다. 다른 많은 남자아이들처럼 나 역시 아버지를 우상으로 여기며 자랐다. 누나 제니퍼도 그랬다. 아버지는 우리에게 영웅이었다. 아버지는 우리가 아는 사람 중 가장 똑똑하고 재미있는 사람이었다. 아버지는 생활비를 벌기 위해 열심히 일했다. 항상 밤늦게야 퇴근했고 주말에 출근하는 경우도 많았다. 저녁에 아버지가 현관문으로 걸어 들어오는 모습은 내게 가장 행복한 기억으로 남아 있다. 그런 날이면 우리 가족 모두 한자리에 모여 앉아 식사할 수 있었기 때문이다.

그렇게 식탁에 앉아 무엇을 먹었을까? 고기였다. 그것도 아주 많이! "그때 엄마는 미트로프, 스파게티, 미트볼, 고기찜, 생선 튀김, 가끔은 양갈비나 쇠고기 스튜 같은 것도 만들었지"라고 어머니는 회상했다. "아, 네가 가장 좋아하던 요리인 치킨 커틀릿 파르메산을 만들 때면 네가 거들어주기도 했어." 어머니는 뿌듯한 표정으로 덧붙였다. 아버지가 저녁을 준비하는 일은 거의 없었지만, 아주 가끔 야외에서 그릴로 스커트 스테이크를 굽기도 했다. 육류와 유제품은 아침과 점심 식사에 거의 빠지는 법이 없었다. 특히 주말 아침에는 베이컨과 계란, 구운 치즈 샌드위치, 계란을 곁들인 스테이크, 소시지 패티, 베이글, 훈제 연어가 식탁에 올랐다. 점심 때면 어머니는 페퍼로니 피자와 어묵, 햄버거 패티를 넣은 맥 앤 치즈 또는 프라이드치킨 너깃 등을 전자레인지로 요리하곤 했다. 하루 중 어느 끼니든 식사할 때마다 우리는 고기를 먹었다.

육식의 이면, 비인도적 축산과 도살의 민낯

어린 시절 나는 미국인들의 전형적인 식단인 미국 표준 식단(Standard American Diet, SAD)을 따랐다. 이 식단에 대한 정확한 정의는 없지만 일반적으로 적색육과 가금류, 해산물을 비롯해 흰 빵 같은 정제 탄수화물, 설탕, 밀가루, 흰쌀 등의 비율이 높은 편이다. 내 친구들과 그들의 가족들처럼 나 역시 과일과 채소, 통곡물, 콩류(강낭콩, 렌틸콩 등)는 잘 먹지 않았다. 심지어 퀴노아(안데스 산맥에서 서식하는 명아줏과 곡물 - 옮긴이) 같은 건 들어본 적도 없었다.

그런데 이 모든 게 단 한 번의 비행으로 뒤집어졌다. 기후 변화가 환경에 끼치는 충격을 주제로 학부 연구논문을 발표하기 위해 비행기를 타고 뉴욕에서 몬태나로 날아가던 중, 학과 친구가 책 한 권을 건넸다. 피터 싱어(Peter Singer)와 짐 메이슨(Jim Mason)이 공동 저술한 《죽음의 밥상(The Ethics of What We Eat)》이라는 책이었다. 참으로 공교로운 순간이었다. 하필 그때 치즈 버거를 먹고 있었기 때문이다. 어쨌든 나는 그 책을 처음부터 끝까지 모두 읽었다. 불과 그 몇 시간 동안에 나는 축산업의 산업화로 인해 값싼 고기를 생산하기 위해 동물 복지를 희생시키는 과정을 구체적이고도 생생하게 알게 됐다. 이후 몇 주 동안 그 주제에 더 깊이 파고들었다. 그때 읽은 책이 대니얼 이모프(Daniel Imhoff)의 《CAFO 리더: 공장식 사육 시설의 비극(The CAFO Reader: The Tragedy of Industrial Animal Factories)》이다. 돌아눕기도 어려울 정도로 좁은 임신용 금속 우리에 갇힌 돼지, 뿔을 자르는 등 고통스러운 절단과 거세, 낙인 찍기 등을 견뎌내야 하는 소, 너무 빨리 성장시키기 위해 지속적으로 약물을 투여하는 선별 사육으로 생후 40일이 지나 도축 시점에 이르렀는데도 채 걷지도 못하는 닭 등이 생생하게 묘사돼 있었다.

공장식 가축 집중 사육 시설(Concentrated Animal Feeding Operation, CAFO)로도 불리는 공장식 농장에서 산업용 육류*가 탄생한다고 들었지만, 나는 이것을 필수가 아닌 선택이라고 생각했다. 물론 이렇게 생각하는 사람은 나뿐만이 아니다. 2017년 한 조사에 따르면, 미국 성인의 58퍼센트는 "대부분의 사육 가축은 좋은 환경에서 잘 키워진다"고 생각했으며, 75퍼센트는 "인간적으로 잘 키워진 가축들"로부터 생산된 동물성 제품을 주로 구매한다고 했다.[1]

---

* 여기서 '육류(meat)'라는 표현은 포괄적으로 동물의 '살(flesh)'을 뜻한다. 이 책에서는 CAFO에서 생산되는 육류에 '공장식 농장에서' 또는 '산업용'이라는 표현을 덧붙일 것이며, CAFO에서 생산된 것이 아닌 육류에 대해서는 '더 나은 육류,' '동물 복지 육류' 또는 '친환경 육류' 같은 용어를 사용할 것이다.

매년 미국에서 식용으로 사육되는 90억 마리의 육상 동물 중 99퍼센트가 이처럼 잔인한 조건에 노출되어 있다는 사실에 나는 큰 충격을 받았다. 죽은 해상 동물은 그 수가 너무 많아 추정하기조차 어려울 정도다. 몇몇 추정치에 따르면, 전 세계에서 식용으로 사육되는 가축의 수는 700억 마리에 이르며, 그중 90퍼센트 이상이 농장에서 사육된다고 한다. 심지어 '공장식 농장'이라는 경멸적인 용어 자체도 잘못된 것이다. CAFO는 전형적인 농장과는 유의미할 정도의 유사점을 찾아볼 수 없으며, 오히려 머그컵이나 의자를 대량 생산하는 산업형 공장 체제에 더 가깝다. 나는 이 책을 통해 식용 동물 사육이 기후 변화와 생물 다양성 훼손에 끼치는 영향과 관련된 신빙성 있는 데이터를 잔뜩 소개할 것이다. 문제는 여기에 그치지 않는다. 동물 사육은 인간의 심장병과 당뇨, 비만 및 다양한 종류의 암까지 유발한다.

리듀스테리언, 육식과 채식 사이의 어딘가에서

육류, 특히 산업형 육류를 덜 먹는 것이 인간과 지구 모두의 건강에 도움이 된다는 것이 명백해지면서 얼마 전 나는 채식주의자가 되기로 다짐했다. 개인적으로 아는 채식주의자는 없지만, '그까짓 거 얼마나 어렵겠어?' 하고 쉽게 생각했다. 그러나 대다수의 사람들이 그렇듯이, 나도 몸이나 지구에 좋아서라기보다는 가격과 편의성, 맛을 주된 기준으로 음식을 선택해왔다는 것을 이내 깨닫게 됐다. 다른 모든 곳이 그렇겠지만, 스태튼 아일랜드에서는 간혹 볼 수 있는 냉동 채소 버거보다 싸고 맛있는 육류 음식이 주변에 더 흔했기에 수시로 '채식 열차에서 탈선하는' 내 모습을 발견하곤 했다.

휴일이나 특별한 일이 있을 때는 채식주의자가 되는 게 더 어려웠다. 어느 추수감사절이 기억난다. 모두 함께 칠면조를 먹으며 가정의 화목을 북돋아야 한다는 무언의 압박감을 느끼며 채소 접시에 고기를 한 조각 놓았을 때였다. 아니나 다를까 큰누나가 바로 놀렸다. "너 채식주의자 아니었어, 브라이언?" 몇 달 뒤에는 팬케이크 전문점에서 아침을 먹다가 웨이터가 친구 접시에서 베이컨을 치우는 모습을 보고는 나도 모르게 한 조각 낚아챘다. 유대인 채식주의자를 자처하는 사람으로서 너무나 부끄러운 순간이었다.

정체성 위기라고밖에 표현할 수 없는 상황들에 맞닥뜨리며 갈등하던 나는 나의 식습관을 정확하게 설명할 수 있는 단어를 찾기 위해 '채식주의자'라는 꼬리표를 떼어버리기로 했다. 이 과정에서 '엉터리 채식주의자(cheating vegetarian)'나 '나태한 완전 채식주의자(lazy vegan)' 같은 부정적이고 자기파멸적인 용어도 알게 됐다. 이런 용어들은 대부분 긍정적인 측면보다는 부정적인 측면에 치중하는 바람에 생겨난 것들이다. 채식과 육식을 오가는 변덕스러운 식습관을 잘 포착한 표현으로 '세미-베지테리언 (semi-vegetarian)', '모스틀리-베지테리언(mostly-vegetarian)', '플렉시테리언(flexitarian)' 등 조금 더 중립적인 용어도 있었다. 이 용어들은 주로 식물성 식단을 따르면서 가끔씩 육식을 하는 준채식주의자를 일컫는 말이다. 그러나 이마저도 식물성 식단을 고수하는 사람들에게 중점을 둔 배타적인 표현들이다. 나는 그 어느 것에도 해당되지 않았다.

2014년 어느 더운 여름 오후, 맨해튼에서 친구 타일러 앨트먼(Tyler Alterman)을 만나 점심을 먹기로 했다. 나는 그에게 내 고민을 털어놓았다. 타일러 역시 육식을 줄이려고 노력하고 있으며, 그 선택을 다른 사람들에게 설명하느라 나와 비슷한 어려움을 겪고 있다고 했다. 우리는 둘 다 우리처럼 육류 섭취를 줄이는 한편 타인에게 이를 권유하려고 노력하는 사람들에게 적합한 긍정적이고 포괄적인 용어가 필요하다는 데 공감했다. 머리를 싸매고 한참 궁리한 끝에 우리는 마침내 '리듀스테리언 (reducetarian)'이라는 새로운 용어를 만들어냈다.

이후로 우리는 고향인 스태튼 아일랜드에서 시작해 지금은 세계 전역에서 육류의 사회적 소비를 줄이겠다는 사명을 실천하고 있다. 그동안 리듀스테리언재단(The Reducetarian Foundation)이라는 비영리단체를 설립했고, 《리듀스테리언 솔루션(The Reducetarian Solution)》과 《리듀스테리언 쿡북(The Reducetarian

Cookbook)》이라는 책도 출간했다. 아울러 뉴욕, 로스앤젤레스, 워싱턴 D.C., 샌프란시스코에서 리듀스테리언 정상회의(Reducetarian Summit)를 조직하기도 했다. 수백 명의 리더들이 이 회의에 참석해 육류 소비를 줄이기 위한 획기적인 전략을 모색하고 있다. 이와 더불어 그동안 나는 산업형 축산업의 종식을 주제로 수많은 강연을 하고 글도 기고했다. 이 운동을 알리기 위해 세계 여러 국가의 언론과도 만났는데, 인터뷰 과정에서 '리듀스테리언'이라는 용어가 20여 개 이상 언어로 번역되기도 했다. 예컨대 스페인어로는 '리듀스테리아나(reducetariana),' 이탈리아어로는 '리듀스테리아니(reducetariani)', 독일어로는 '리듀스테리아너(reducetarianer),' 튀르키예어로는 '리듀타니즘(redüktanizm)'으로 번역됐다. 내가 쓴 책의 중심 내용을 바탕으로 다큐멘터리도 제작했다.

그런데 이런 노력이 실제 성과로 이어졌을까? 그 대답의 하나로, 나는 지금 육류를 향한 사람들의 인식 전환을 목격하고 있다. 2016년, 오프라 윈프리(Oprah Winfrey)는 자신이 '실천할 수 있는 일' 중 하나로 '고기 없는 월요일(Meatless Mondays)'을 지정한 후 자신의 트위터를 방문하는 수백만 팔로워들에게 동참하기를 촉구했다. 2017년에는 리얼리티 프로그램으로 유명한 카일리 제너(Kylie Jenner)가 스냅챗을 통해 완전채식주의(vegan) 식단을 채택했다고 선포하고 아리아나 그란데(Ariana Grande), 우디 해럴슨

(Woody Harrelson), 엘런 드제너러스(Ellen DeGeneres), 정치인 코리 부커(Cory Booker)와 빌 클린턴(Bill Clinton), 앨 고어(Al Gore) 등 유명인들과 함께 육식 위주 식단을 채식으로 전환했을 때의 장점을 설파했다. 〈이코노미스트(Economist)〉에서 '비건(vegan, 완전채식주의자)의 해'가 될 거라고 전망했던 2019년에는 가수 비욘세(Beyonce)가 자신의 팬들에게 완전채식주의를 완전히 또는 부분적으로라도 일상화하도록 독려하며 이를 실천한 사람들에게 자신과 제이지(Jay Z) 쇼의 입장권을 얻을 수 있는 기회를 주겠다고 했다.

다양한 분야에서 폭넓게 진행되고 있는(당연히 신중하게 수행되어야 하는) 여론조사의 결과를 보더라도 일반 대중 사이에서 육식 소비를 줄이는 데 관심 있는 사람들의 비중이 빠르게 늘어나는 것을 알 수 있다. 2018년 한 소비자 조사에서는 영국인 3명 중 1명 이상이 최근 육식 소비를 줄였다고 응답했다. 2017년의 28퍼센트에 비해 증가한 수치다. 미국의 소비자 연구에서도 이와 비슷한 동향을 엿볼 수 있다. 2020년 채식주의와 완전채식주의 식단을 혼합한 형태인 플렉시테리언 생활양식을 추구하는 비율이 36퍼센트로 조사됐다. 식물성 위주 식단의 인기가 높아지는 것은 매우 고무적인 현상이다. 나는 이런 추세가 가까운 미래에도 계속될 것이라고 조심스럽게 낙관한다.

그럼에도 불구하고 대다수 사람들이 여전히 주기적으로 육류를 즐기고 있는 것 또한 엄연한 사실이다. 나는 얼마 전까지 세상에서 가장 부유한 사람들과 특권층이 많이 살고 있기로 유명한 맨해튼 어퍼이스트사이드에서 생활했는데, 이곳에는 스위트그린, 저스트 샐러드, 찹트, 디그 인 등 다양한 식물성 메뉴를 선보이는 샐러드 전문점이 있지만 육류를 중심으로 하는 식당이 훨씬 많다. 이스트할렘에서 북쪽으로 몇 블록만 가면 모서리마다 눈에 띄는 타코벨, KFC, 웬디스 등을 보면 이런 현실을 더욱 절감하게 된다. 연구원들은 건강식을 취급하는 식당보다 패스트푸드나 정크푸드 매장이 훨씬 많은 이런 지역을 '식품 늪(food swamps)'이라고 부른다. 로스앤젤레스와 로드아일랜드주 프로비던스, 지금 내가 살고 있는 뉴저지에서도 이와 비슷한 광경을 쉽게 볼 수 있다.

우리 부모님은 어머니의 경우 과체중으로 힘겨워하고 있으며, 아버지의 경우 2형 당뇨병을 앓는 등 건강에 문제가 있고, 공장식 농장을 둘러싼 여러 이슈들에도 관심이 있지만, 그럼에도 불구하고 여전히 해마다 102킬로그램 정도의 육류를 소비하고 있다. 이는 미국인 평균 육류 소비량과 거의 비슷한 수준이다. 이 수치를 바탕으로 추정해보면, 1950년대 우리 부모님의 부모님은 미국인 평균 소비량인 약 57킬로그램의 육류를 섭취했을 것이다. 그렇다고 내가 집에서조차 채식에 성공하지 못했다고 이야기하려는 건 아니다. 오히려 그 반대로, 육식을 줄이는 데 성공했다는 감동적인 이야기를 담은 수많은 이메일과 댓글, 게시글을 받았다. 이 이야기들 하나하나가 내게는 엄청난 기쁨을 안겨주었을 뿐 아니라 내가 하는 일이 비록 쉽지는 않더라도 그만큼 가치 있는 것임을 상기시켜주었다. 그럼에도 불구하고, 먹어봐야 맛을 알 수 있지만, 지금 당장은 세상의 맛있는 먹거리 중에 식물성은 별로 없는 것 같다.

지속가능한 세상을 위한 우리의 과제

나는 이미 많은 사람들이 알고 있는 공장식 사육의 부작용을 되풀이해 이야기하거나 무작정 완전채식주의의 정당성을 옹호하며 이를 설파하기보다는 세 가지 고찰을 바탕으로 이 책의 내용을 전개할 것이다.

첫째, 우리는 왜 그렇게 육류를 좋아하는 걸까? 우리는 언제부터, 왜 육류를 먹게 됐을까? 수천 년 전보다 최근에 와서 육류를 훨씬 많이 먹는 것일까? 수십 년과 비교하면 어떨까? 나는 공장식 농장의 성장과 확대가 이 모든 의문의 해답과 관련 있다고 생각하지만, 지난 세기 동안 육류 소비가 급격히 늘어난 이유에 대한 전문가들의 해답을 듣고 싶었다. 엄밀히 말하면, '해답의 단서'라고 해야 더 적절할 것이다. 고도로 복잡한 주제들이 흔히 그렇듯, 이 역시 완전히 이해하는 것은 지극히 어려울 터이기 때문이다. 하나의 사건이 다른 사건의 직접적인 결과인지 아닌지 가려내는 것은 객관적인 것 못지않게 주관적이기도

하다.

더불어서, 나는 이를 탐구하는 과정에서 두 번째 의문들의 열쇠가 될 수 있는 상세한 그림이 도출되기를 기대했다. 즉, 오늘날 우리가 육류에 대해 알고 있는 모든 것들에도 불구하고 왜 계속해서 많은 양의 육류를 먹는 것일까? 문화 때문인가? 생물학적인 이유로? 육류의 화학 성분 때문에? 경제와 정치는 여기에 어떤 역할을 하는가? 어쩌면 영악한 광고와 푸짐한 정부 보조금에 힘입은 축산업 자체에 책임이 있는 건 아닐까?

마지막으로, 육류 소비를 포기할 수 없다면 어떻게 해야 더 지속가능하고 인간적이고 건강하게 만들 수 있을까? 그 대안으로는 크게 세 가지가 있다. 첫째, '땅으로 돌아가서' 높은 수준의 동물 복지를 추구하며 환경 친화적이고 겉보기에도 더욱 건강한 육류를 지역의 독립된 농민들로부터 조달하는 것이다. 일부 활동가들은 동물이 아닌 식물에서 만들어지는 '육류'에 미래가 있다고 믿는다. 끝으로, 해답은 농촌이나 식물이 아니라 과학자들이 세포 배양육을 개발하고 있는 실리콘밸리에 있을지도 모른다. 즉, 피부나 뼈나 깃털 등 다른 부위 없이 무감각한 동물 고기를 만들어내는 방식 말이다. 각각의 견해를 지지하는 이들은 모두 현재의 공장식 농장이 나아가야 할 방향에는 동의하지만, 이는 동시에 합의의 종결점을 의미하기도 한다. 불행히도 선의의 활동가들로 이루어진 사회는 내전 직전의 아슬아슬한 위기에 처해 있다. 그 이유는 우리가 미래의 '이상적' 육류에 대한 합의를 이뤄내지 못했기 때문이다.

이 책은 궁극적으로 우리와 육류 사이의 복잡한 관계를 다룬다. 성탄절 햄이나 그 출발점인 돼지에 대한 것이 아니라, 식탁에 둘러앉은 사람들이 육류를 먹으며 감사해하거나 되도록 육류 섭취를 그만둬야 한다는 내용을 다룬다. 그리고 오늘 우리가 먹는 육류를 통해 우리 자신을 정의하고, 미래의 육류가 진화하듯 우리의 정의가 어떻게 진화해야 할지를 다룬다. 그리고 무엇보다 우리가 어떻게 하면 더 따뜻하고 지속가능하고 건강한 세상을, 우리 모두가 보고 싶어 하는 그런 세상을 만들어 나갈 수 있을지를 다룬다.

차례

제1부

육식의 급부상

Chapter 1
잡식동물의 탄생

이봐, 반, 스테이크는 설익은 게 좋아?

프레드 플린스턴*(Fred Flintstone)*

육류를 향한 뿌리 깊은 갈망은 어디에서 비롯되는가

10여 년 전 여름, 나는 지금 나의 아내가 된 이사벨과 아내의 직장 동료 및 친구들 10여 명과 함께 뉴저지에서 열린 수영장 파티에 참석했다. 아내와 막 사귀기 시작한 때여서 아내의 친구들을 만난다는 사실에 약간 긴장되기도 했다. 게다가 그 무렵은 내가 마지막으로 고기를 먹은 지 1년 정도 지났을 때였다. 파티에 분명히 전통적인 바비큐 요리가 나올 거라고 생각하며 내가 먹을 칙칙하고 꿉꿉한 채소 버거를 따로 싸 갔었다. 다행히 배려심 많은 파티 주최자 앨리스는 이사벨의 귀띔으로 내가 채식주의자라는 걸 알았고, 그런 나를 위해 훨씬 더 근사한 채소 버거들을 미리 준비해두었다.

원반던지기와 수영, 가벼운 음주를 즐기며 몇 시간을 보내고 드디어 점심시간이 됐다. 앨리스는 햄버거와 핫도그, 스테이크, 치킨 커틀릿, 채식 버거 등을 준비해놓고 손님들에게 무엇을 먹을 것인지 일일이 물었다. 주문을 모두 정리한 앨리스가 그릴에 불을 붙이자 입맛 돋우는 향이 사방으로 퍼져 나갔다. 즉각 훈제 고기를 떠올리게 만드는 친숙한 천상의 향기였다. 머리로는 안 된다고 생각하면서도 실제로는 침이 흥건히 배어 나오는 나 자신의 모습을 발견하고 말았다. 너무도 강렬한 욕구였다. 깨닫는 것조차 고통스러웠다. 이토록 심한 갈망을 경험하는 것은 무척이나 오랜만이었다. 앨리스가 식탁 가운데 음식 접시들을 놓자 우리는 의자에 둘러앉았다. 다른 사람들이 고기를 한 접시씩 담는 사이에 나는 마지못해 재료들을 섞어 채소 버거를 만들었다. 평소에는 채소 버거를 좋아했지만, 한입 채 먹기도 전에 이 버거가 나의 근원적 허탈감을 메워주지 못하리란 것을 알 수 있었다. 하나를 게걸스레 먹어치우고 나니 나의 짜증과 불만은 한층 더 강렬해졌다.

더 이상 참기 어려웠다. 너무도 태연하게 육즙이 흐르는 맛난 햄버거를 집어서 입안에 순식간에 욱여넣었다. 아무도 눈치채지 못하기를 바랐지만, 모두가 알아버렸다. 그러고는 나의 위선과 고기를 향한 우리의 숙명적인 이끌림에 대한 대화가 이어졌다. 물론 그때가 내가 고기를 먹은 마지막도 아니요, 내가 고기를 갈망한 마지막도 아니다.

육류를 향한 뿌리 깊은 갈망은 어디에서 오는 것일까? 문화에서 오는가? 뒷마당에서 아빠와 그릴로 햄버거를 굽던 유년기의 행복한 추억에서 비롯된 것일 수도? 아니면 무언가 더 원시적인 이유가 있는 것은 아닐까? 정답은 간단치 않다.

인류의 조상은 언제부터 고기를 먹었을까

과학 저널리스트이자 《고기를 끊지 못하는 사람들: 인류의 육식 연대기(Meathooked: The History and Science of Our 2.5 Million-Year Obsession with Meat)》의 저자 마르타 자라스카(Marta Zaraska)는, 호모 사피엔스(Homo sapiens)가 지구 위를 걸어다니기 훨씬 이전부터 수천만 년 동안 우리의 먼 조상들은 주로 채식을 했다고 주장했다. 5500만 년에서 8500만 년 전 사이의 어느 시점에 중생대 무대를 주름잡았던 영장류 최초의 공통 조상인 퍼가토리어스(Purgatorius)를 생각해보자. 고릴라나 침팬지보다는 다람쥐나 여우원숭이를 더 많이 닮은 퍼가토리어스는 곤충을 잡아먹는 작은 땃쥐 같은 포유동물들이 먹이를 확보할 목적으로 나무 위로 서식지를 옮긴 이후에 열대와 아열대 숲에서 출현했다. 이것은 거대한 변혁의, 다시 말해 이 수목 탐험가들의 후손들이 과일과 나뭇잎, 꽃에 주로 의존하게 된 것과 더불어 영장목의 무대가 시작됐음을 알리는 변화의 출발점이었다. 작은 원숭이에서 커다란 유인원에 이르기까지 영장류는 작은 나무와 큰 나무, 풀 등 식물의 도드라진 부분을 식별하기 위해 오랜 시간 동안 슈퍼히어로 같은 적응력을 발전시켰다. 이 능력에는 향상된 깊이 있는 인식력, 민감성, 색채에 대한 감각 등이 포함된다.

많은 시간이 흐르면서 영장류는 여러 계통으로 나뉘었는데, 일부는 이런 식물성 먹이를 계속 섭취한 데 반해 다른 일부는 씨앗과 견과류 같은 새로운 먹이를 먹기 시작했다. 약 500만 년에서 800만 년 전 사이에 아프리카에서 인류의 조상인 호미닌(hominin) 계통이 침팬지와 보노보의 마지막 공통 조상을 이루었을 때조차 식물성 위주 식단은 여전히 유지되고 있었다. 한 예로 거의 600만 년 이전에 살았던 기록상 최초의 호미닌 중 하나인 오로린 투게넨시스(Orrorin tugenensis)는 두꺼운 법랑질에 싸여 있는 작은 송곳니와 낮고 둥근 어금니 등이 특징이다. 이는 그들이 주로 잎과 과일, 씨앗, 뿌리, 견과류 및 벌레 같은 것들을 먹었음을 보여준다.

식물성 위주 식단에 변화가 생겼을 가능성을 엿볼 수 있는 증거가 화석 기록에 등장하기 시작한 것은 300만 년에서 400만 년 전에 이르렀을 때다. 한 예로 1994년 과학자들은 아르디피테쿠스 라미두스(Ardipithecus ramidus)에 속하는 400만 년 된 인골을 에티오피아에서 발견했다. 두껍지도 얇지도 않은 법랑질을 가진 치아는 아르디피테쿠스 라미두스가 조금 더 보편화된 잡식성 식단을 따랐을 수 있다는 증거로, 사초과 식물을 포함한 여러 가지 새로운 식물성 먹이에 더해 몇 종의 작은 포유동물들이 이들의 식단에 포함되었을 것으로 보인다. 증거는 또 있다. 약 300만 년 전 지상을 어슬렁거리던 오스트랄로피테쿠스 아프리카누스(Australopithecus africanus)의 치아를 화학 분석했더니, 이 종의 식단에 육류가 소량 포함됐을 수도 있다는 결과가 나왔다. 정리하자면, 초기 인류(호미닌)는 육류를 1년에 평균 10일 이하 섭취하는 지금의 침팬지와 비슷한 식단을 영위했을 것으로 추정된다.

초기 인류가 육식을 했는지 여부에 대한 지대한 궁금증은 호모속(genus Homo, 현생 인류와 그 직계 조상을 포함하는 분류 - 옮긴이)이 등장하기 바로 전인 250만 년 전에야 베일이 벗겨졌다. 이 시기는 화석 유물에서 석기가 등장했을 뿐 아니라 도살의 명확한 징후로 보이는 절단과 타박상의 흔적이 나타난 때이기도 하다. 1990년대 고생물학자들은 에티오피아 부리 유적지에서 250만 년 전 인류의 두개골과 치아를 발견했다. 그런데 현지인들의 언어로 '놀랍다'는 의미에서 오스트랄로피테쿠스 가르히(Australopithecus Garhi)라고 명명된 이 개체 주변에서 하나의 종이라 단언하기 어려운 여러 개체의 팔과 다리뼈들이 발견됐다. 산재한 다리뼈들 중 하나의 옆에 메기의 한 종과 영양의 흔적이 남아 있었는데, 특히 영양의 잔해는 석기로 절단한 흔적이 뚜렷했다. 근처에선 비슷한 도살 흔적을 찾아볼 수 있는 말 뼈들도 흩어져 있었다. 뒤쪽을 둥글게 잘라낸 흔적이 있는 아래턱뼈는 혀를 절단했음을 짐작하게 했다. 양쪽 끝이 부러진 다리뼈들은 골수를 추출한 흔적이 분명했다.

1992년, 고생물학자들은 에티오피아 고나 유적지에서 주먹 크기의 분쇄용 돌덩어리뿐 아니라 단단한 돌을 바위에 부닥뜨려 만든 날카로운 돌조각 등 인류 최초의 제작 석기 3000여 개를 발굴했다. 더 최근인 2018년, 알제리의 앵 부셰리에서 비슷한 제작 도구를 250여 개 발견했다. 이들 도구는 240만 년 전에 만들어진 것으로 추정됐다. 이곳에선 300개에 가까운 동물 뼈도 함께 발견됐는데, 그중 20여 개에서 절단된 자국이 보였다. 당시의 놀랍도록 향상된 기술 덕분에 우리 조상들은 가젤에서 코끼리에 이르기까지 다양한 동물들의 사체를 조각낼 수 있게 되었다. 그 속에 들어 있는 풍부한 영양소에 처음으로 다가갈 수 있게 된 것이다.

그렇다면 초기 인류는 동물의 사체를 어떻게 확보했을까? 과학자들은 두 가지 시나리오를 두고 치열하게 논쟁을 벌이고 있다. 첫째는 청소부 가설이다. 초기 인류가 사자 등 날카로운 송곳니를 지닌 고양잇과 동물 같은 거대 육식동물들이 사냥 후 남긴 것들을 단순히 청소했다는 설이다. 이 가설에는 초기 인류가 오로지 '수동적' 청소부에 불과했는지, 아니면 약탈적 육식동물과 하이에나나 독수리 같은 다른 청소부들과 적극적으로 경쟁하는 '대립적' 또는 '강력한' 청소부였는지에 대한 의문이 동반된다. 두 번째는 사냥꾼 가설이다. 이 가설에서는 초기 인류가 단순한 청소부가 아니라 가젤이나 영양, 누 등 대형 동물을 죽이기 위해 교묘한 매복 기술을 사용하는 능동적이고 협력적인 사냥꾼이었다고 주장한다. 각각의 가설을 뒷받침하는 고고학적 근거도 있어서 어느 설이 맞는지 명확하게 결론짓기는 어려워 보인다.

초기 인류가 청소부인지 사냥꾼인지 아니면 그 사이의 어디쯤인지 단언하기는 어렵지만, 시간이 흐르면서 더 자주 사냥에 나섰고, 점점 더 정교한 기술을 적용했으리라는 점에는 전문가들도 모두 동의한다. 160만 년 전에 출현한 초기 인류는 손도끼라고 불리는 새로운 유형의 도구를 개발했다. 돌도끼는 돌을 깬 뒤 그 조각을 공들여 손질해서 만든 타원형 모양의 커다란 다목적 도구였다. 일부 전문가들은 손도끼가 동물 무리를 공격해서 그중 한 마리를 기절시키는 사냥용 발사체나 '살상 원반(killer Frisbees)'[1] 같은 용도를 지녔을 것이라고 추정한다. 40만 년에서 50만 년 전, 진화 과정에서 인류의 사촌격인 호모 네안데르탈렌시스(Homo neanderthalensis)가 지구상에서 걸어 다니기 시작한 직후부터 인류는 던지기용 나무창을 만드는 방법을 배웠고, 그 덕분에 이전보다는 조금 더 먼 거리에서 안전하게 사냥할 수 있게 됐다.

여기서 중요한 의문이 하나 등장한다. 애초에 무엇이 우리 선조들로 하여금 사냥해서 육류를 먹게 만든 것일까? 스미스소니언 국립자연사박물관의 고인류학자 브리아나 포비너(Briana Pobiner)는 "기후 변화로 기존에 먹던 과일과 다양한 식물 및 다른 여러 먹거리들을 더 이상 먹기 어려워졌기 때문이라고 보는 견해가 있다"[2]고 설명했다. 과거에 흔했던 먹거리들이 부족해지자 이에 대응하기 위해 초기 인류가 그저 생존의 한 방편으로서 육류를 먹기 시작했다는 것이다.

이러한 식단의 변화를 촉발한 구체적인 환경 요인에 대해서는 지금도 논란이 뜨겁지만, 대다수 전문가들은 식단의 변화가 인류 진화에 결정적인 역할을 했다는 점에는 동의한다. 무엇보다도 육식은 인류의 뇌가 다른 동물들에 비해 상대적으로 커지게 하는 발달 과정을 촉진했을 가능성이 있다. 비교하자면 오스트랄로피테쿠스 아파렌시스(Australopithecus afarensis)와 오스트랄로피테쿠스 가르히의 뇌 크기는 평균 450세제곱센티미터로, 오늘날 침팬지나 오랑우탄의 뇌 크기와 비슷하다. 유인원과 인류 사이의 '잃어버린 고리'(생물 진화 과정에서 결여된 종류 – 옮긴이) 중 하나인 호모 하빌리스(Homo Habilis)의 뇌 크기는 평균 600세제곱센티미터로, 오늘날 고릴라보다 약간 컸다. 180만 년 전에 존재했던 호모 에렉투스(Homo erectus)의 뇌 크기는 평균 900세제곱센티미터였다. 현대 인류의 뇌 크기는 평균 1350세제곱센티미터에 이른다.

육류가 없었다면 인류의 뇌는 지금처럼 크게 발달하지 못했을 수도 있다. 지방질이 풍부한 만큼 육류는 칼로리도 높다. 커다란 뇌는 그만큼 많은 영양소를 소모한다. 인간의 뇌는 체중의 3퍼센트를 차지하는 데 불과하지만, 우리 몸에 공급되는 에너지의 20퍼센트 정도를 소비한다. 칼로리가 낮은 식물성 먹거리 위주의 식생활을 영위했던 초기 인류는 이처럼 큰 기관에 연료를 공급하려면 과도하게 많은 시간을 소비할 수밖에 없었다.

육식과 인류의 진화

육식으로의 식단 변화는 또한 우리의 소화관이 초기 인류에 비해 훨씬 작아진 이유를 설명해준다. 이른바 '귀하신 조직 가설'의 지지자들은, 육식을 하면서 부피가 큰 식물 섬유를 덜 섭취하게 된 잡식성 인류가 장 체계를 더 작게 진화시켜 자원 집약적인 뇌에 필요한 에너지를 확보할 수 있었으리라고 추정한다. 또한 육식은 우리의 치아를 더 작고 날카롭게 만들었다. 대부분의 식물에 비해 고기는 덜 씹어도 충분히 소화시킬 수 있기 때문이다.

한 연구에서 24명의 피실험자들을 모집해 감자, 당근, 비트 세 가지 채소와 함께 염소 생고기를 먹게 했다. 그런 다음 각각의 음식을 씹어 삼키기 위해 머리와 턱 근육에 얼마나 많은 에너지가 필요한지 근전도 센서로 측정했다.[3] 연구 결과는 이랬다. "식단의 3분의 1을 육류로 구성하면 식물성 식단을 유지했던 때에 비해 매년 저작 사이클(chewing cycle), 즉 씹는 횟수가 거의 200만 회(약 13퍼센트) 감소하고 총 저작력(음식을 씹는 힘)도 15퍼센트가량 줄어든다. 초기 인류는 단순히 육류를 자르고 (식물을)

두드리는 것만으로도 육류를 씹어 더 작은 입자로 만드는 능력을 41퍼센트 향상시키고, 연간 저작 횟수를 추가로 5퍼센트 줄이고, 필요 저작력 또한 추가로 12퍼센트 줄였을 것이다."[4] 연구 결과, 초기 인류가 가공된 육류를 씹어 삼키면서부터 음식을 섭취하는 데 필요한 힘이 46퍼센트 이상 줄어들었을 것으로 파악됐다. 채식 위주의 식단을 영위하다가 육식을 하기 시작하면서 크고 긴 신체에서 얇은 체모에 이르기까지 다양한 측면에서 우리 존재 자체의 물리적 특성까지 변해버린 것이다.

한편, 육식을 중심으로 인류의 진화를 파악하려는 관점은 적절하지 않다고 주장하는 연구원들도 있다. 그중 대표적인 인물인 영장류 동물학자 리처드 랭엄(Richard Wrangham)은 저서《요리 본능(Catching Fire: How Cooking Made Us Human)》에서 이렇게 주장했다. "육식은 침팬지를 닮은 오스트랄로피테쿠스를, 칼을 휘두르고 뇌도 더 큰 호모 하빌리스로 변화시킨 인류 진화 과정에서 나타난 획기적인 첫 번째 전환에 대해서는 매끄럽게 설명한다. (그러나) 작은 턱과 작은 치아를 지니고 있어 사냥감인 동물의 질긴 날고기를 씹는 데 제대로 적응하지 못한 것과 관련된 핵심적인 문제에는 답하지 못한다. 약한 입은 호모 에렉투스가 사냥에 더 뛰어났다는 사실로 설명할 수 없다. 분명히 무언가 다른 일이 벌어졌을 것이다."[5] 이 '무언가 다른 일'에 대해 랭엄이 주장하는 바는 바로 '익히기(cooking)'다. 해부학적으로 기능이 충분히 갖추어지지 못한 탓에 날고기는 인류의 두 번째 '진화의 대전환,' 즉 호모 하빌리스에서 호모 에렉투스로의 전환을 이행하는 데 필요한 칼로리를 충분히 공급할 수 없었다. 반면, 육류와 식물 모두를 익혀 먹음으로써 우리 조상들은 더욱 많은 에너지를 섭취할 수 있었다. 그 과정에서 뇌와 신체는 더 커지고, 치아와 소화관은 더 작아졌다. 예컨대, 계란을 익히면 날계란과 비교했을 때 단백질 값이 40퍼센트나 증가한다. 날고기를 익히면 씹거나 소화하는 데 힘이 덜 들 뿐만 아니라 영양가도 높아진다.

많은 과학자들은 불을 통제했다는 고고학적 증거가 50만 년 전에는 드물고 빈약했으며 100만 년 전에는 거의 없었다고 주장하면서 이 '익히기 가설'에 동의하지 않는다. 불을 자유롭게 사용했다는 명확한 증거는 인류의 해부학사에서 진화의 대전환이 일어난 지 한참 후인 40만 년 전으로 거슬러 올라간다. 많은 전문가들이 불을 이용한 익히기보다 석기로 날고기를 두드리거나 자르는 등 가공 기술이 향상되면서 두 번째 진화의 대전환기를 촉진했을 것이라는 가설에 더 무게를 둔다.

결론적으로, 인류 진화를 결정적으로 도약시킨 것이 날고기인지 익힌 고기인지에 대한 논란이 뜨겁지만, 대부분의 과학자들은 익혔든 익히지 않았든 동물의 일부분을 먹지 않았다면 인류의 외모와 행동 양식이 지금과 크게 달라졌을 것이라는 데 의견을 같이한다.

인류의 조상들이 얼마나 많은 육류를 먹었는지는 정확히 알 수 없지만, 요즘 유행하는 '원시인 다이어트(paleo diet)' 식단을 보면 어떤 것을 상상하든 오늘날 우리가 먹는 음식과 많이 달랐으리라는 것만큼은 알 수 있다. 사실 우리 조상들의 식단은 매우 다양했다. 육류를 다량 섭취하거나, 식물성 식단에 치우쳐 있거나, 그 둘 사이의 어디쯤에 해당하는 경우도 있었다. 결과적으로 우리 조상들은 하나의 범주로 규정할 수 없다. 시간과 공간을 가로질러 독특한 생물학적 신체 구조를 지니고 다양한 환경 조건에서 생활한 다양한 종류의 인종이 있었던 것이다.

튀빙겐대학 연구원들은 2016년 환경 데이터와 치아 표면의 미세한 마모 형태 사이의 관계를 분석했다. 그 결과, 기후가 계속 변화하던 빙하기에 네안데르탈인들이 확보할 수 있는 식재료가 달라지는 상황에 대응해 식단을 바꾸었다는 사실을 확인했다. 혹한기의 네안데르탈인은 거의 전적으로 육류에 의존해서 살았다. 조금 더 온화한 시기에는 식물과 씨앗, 견과류로 식단을 보완했다.

초기 인류가 네안데르탈인보다 식단에 있어 훨씬 더 유연성을 발휘함으로써 과일과 채소를 구하기 어려운 시절에도 이런 것들을 식단에 포함시킬 방법을 찾았음을 시사하는 데이터도 있다. 이 같은 유연성의 차이는 네안데르탈인이 멸종하고 인류가 살아남은 이유를 설명하는 데 활용되기도 한다. 런던 자연사

박물관 교수이자 공훈 연구원인 크리스 스트링어(Chris Stringer)는 다양한 음식을 먹음으로써 다양한 환경에 적응하는 능력이 인류의 가장 큰 특징이라고 말했다. "인류는 주어진 상황에서 먹을 수 있는 것은 무엇이든 먹었습니다. 단일한 원시 식단 같은 것은 없었어요. 이들의 식단은 매우 다양했어요. 약간의 육류가 포함됐을 테지만, 대체로 고기보다는 식물성 먹거리가 많은 양을 차지했을 것으로 추정됩니다"라고 그는 설명했다.[6]

4만 년에서 12만 년 전 사이에 인류는 유연한 잡식성 식단과 이 과정에서 축적된 적응 능력을 기반으로 원래의 발상지(에티오피아 인근의 동아프리카로 추정됨)에서 과감히 벗어나 전 세계로 이주하기 시작했다. 이 과정에서 인류는 초기 인류 인지력 이론가들이 '고차원 의식'이라고 부르는, 이전에는 볼 수 없던 능력을 선보였다. 바로 미래를 생각하고 계획하는 능력이다. 실제로 4만 년 전 인류는 음악, 자기 치장, 거래, 장례식, 조형 예술 등 완전히 현대적인 행동 양식을 보였다. 언어와 상징 문화를 전달하는 이 발달된 능력은 인류로 하여금 육식을 더 효과적으로 통제하도록 돕는 새로운 바탕을 마련했다.

Chapter 2

창조 이야기

그리고 인류가 오랫동안 경작하고 사육해왔으며 시대별로 매우 다른 기후와 취급 방식 때문에 달라질 수밖에 없었던 식물과 동물들의 방대한 다양성을 돌이켜보면, 우리는 이 방대한 다양성이 자연에 노출된 부모 종처럼 그리 일정하지 않고 상당히 다르기까지 한 환경에서 인위적으로 생산됐기 때문이라는 결론에 이르게 된다.

찰스 다윈(Charles Darwin)

인간은 어떻게 동물을 기르게 되었는가

여러 해 전 이사벨과 나는 강아지를 입양하려고 뉴욕 동물애호협회를 찾았다. 내 뜻은 아니고 아내가 원해서였다. 아내는 우리 가족에 새로운 구성원을 더하고 싶어 했지만, 나는 그다지 내키지 않았다. 반려동물을 키운다는 것 자체를 원래부터 싫어했던 것은 아니다. 오히려 천방지축이던 십 대 시절에는 반려동물을 얻기 위해 별짓을 다했다. 털 많은 동물을 집에 들이면 안 된다고 어머니가 말씀하시는데도 여동생에게 가까운 반려동물 가게에 가서 새끼 고양이를 사 오라고 시키며 어머니에게 반기를 들었다. 동생과 나는 고양이에게 '심바'라는 이름을 지어줬다. 어머니는 심바를 집에서 기르도록 허락해주셨을 뿐 아니라 나중에는 나 못지않게 예뻐하게 됐다(이 기회를 빌려 반려동물을 '사지 말고 입양하세요!'라고 꼭 말해주고 싶다. 당시 나는 이런 좋은 방법이 있다는 걸 몰랐다).

칸막이 너머로 주인을 만날 희망에 차 있는 강아지들의 얼굴을 바라보면서 문득 내가 반려동물을 책임질 준비가 전혀 되어 있지 않다는 것을 깨달았다. 어렸을 적 덜컥 고양이를 들여와놓고는 제때 먹이를 줘야 한다거나 산책시켜야겠다는 생각조차 하지 않은 채 태평하게 밤늦도록 놀러다녔던 기억을 떠올리고 있는데, 협회 직원이 4개월된 암컷 테리어 믹스견 토비를 보여주었다. 작은 몸집을 보니 겨우 1.8킬로그램 정도 돼 보였다. 가엾은 강아지는 잔뜩 얼어 있었다. 나 역시 마찬가지였다. 그때까지만 해도 내가 성견보다 손이 훨씬 많이 가는 강아지를 입양하게 되리라고는 생각지도 못했다.

얼마 지나지 않아 토비는 이사벨과 내게 애교를 부리기 시작했다. 우리가 바닥에 누우면 이리저리 오가며 우리 코를 핥기도 했다. 결국 아내와 토비가 이기고 내가 졌다는 걸 인정할 수밖에 없었다. 토비는 곧 우리와 함께 평생 살게 될 집으로 떠났다. 그 과정에 몇 주 걸리긴 했지만, 토비를 향한 주체할 수 없는 기쁨과 애정이 처음의 망설임을 거의 완전히 밀어내버렸다. 나는 토비와 함께하는 모든 것에 흠뻑 빠져들었다. 우리와 함께 침대에 드러누운 모습, 우리를 보호하려고 짖는 소리, 다람쥐 쫓기 놀이, 심지어 토비의 털 냄새까지도 사랑스러웠다. 토비는 우리와 함께하기 위해 이 행성에 찾아온 듯했다.

이런 관계가 만들어지는데 우주의 개입이 필요했던 것까지는 아니더라도, 그런 느낌만큼은 진실에서 크게 벗어난 게 아니다. 토비를 비롯해 (최근 우리 가족의 반려견이 된 쿠퍼까지) 인간의 손에서 자란 동물들은 근본적으로 인간에 의해 창조된 셈이다. 이 깨달음은 나에게 또 다른 의문을 던졌다. 언제 어떤 상황에서 인류가 동물에 대한 지배권을 획득했으며, 그러한 힘이 우리와 육류의 관계를 어떻게 변화시켰을까?

역사적으로 인류와 동물 사이의 역학관계는 한정된 자원을 둘러싼 경쟁과 먹고 먹히기 같은 대립적 이해관계로 표현됐다. 간혹 먹을 것을 얻기 위한 경쟁이나 사냥 같은 대립관계를 제외하면 오랜 시간 동안 인류와 동물은 서로 별개의 삶을 살아왔다. 그러나 이러한 상황은 1만 4000년에서 4만 년 전 사이에 점점 변하기 시작했다. 인간이 소비하거나 이용하기 쉽도록 야생동물과 식물을 '길들이거나' 적응시키는 과정에서 새로운 관계가 형성된 것이다. 인간이 늑대를 '가축화(domestication)'한 것이 대표적인 사례다.

이런 관계가 처음에 어떻게 시작됐는지에 대해 연구원들의 견해는 제각각이지만, 대체로 '공생 경로(commensal pathway)'라고 부르는 틀 안에서 공감대가 형성되었을 것으로 추측한다. 첫째, 이른바 청소부 이론 지지자들은 늑대가 먹이를 찾아 수렵채집인 주거지에 먼저 다가왔고, 시간이 흐르면서 덜 공격적인 늑대들이 사람들과 가까워졌을 거라고 주장한다. 붙임성 있는 늑대들에게 남는 음식을 던져주는 대가로 사람들은 늑대들에게 자신들의 주거지에 접근하는 다른 동물이나 침입자들을 위협해

쫓도록 했다. 또 다른 견해로, 고기를 쉽게 얻기 위해 늑대와 사람들이 협력했다는 설도 있다. 늑대가 예민한 감각을 이용해 사냥감을 추적해서 궁지에 몰아넣으면 사람들이 무기를 들고 연합 전술을 펼쳐 사냥감을 죽였다는 것이다. 이렇게 해서 사냥감을 잡은 뒤 늑대들이 살과 뼈를 먹고 나면 사람들이 나머지를 청소했다. 일종의 상생(win-win) 전략이다. 마지막으로, 일부 연구원들은 무리에서 떨어져 나온 어린 늑대들이 반려동물로 사람들의 주거지에 입양되었을 것이라고 추측한다. 어느 한 가설이 옳든 여러 가설이 혼합돼 이런 결과가 나타난 것이든 한 가지는 분명하다. 생존과 재생산에 도움이 되는 '온순함' 같은 특성을 지닌 특별한 늑대들의 수가 점점 늘어났다는 사실이다. 그렇게 여러 세대가 흐르면서 '집개'가 등장했다.

1만 2000년 전 대부분의 인류가 정착 생활을 하게 되면서 동물의 가축화는 급속도로 진행됐다. 인류 최초의 반고정 정착지 중 하나로 티그리스와 유프라테스강 사이의 메소포타미아 지역이 있다. 고대 문명 발상지 중 하나인 이곳은 지리적으로 현대의 이라크와 쿠웨이트, 시리아, 튀르키예, 이란 등을 아우른다. '문명의 요람'으로 알려진 이 '비옥한 초승달 지대(The Fertile Crescent)'에는 가젤, 사슴, 소, 멧돼지, 말, 염소, 양 등의 야생 동물과 씨앗, 잎, 과일, 땅속줄기, 곡물, 콩 등 식용 식물이 풍부했다. 이름에 걸맞게 비옥한 초승달 지대에서 인간 거주자들은 주거지로부터 멀리 가지 않아도 생활에 필요한 모든 것을 사냥하고 채집할 수 있었다. 시간이 흐르면서 이곳엔 바닥을 조금 파내고 그 위에 나무 뼈대로 된 구조물을 세운 이른바 '수혈 주거(pit house)' 양식의 집이 만들어졌다. 사람들은 한 해 동안 먹기 위해 각자 자신의 집에 잉여 야생 곡물을 저장했다. 많은 전문가들이 1만 년 전쯤 이 곡물 저장고가 들고양이의 가축화를 촉진했을 것으로 추정한다. 농작물과 기타 농경 부산물을 축내는 쥐들을 감시하고 막아줌으로써 들고양이는 인간과 서로 유익한 관계를 형성했다. 염소는 9000년에서 1만 1000년 전 사이에 식용 목적으로 가축화된 첫 번째 동물이며, 양과 소가 그 뒤를 이었다.

동물들의 가축화는 급감하는 동물 개체 수를 회복시키기 위한 절박한 마음으로 인간들이 야생의 사냥감 수를 늘리기 위한 방법을 실험하는 과정에서 우연찮게 이뤄졌을 수도 있다. 이 같은 주장을 옹호하는 전문가들은 이 과정을 가축화를 위한 '포획 경로(prey pathway)'라고 부른다. '수렵 관리 전략'은 시간이 흐르면서 인간이 동물의 운동과 먹이, 번식까지 통제하는 '무리 관리 전략'으로 발전했다. 일부 전문가들은 돼지의 조상인 멧돼지들이 상호 이익과 포획 경로 두 방식 모두를 통해 9000년 전 메소포타미아에서 사육되기 시작했다고 추정한다. 즉, 야생에서 포획되는 돼지들도 있었고, 인간의 식탁에서 버려지는 음식 쓰레기와 부산물을 처리하는 데 도움을 주는 돼지들도 있었다. 얼마 지나지 않아 옷을 지을 양모와 천막집을 만드는 데 필요한 가죽, 우유 생산 같은 부가적인 용도를 충족하기 위해 염소와 양, 소, 집돼지 등도 가축화했다.

염소와 양, 소, 돼지를 가축화한 것이 인간이 의도한 바가 아니라 할지라도, 일단 시작되고 나자 이런 움직임은 무한정 확장됐다. 고기와 가죽, 우유 생산 및 수레 끌기와 수송 등 온갖 필요를 충족하기 위해 말과 당나귀, 낙타 등 여러 가지 동물을 의도적으로 가축화한 것이다. 가축화는 메소포타미아뿐만 아니라 남아시아와 아프리카에서도 진행됐다. 그중에서도 돼지는 동아시아와 서유럽에서도 사육됐다. 닭이 가축화된 정확한 시기와 기원, 과정은 복잡하고도 불확실하다. 처음 가축화된 닭은 금색과 적색, 짙은 적갈색, 주황색, 녹색, 회색, 흰색의 화려한 깃털을 가진 적색 야계(붉은들닭)와 그와 밀접하게 번식한 것으로 추정되는 세 종의 후손일 가능성이 높다. 닭은 4000년에서 8000년 전 사이에 동남아시아와 중국, 어쩌면 인도에서도 가축화됐을 것으로 추정된다.

목축과 농경, 인류의 삶을 바꾸다

가축화와 농경을 받아들인 문명들은 식물 기반의 유목 문명에 비해 여러 가지 큰 이점들이 있었다. 첫 번째, 가축을 사육하면서 지방을 안정적으로 공급받을 수 있었다. 당시에는 피스타치오와 아몬드 등 야생에서 채취할 수 있는 견과류를 제외하면 지방 열량을 대량 제공할 수 있는 식물성 공급원이 거의 없었다. 이런 상황에서 동물성 지방은 인류가 식량을 구하기 어려운 시기에도 살아남을 수 있도록 체중을 늘리는 데 도움을 주었을 뿐만 아니라 다른 집단과 거래하기 용이해 먹거리를 활발하게 공유할 수 있었다. 살아가는데 필요한 것 이상으로 식물과 육류를 안정적으로 잉여 생산하는 능력은 인류가 한곳에서 오랫동안 거주하기 위해 반드시 필요한 매우 중요한 요소였다.

두 번째, 정착지가 점점 커지고 정착 기간이 거의 영속적으로 길어지면서 여성의 출산 시기도 빨라졌다. 도기와 발효 기술, 방부제로서 소금 이용 등 식품 저장 및 식품 변형 기술뿐만 아니라 생존 기술까지 진화하면서 기원전 1만 년경 400만 명이던 인구는 기원전 5000년경 500만 명, 기원전 3000년경 1400만 명, 기원전 1000년경 5000만 명으로 빠르게 늘어났다. 이 새로운 시스템은 최초의 농장 공동체를 발전시키는 데 그치지 않고 인구밀도가 높은 도시의 발전과 그와 함께 이루어진 혁신의 집합체들, 즉 중앙집중형 행정 및 정치 구조, 기록, 노동 전문화 및 분업, 예술과 건축, 재산 소유권 등에도 영향을 주었다. 한마디로, 이런 과정을 거쳐 우리가 알고 있는 현대 문명이 시작된 것이다.

연구원들은 가축과 동물의 고기가 메소포타미아인과 에리두의 수메르인, 멤피스의 이집트인에 이르는 고대 문명 세계에 영양을 어느 정도 공급했는지 알지 못한다. 명확한 해답을 찾아내기에는 고대의 식물과 동물 유물이 풍부한 고고학적 유적지가 충분히 보존되어 있지 않다. 구석기 시대를 살았던 인류가 그랬듯, 육류를 얼마나 섭취하는지는 시대와 장소에 따라 크게 달라졌다. 초기 문명 사회는 부와 계층, 업무, 민족성에 따라 구분된 사람들의 집합체였으며 식단 역시 제각각이었다. 바꿔 말하면, 사회적 지위가 누가 무엇을 얼마나 먹는지를 결정했다. 예컨대 고대 이집트 사제들은 쇠고기, 거위 고기 같은 귀한 음식을 포함해 하루 세 번 신들에게 푸짐한 음식을 바쳤다. 물론 신들이 이 음식을 취할 리 없으므로 그 음식은 당연히 사제들이 가족들과 함께 먹었다. 반면, 노동자들은 하루에 두 끼 정도 식사를 했는데, 그중 한 끼에만 육류가 포함됐던 것으로 보인다. 유명한 기자 피라미드를 건설하던 노동자들은 예외였다. 사람들의 묘지와 가까운 곳에 있는 동물 뼈 더미는 건설 노동자들에게 영양을 공급하기 위해 소와 양, 염소를 도살해서 매일 1800킬로그램 정도의 고기를 공급했음을 시사한다.

동물들을 영속적으로 가축화하면서 문화 접촉과 교역, 이민, 영토 정복이 잇따라 이뤄졌다. 그로부터 채 몇천 년 지나지 않아 가축화된 동물들이 육식을 왕성하게 즐기는 유럽 식민지 개척자들과 함께 아메리카 대륙에 도달해 이미 그곳에 살고 있던 사람들의 삶을 바꾸고, 동물의 고기를 중심으로 생존의 토대를 놓았다.

Chapter 3

인습, 그리고 신세계

난 애플파이보다도 더 미국적인 사람이야.
난 속에 핫도그를 넣은 애플파이 같지.

스티븐 콜베어(Stephen Colbert)

미국인들은 어떻게 고기 '중독자'가 되었는가

어렸을 때 아버지는 해마다 한두 번씩 나를 데리고 야구장에 갔다. 뉴욕 양키스나 뉴욕 메츠의 경기를 볼 때도 있었지만, 보통은 마이너리그 팀인 스태튼 아일랜드 양키스를 응원하려고 리치먼드 카운티 뱅크 야구장에 갔다. 그렇다고 해서 우리 둘 다 엄청난 야구광인 건 아니었다. 선수들의 이름도 대부분 알지 못했고, 경기도 주로 TV로 봤다. 야구장을 빽빽히 채운 엄청난 관중이나 시끄러운 음악 소리는 정말 별로였다. 그런데도 우리가 그곳을 찾는 이유는 정말 단순했다. 거기 음식이 정말 끝내줬다!

땅콩 앤 크래커 잭에서 소프트 프레첼, 나초 앤 치즈에 이르기까지 그야말로 정크푸드의 영광을 한번에 누릴 수 있었다. 핫도그는 조리 메뉴 중 단연 최고였다. 비단 우리만 그렇게 생각하는 것은 아니었다. 미국핫도그&소시지협회에 따르면, 일반 시즌 동안 야구 팬들이 소비하는 핫도그는 2000만 개에 이른다. 영화관에서는 팝콘이 대세이듯, 미국의 대표적인 오락 활동, 야구의 중심에는 전지전능한 핫도그가 존재한다. 첫 투구 전 국가를 들을 때 제자리에 서서 모자를 벗듯, 이닝 사이에 핫도그를 먹는 것은 우리의 법칙이었다. 그 후로 이런 습관이 왜 만들어졌는지 고민하다가 한 가지 의문이 생겼다. 우리는 언제 어떻게 해서 육식과 '진정한' 미국인을 연관 짓기 시작한 걸까?

이 이야기를 하려면 야구 경기장이 등장하기 수천 년 전, 1492년 크리스토퍼 콜럼버스(Christopher Columbus)가 바하마에 상륙하기 훨씬 이전으로 거슬러 올라가야 한다. 전문가들은 적어도 1만 5000년 전에 최초의 아메리카 원주민들이 작은 집단 형태로 시베리아에서 이주해 왔다고 추정한다. 이 용감한 사람들이 가장 최근의 빙하기에 해수면이 낮아졌을 때 러시아와 알래스카를 연결하는 베링 육교(신생대에 존재했던 아시아와 북아메리카 대륙을 연결했던 육로. 해수면이 높아져 현재의 베링해협이 됐다 - 옮긴이)를 건너왔다는 것이 가장 신빙성 있는 이론이다. 이후 이들은 수천 년에 걸쳐 북아메리카 남부와 동부로 흩어졌고, 일부는 그 너머 남아메리카까지 진출했다.

북아메리카 원주민들은 처음에는 매머드와 마스토돈, 거대 나무늘보 등 풍부한 대형 사냥감을 사냥하다가 나중에는 다양한 종류의 식물과 소형 동물들로 생존을 유지했다. 이 과정에서 인구는 3000년에서 9000년 전 사이에 10만 명에서 100만 명으로 열 배나 증가했다. 중앙아메리카 원주민들은 그들의 조상들이 메소포타미아에서 갈고닦은 농경 기술을 활용해 호박, 콩, 옥수수를 재배하기 시작했다. 이렇게 작물을 재배함으로써 식량 공급이 늘어나자 더욱 복합적인 문명의 성장이 촉진됐다. 이후 수천 년 동안 아메리카 남서부의 호호캄 문명(Hohokam Culture, 미국 애리조나 중부 및 소노라 사막에서 살았던 선사시대 원주민이 200~1400년 사이에 이룩한 문화 – 옮긴이) 아나사지(Anasazi Culture, 100년경부터 근대까지 미국 애리조나, 뉴멕시코, 콜로라도, 유타 접경 지역에서 발달한 문화 – 옮긴이) 유적지에서 카호키아(Cahokia, 지금의 세인트루이스에서 미시시피강을 가로지르는 지역 – 옮긴이)에서 살았던 원주민들에 이르기까지 아메리카 전역에서 세련된 문화들이 화려하게 꽃피웠다. 아울러 이들은 '그레이트 하우스(great houses)'라고 불리는 광대한 주택 단지와 인위적으로 조성된 거대한 카호키아 마운드 등 당시의 풍요로운 삶을 보여주는 유적들을 남겼다.

15~17세기 지구 반대편의 유럽인들은 세상을 탐험하고 지배하려는 야심을 실현하기 위해 해양 기술을 개발했다. '대항해 시대(Age of Discovery)'로 알려진 이 시기에 포르투갈인들은 처음으로 향신료와 금, 무인도를 찾기 위한 탐험을 후원했다. 1419년경을 기점으로 항해사 엔히크 왕자(Henrique O Navegador)의 지휘하에 포르투갈 선박들은 향신료와 금, 노예를 싣고 서아프리카 해변을 따라 아시아에서 아프리카와 유럽까지 항해했다. 탐욕스러운 탐험에 나선 것은 포르투갈뿐이 아니었다. 스페인

등 다른 유럽 국가들도 극동 지역의 부에 눈독을 들였다. 15세기 말 스페인의 레콩키스타(Reconquista, 거의 800년에 걸쳐 이슬람교도와 유대인들을 아라곤과 카스티야에서 몰아낸 국토 회복 전쟁)가 마무리된 뒤 아라곤의 페르난도 2세(Fernando II)와 카스티야의 여왕 이사벨 1세(Isabel I)가 공동으로 다스리던 이 나라는 본격적으로 탐험과 정복 활동으로 눈을 돌렸다.

1492년 8월 3일, 콜럼버스와 80여 명의 선원들은 스페인의 팔로스 항구를 떠나 카나리아제도에 잠시 머무르다가 콜럼버스가 '산살바도르'라고 이름 붙인 섬을 우연히 발견한다. 콜럼버스는 이 섬이 동인도에 있다고 생각했지만(그래서 이곳 원주민들을 '인디언'이라고 잘못 부르게 됐다) 실제로는 오늘날 바하마의 어디쯤에 해당한다. 이후 쿠바 북동 해안에 이어 히스파니올라 북서 해안(지금의 아이티와 도미니카공화국)에 상륙했다.

"진주, 보석, 금, 은, 향신료, 기타 물건과 상품 등 무엇이든"[1]얻기 위해 이곳에 머무르는 동안 콜럼버스는 설탕의 원료인 사탕수수가 서인도제도의 비옥한 땅에서 매우 잘 자랄 것이라는 생각이 들었다. 스페인인들은 작지만 실용적인 농장들을 카리브해에 건설하기 시작했다. 선풍적인 인기에 힘입어 이 농장들은 1530년대에 접어들면서 높은 수익성을 보였다. 스페인인들은 설탕 생산 속도를 높이기 위해 더 많은 노동력이 필요하다고 생각했다. 이는 곧 타이노족(Taíno, 1000년 이상 이 지역에서 번성했던 남아메리카 선조 원주민)을 노예화하겠다는 의미였다. 그러나 식민지 개척자들이 옮긴 천연두와 홍역, 인플루엔자 같은 치명적인 질병들이 타이노족을 거의 전멸시키고 말았다.

콜럼버스는 타이노족이 존재한다는 사실뿐 아니라 가축이 존재하지 않는다는 사실에도 놀랐다. 그의 고향과 달리 이곳에는 돼지, 소, 양 같은 가축이 아예 존재하지 않았다. 콜럼버스는, '짖지 않는' 개와 '태양을 가릴 만큼'[2] 많은 수의 앵무새를 빼면 타이노족에게 가축이라고 할 만한 것은 아무것도 없었으며, 이들은 여전히 고구마와 호박, 고추 같은 농작물과 카사바 같은 야생 식물에 크게 의존해 살아가고 있다고 일지에 기록했다. 이들은 또한 물고기, 뱀, 새 같은 야생 동물을 사냥했다. 아메리카 전역의 원주민들은 대체로 이렇게 살았다. 결론적으로, 신세계에 가축이라고는 칠면조와 머스코비오리 두 조류와 아담한 크기의 설치류 기니피그, 그리고 라마와 알파카라는 두 종의 낙타가 전부였다.

그런데도 콜럼버스는 여느 유럽인처럼 이곳을 '먹어치우기로' 결심했다. 이를 위해 1493년 두 번째 항해에서는 히스파니올라섬에 정착지를 늘리고 원주민들을 기독교로 개종시키기 위해 1000여 명의 식민지 개척자들뿐 아니라 돼지, 소, 양, 염소 같은 가축도 데려왔다. 이 동물들을 카리브해 전역에 풀어놓고 최소한의 감독하에 스스로 번식하도록 했는데, 몇 년 지나지 않아 제도 전체로 퍼져 나갔다.

훗날 에르난데 데 소토(Hernando De Soto)와 페드로 메넨데스 데 아빌레스(Pedro Menendez de Aviles)를 포함한 스페인 정복자들이 플로리다반도로 항해하면서 한 일도 이와 거의 유사하다. 데 소토는 1539년 600명의 이주민과 13마리의 돼지, 230마리의 말, 많은 수의 개를 탬파베이로 데려왔다. 이후 3년에 걸쳐 그는 이 동물들과 그 자손들을 몰고 아메리카 남동부 전역을 여행했다. 그러는 사이에 동물 중 상당수가 탈출해 야생에서 번식했을 것으로 추정된다. 초기 아메리카 식민지 개척자들에게 돼지고기 맛을 선보인 최초의 탐험가들 중 한 사람인 데 소토는 "미국 돼지고기 산업의 아버지"로 불린다.[3] 1565년 플로리다주 세인트오거스틴에 스페인 식민지를 건설한 데 아빌레스는 양과 돼지, 소뿐 아니라 100마리가 넘는 말을 데려왔다. 탐험가들은 아메리카로 모험을 떠날 때마다 외래 동물종의 씨를 퍼트렸고, 이 동물들은 곧 떼 지어 번식했다. 그로 인해 원주민과 노예들, 이주민들의 식단은 말할 것도 없고 그 지역 동물군과 식물군에도 장기적으로 큰 영향을 끼쳤다.

신대륙을 점령한 구대륙의 가축들

탐험가들이 유럽의 가축을 아메리카로 데려온 이유는 유럽 음식을 먹어야 건강을 유지할 수 있다고 생각해서였다. 콜럼버스는 페르난도 왕과 이사벨 여왕에게 카리브해의 많은 유럽인 정착민들이 병에 걸려 죽었다고 말하면서 그 원인으로 "달라진 물과 공기"를 지적하고 "스페인에서 익숙했던 음식"을 먹으면 더 이상 죽지 않을 것이라고 주장했다.[4]

아메리카 대륙에 도착한 스페인인들은 자신들과 비교해볼 때 원주민들이 신체적으로 여러 면에서 다르게 생긴 것을 금방 알아차렸다. 원주민들은 검은 피부에 수염이 없고 머리털이 직모였으며, 스페인인들의 눈에는 대체로 소심하고 거짓말쟁이처럼 보였다. 원주민들이 왜 그렇게 자신들과 다르게 보이고 다르게 행동하는지 설명하기 위해 스페인인들은 이른바 '체액론'을 들먹였다. 체액론이란 인간의 건강을 유지하기 위해서는 기후와 음식의 변화에 따라 달리 분비되는 혈액(blood), 점액(phlegm), 흑담즙(black bile), 황담즙(yellow bile) 네 가지가 절묘한 조화를 이뤄야 한다는 이론이다. 신세계에서 나는 음식을 먹었다가 원주민처럼 변할 것으로 우려한 스페인인들은 아메리카를 식민화하면서 유럽의 가축을 데려오기 위해 상당히 공을 들였다. 17세기 초 스페인계 도미니카인 그레고리오 가르시아(Gregorio García)가 설명한 것처럼, "양, 닭, 칠면조, 좋은 쇠고기와 빵, 와인, 그리고 다른 영양식처럼 좋은 음식과 영양소"를 섭취하면 스페인인의 체질을 잃지 않을 것이라고 생각한 것이다.

스페인인들과 마찬가지로 영국, 네덜란드, 프랑스 등 유럽인

정착민들은 모두 체액론을 잘 알고 있었으며, 식민화에 성공하려면 모국의 가축을 들여와 사육해야 한다고 생각했다. 특히 부유한 영국 귀족들은 신세계에 도착한 뒤에도 바꿀 마음이 눈곱만큼도 없었던 식습관인 과도한 육류 소비로 정평이 나 있었다. 쉽게 말해, 사회적 지위가 높을수록 더 많은 육류를 소비했다. 이를 보여주는 극단적인 사례도 있다. 헨리 8세(Henry Ⅷ) 왕실의 식단은 무려 80퍼센트가 고기로 채워졌다. 수전 그룹(Susanne Groom)이 자신의 저서 《왕의 식탁에서(At the King's Table: Royal Dining through the Ages)》에서 자세히 밝혔듯, 헨리 8세의 '금식일들(적색육을 삼가는 날)' 중 하루의 전형적인 첫 번째 식단에는 "수프, 청어, 대구, 칠성장어, 창꼬치, 연어, 넙치, 도미, 참돌고래, 물개, 잉어, 송어, 게, 바닷가재, 커스터드, 타트 파이, 채소 튀김, 과일"이 포함됐다.[5] 필요할 때 바로 도축할 수 있도록 가축이 겨울에도 죽지 않도록 관리해서 최고의 부유층은 일 년 내내 신선한 고기를 즐길 수 있었다.

16~17세기 부르주아 계급이 정확히 얼마나 많은 신선육을 소비했는지에 대해서는 전문가들의 의견이 엇갈리지만, 대다수 가정에서 신선육은 사치품이었다는 데는 이견이 없다. 사람들은 주로 소금에 절이거나 훈제해서 오래 보존할 수 있게 만든 육류에 의존했다. 제프리 L. 포르겡(Jeffry L. Forgeng)은 저서 《영국 스튜어트 왕조의 일상(Daily Life in Stuart England)》에 이렇게 적었다.

"중류층의 식탁에도 오리, 거위, 칠면조, 비둘기 같은 가금류와 계란, 유제품, 돼지고기, 양고기, 생선, 조개류는 흔했다. 영국을 여행한 사람들은 그다지 풍족해 보이지 않는 영국 가정의 식탁에도 항상 고기가 있었다고 말했다."[6] 당시 영국 사회의 상당 부분을 차지했던 빈민층은 육류를 거의 먹지 못하는 대신에 질 낮은 빵과 포타주(pottage, 채소와 곡물, 어렵게 구한 약간의 고기 조각을 한데 끓여 만든 걸쭉한 수프나 스튜)를 주로 먹었다. 어찌 됐든 전체적으로 볼 때, 영국이 1인당 가축 소비량이 가장 많은 나라 중 하나라는 사실은 육류 공급이 상대적으로 풍요롭기 위해서는 무엇보다 국가적으로 농지를 보존하는 것이 중요했을 것임을 시사한다.

신세계에 발을 디딘 식민지 개척자들에게는 단순히 영국식 식습관을 모방하는 것만으로는 부족했다. 이들은 더 많은 육류를 생산하기 위해 넓고 비옥한 땅을 활용했다. 1607년 5월, 영국은 지금의 윌리엄스버그와 체서피크만에 해당하는 지역에 최초의 중요한 식민지인 제임스타운을 건설했다. 이 무렵부터 여러 주식회사의 경영자들은 가축을 새로운 식민지를 개척하는 데 필요한 착수 비용으로 여기기 시작했다. 한 예로 버지니아 컴퍼니(The Virginia Company)는 제임스 1세(James I)에게 인가받아 해안가를 따라 정착촌을 건설하고 이주민들에게 정기적으로 닭, 염소, 돼지, 소 등의 육류를 공급했다. 물론 결코 저렴하지는 않았다. 1620년 청교도들이 매사추세츠주 플리머스에 도착할 때 덩치 큰 가축들을 하나도 데려오지 않은 이유도 여기에 있었다. 그럼에도 불구하고 어느 개척자가 1623년 9월에 쓴 편지에는 이런 문구가 있다. "이 마을에는 염소 6마리와 어미와 새끼 돼지 50마리, 그리고 암탉도 여러 마리 있어요."[7] 플리머스에 양이 언제 처음 도착했는지는 정확히 알려져 있지 않지만 1620년대 중후반에야 양에 대한 언급이 등장하기 시작한다.

청교도들과 달리 매사추세츠 베이 컴퍼니(The Massachusetts Bay Company)는 이주 초기부터 가축을 식민지 정착촌의 일원으로 포함시켰다. 식민지 초대 총독인 존 윈스럽(John Winthrop)의 지휘하에 이 두 번째 청교도 무리는 1630년 4월 영국을 떠나 보스턴에 본거지를 건설했다. 윈스럽은 배 안에 300마리의 동물(240마리의 소와 60마리의 말)과 700명의 사람들을 태웠다. 이후 10년여 동안 매사추세츠 베이 컴퍼니와 개척자 가족을 통해 수만 명의 이주민들과 수천 마리의 동물이 추가로 합류했다.

개척자들이 가축을 사육하는 방식은 식민지에 따라 많이 달랐다. 체서피크와 뉴잉글랜드 식민지 개척자들을 예로 들어보자. 체서피크 개척자들은 돼지와 소를 사육하는 데 주력했다. 이 가축들은 신경을 많이 쓰지 않아도 새로운 환경에 잘 적응했기 때문이다. 반면에 양은 조금만 한눈을 팔아도 늑대에게 잡아먹히기 일쑤였고, 염소는 툭하면 사과나무 껍질을 벗겨 먹어서 이민자들의 사과술(또는 사과 주스) 공급에 위협이 됐다. 돼지와 소는 그냥 내버려둬도 잘 자랐다. 울타리나 우리로 된 사육장에서 사육하는 게 아니라 아예 야생에서 돌아다니게 풀어놓기도 했다. 체서피크 개척자들은 계절이나 날씨와 상관없이 가축들이 야생 환경에서 스스로 먹이와 피난처를 찾도록 내버려두는 경우가 많았다. 그러다 보니 가축을 잃어버리는 일도 잦았다. 그래서 영국에서 그랬던 것처럼 자신들의 소유권을 보호하기 위해 새로 태어난 가축들의 뿔에 낙인을 찍거나 귀를 살짝 오려내는 식으로 표시했지만, 그럼에도 불구하고 개척자와 원주민들 사이의 분쟁은 계속됐다.

체서피크 개척자들이 느슨하게 농장을 운영한 것과 달리 뉴잉글랜드에서는 영국의 전통 방식으로 가축을 관리했다. 즉, 돼지와 소를 키우기 위해 삼림지대에 피난처와 목초지를 갖춘 농장을 만들고 주변에 튼튼한 울타리를 설치했을 뿐 아니라 감시하는 눈을 뒀다. 게다가 이들은 여러 어려움이 있었지만 양모를 얻기 위해 양을 키우는 데도 많은 노력을 기울였다.

농장을 운영하는 것에 대한 생각은 달랐을지 몰라도 영국인 식민지 개척자들은 자신들이 사육할 수 있는 동물의 종류가 매우 풍부하다는 사실에 경탄했다. 물론 이런 주장이 이주를 독려하기 위한 하나의 과장된 전략이었을 수도 있다. 매사추세츠주 세일럼에 정착한 청교도 목사인 프랜시스 히긴슨(Francis Higginson)은 1630년 한 보고서에서 이렇게 언급했다. "우리의 소와 염소, 말, 돼지가 어떻게 여기서 이렇게 원래 이 나라 것이었던 것처럼 번성할 수 있는지 놀라울 뿐이다."[8] 1656년 버지니아에 거주했던 존 해먼드(John Hammond)는 또 이렇게 썼다. "쇠고기와 송아지 고기, 우유, 버터, 치즈를 생산하고 고기와 채소 요리, 돼지고기, 베이컨, 새끼 돼지고기를 제공해주는 소와 돼지가 어디에나 있다. 세상이 주는 참으로 달콤하고 맛있는 것들이다."[9] 노스캐롤라이나에 배스와 뉴번이라는 두 정착촌을 건설한 영국인 탐험가 존 로슨(John Lawson)은 저서 《캐롤라이나를 향한 새로운 항해(A New Voyage to Carolina)》에서 이 풍요의 땅을 다음과 같이 설명했다. "가축 수가 놀라울 정도로 많다. 한 사람의 소유 두수가 1000~2000마리에 이를 정도다. 가축은 비옥한 땅에서 풀을 뜯으며, 겨울에도 사료가 필요치 않다. 양고기와 송아지 고기는 훌륭하며, 돼지고기도 아메리카의 어느 곳에 뒤지지 않는다."[10]

영리사업으로서의 정육업이 등장하다

신대륙에 정착한 영국인 개척자들은 처음에 자급자족하는 것 외에 방법이 없었다. 식량을 얻기 위해 사냥과 어로 활동에 나서는 것은 물론이고, 집을 짓고 가구를 만들고 실로 천을 만들고 비누와 양초를 만들고 고기를 얻기 위해 가축을 사육했다. 그러나 얼마 지나지 않아 일부 정착민이 생산 활동에 주력하기보다 농민들의 잉여 생산물을 구입하는 등 다양한 종류의 거래와 판매에 나서기 시작했다.

　수만 명의 사람들이 식민지로 이주하면서 다양한 장인과 상인들도 유입됐다. 이들은 일상생활에 필요한 상품을 생산하고 서비스를 제공했다. 이렇게 많은 인구가 유입되면서 상업에 필요한 중요 장소와 건물들이 들어섰다. 도시가 형성되기 시작한 것이다. 상업 시설 중 상당수는 선술집이었다. 매사추세츠의 청교도들은 이를 '오디너리'(ordinary, 음식과 술이 있는 여관 - 옮긴이)라고 불렀다. 새뮤얼 콜(Samuel Cole)은 1634년 3월 4일 보스턴에서 첫 선술집을 열었다. 여행자들을 위한 길잡이 역할을 할 뿐 아니라 먹고 마시고 즐기고 밤을 보낼 수 있었던 선술집은 농민과 장인, 마을 상인들에게 중요한 거래 장소였다. 많은 식민지 마을의 중심에는 농민들이 남는 고기를 사고팔 수 있는 열린 공간인 '시장 광장(market square)'이 널찍하게 자리하고 있었다. 잘 정비된 영국의 그것과 비교하면 보잘것없었지만, 이런 상업 공간들은 육류 판매를 포함해 의미 있는 경제 활동의 장을 제공했다.

　이런 시장들은 시간이 흐르면서 각각의 식민지를 연결하는 교역망으로 급성장했다. 인접 마을을 유일한 시장으로 바라보던 농민들은 더 좋은 가격을 찾아 먼 곳으로 눈을 돌리기 시작했다. 아메리카 대륙에서 영리사업으로서 정육업(meatpacking, 가축의 가공과 포장과 관련된 산업을 총칭하는 용어)이 최초로 언급된 것은 1662년 윌리엄 핀천(William Pynchon)이 서인도제도에 돼지고기를 판매할 목적으로 매사추세츠주 스프링필드에 세운 돼지 도축장으로 거슬러 올라간다.

1680년 후반 캐롤라이나의 정착민들도 서인도제도의 노예들(서아프리카 소 방목지 출신)에게 의존해 현지의 소비와 수출 모두를 목적으로 소를 대량 사육하기 시작했다. 얼마 지나지 않아 이 지역은 서인도제도의 육류 공급을 거의 전적으로 책임지게 됐다. 영국의 기록에 의하면, 1768년에서 1772년까지 뉴잉글랜드에서는 다른 상품들과 교역하기 위해 펜실베이니아, 뉴욕, 뉴저지, 델라웨어 같은 중부 지역 식민지로 매년 2900마리(1만 3496배럴, 즉 약 2150세제곱미터의 생선 포함)의 가금류를 보냈다. 펜실베이니아와 뉴욕에서는 버지니아와 메릴랜드에 302배럴(약 48세제곱미터)의 햄을 보냈다. 또 펜실베이니아와 뉴욕은 2만 1944배럴(약 3490세제곱미터)의 쇠고기와 돼지고기를 서로 주고받았다. 아메리카 전역의 식민지들 사이에서 이루어진 가축과 육류의 교역과 관련된 이런 수치는 실제 시장 규모에 비하면 일부에 지나지 않는다. 그 어떤 식민지도 완전히 자급자족할 수는 없었으므로 서로의 필요를 충족하기 위해서는 점점 진화하는 이 교역망에 의존하지 않을 수 없었다.

멋진 신세계, 육류 소비의 시대가 열리다

영국인 식민지 개척자들은 토끼, 다람쥐, 주머니쥐, 너구리,

사슴, 곰, 비버, 큰사슴, 엘크, 백조, 백로, 독수리, 노래새 등 풍부한 야생 동물로 부족한 가축 육류를 보충했다. 고향 영국에서 사냥은, 아주 시급한 상황에서의 예외적인 경우를 제외하면 생존 수단이 아니라 놀이동산에서의 여가 활동처럼 여겨졌다. 그곳에서는 가축에게서 얻는 육류만이 제대로 된 먹거리였다. 그러나 여기저기 고깃덩어리가 돌아다니는 식민지 환경에서 육류를 얻기 위한 야생 동물 사냥은 누구에게나 상식적인 규범으로 받아들여졌다. 버지니아 거주민 존 해먼드는 1656년 이렇게 썼다. "야생 칠면조들은 흔히 볼 수 있는 데다 덩치도 무척 크다. 무게가 무려 27킬로그램에 이르는 녀석도 봤다. 육질이 좋고 맛있는 다른 짐승들도 있는데 우리에게는 생소한 것들이다. 이런 동물들의 불분명한 이름을 설명하느라 이 책의 지면을 채우지는 않을 것이다."[11] 개척자들은 북아메리카의 여러 수로에서 물고기와 조개류를 잡는 것도 즐겨 했다. 버지니아 식민지통치위원회는 1607년 본국으로 보내는 서한에서 이 수로들에 대해 "누구의 소유였던 적도 없었던 덕분에 많은 양의 철갑상어와 은어로 가득하다"고 기록했다.[12]

야생 동물에게서 얻는 육류 중 개척자들에게 사슴 고기만큼 귀한 것은 없었다. 영국에서 사슴 고기는 부유층이나 매우 특별한 상황에서나 접할 수 있는 고급 음식으로 간주됐지만, 식민지에서는 이런 계층 구분이 없었다. 위그노 교도로서 프랑스 도

피네에서 온 마리 뒤랑(Marie Durand)은 1687년 쓴 글에서 이렇게 밝혔다. "붉은사슴과 다마사슴이 너무 많아 집에 들어가기 전에 한 번은 사슴고기를 먹을 정도다. 삶든 굽든 뛰어난 맛이다."[13] 유럽인들에게 생소한 일부 야생 동물들은 사냥하기가 너무 쉬웠던 탓에 멸종 위기에 처하거나 멸종됐다. 한때 거의 아메리카 전역에 분포했던 들소는 수천만 마리에서 불과 수백 마리로 개체 수가 줄었다. 그나마 보호 노력을 기울인 덕분에 지금은 어느 정도 회복된 상태다. 캐나다와 오대호에서 그레이트 플레인스와 남으로는 버지니아까지 서식했던 여행비둘기(나그네비둘기)는 운이 썩 좋지 않았다. 정착민들이 그물과 산탄총 같은 다양한 방법을 동원해 마구잡이로 잡고 죽이는 바람에 결국 멸종하고 말았다.

가축이든 야생 동물이든 유럽인 식민지 개척자들은 정확히 얼마나 많은 육류를 소비했을까? 신뢰할 만한 데이터가 없어서 누구도 정확히 알 순 없다. 다만 몇몇 자료들을 보면, 그들은 당시 지구상의 어떤 사람들보다 다양한 종류의 육류를 다량 섭취했을 것으로 보인다. 1620~1840년 케임브리지에서 공증 법원에 제출된 재산 목록과 유언장에 할당된 미망인 수당 등을 보면 이 시기 육류 소비가 크게 증가했음을 알 수 있다. 재산 규모를 보면, 17세기에는 하위층 가구의 31퍼센트만이 절인 돼지고기와 쇠고기를 비축했다. 그러나 18세기 초에 이르러서는 절인 육류를 비축하는 관행이 모든 부유층으로 확대됐다. 역사가 새러 F. 맥마흔(Sarah F. McMahon)은 "산업혁명 시기에 뉴잉글랜드 농촌 지역의 대다수 가정에서는 가축을 통해 충분한 양의 육류를 거의 일정하게 확보할 수 있었다"고 설명했다.[14]

이 시기에 작성된 일지나 편지에 등장하는 일화들만 봐도 육류가 풍부했음을 쉽게 알 수 있다. 1756년 펜실베이니아를 방문한 어느 독일인은 "가장 보잘것없고 가난한 집들에서도 고기 요리가 오르지 않는 끼니가 없었다"[15]라며 놀라워했다. 자서전에도 비슷한 내용들이 등장한다. 1820년대에서 1830년대 사이에 매사추세츠주 노샘프턴에서 생활했던 기억을 떠올리며 회고록을 쓴 수전 레슬리(Susan Lesley)는 저녁을 준비하는 어머니의 모습을 묘사하면서 가장 먼저 고기 접시를 언급했다. "(거기에는) 언제나 굽거나 볶은 고깃덩어리가 풍부한 채소, 약간의 양념과 함께 놓여 있었다. 그리고 버터를 바른 맛있는 빵과 플레인 푸딩 또는 파이가 있었다."[16] 1700년대 인기 있는 요리책에서 가장 많은 비중을 차지하는 재료도 육류다. 포카혼타스(Pocahontas, 아메리카 원주민)와 존 롤프(John Rolfe)의 후손인 제인 볼링 랜돌프(Jane Bolling Randolph)가 1740년경 쓴 요리책과 메리 랜돌프(Mary Randolph)가 1824년 출간한 명작 요리서인 《버지니아 주부(The Virginia Housewife)》가 대표적인 예다. 아멜리아 시몬스(Amelia Simmons)가 1796년 코네티컷주 하트퍼드에서 출간한 《아메리카

요리법(America Cookery)》과 1829년 보스턴에서 출간한《검소한 주부(The Frugal Housewife)》에도 육류 요리가 많이 등장한다. 이 책들에는 시장에서 육류의 품질을 판단하는 방법("냄새가 육질을 나타낸다"[17]), 예산에 맞게 육류를 즐기는 방법("간은 보통 혐오스럽다고 생각하지만 잘 요리하면 매우 맛있을 뿐 아니라 모든 육류 식품 중 가격이 가장 저렴하다"[18])에 대한 정보도 담겨 있다. 이 요리책들은 고기와 채소, 곡물을 한 솥에 넣는 전통적인 방식 대신에 한 덩어리로 요리하는 초기 아메리카의 다양한 요리법이 소개돼 있다.

육류가 풍부해진 것은 식민지 개척자들의 재산이 증가했다는 의미이기도 하다. 1700년대 중반 식민지에 살던 대부분의 개척자들은 꽤 풍요로운 삶을 영위했다. 실업률이 낮고, 소득세는 없었으며, 물가도 대체로 안정적이었다. 이처럼 긍정적인 상황을 짐작하게 해주는 벤저민 프랭클린(Benjamin Franklin)의 논평이 있다. "식민지는 풍요로웠다. 모든 국경에는 평화가 깃들었다. 지구상에서 이보다 행복하고 번영한 나라는 찾기 어려울 것이다. 모든 가정이 편안함으로 가득했다."[19] (사회경제적으로 하위 계층이 직면한 가혹한 현실을 언급한 사람들이 있는 것으로 볼 때, 프랭클린의 이런 견해는 과장된 측면이 있는 듯하다) 유럽인들의 연회에서는 수세기에 걸쳐 육류가 표준으로 자리했다. 개척자들 중 일부는 식사 때 소비하는 육류의 양과 종류로 자신들의 풍요를 과시했다.

그럼에도 불구하고 오늘날의 기준에서 보면 식민지 시대의 육류 생산 및 유통 방식은 초보 수준을 벗어나지 못했다. 대다수 지역에서 육류 산업은 고도로 현지화됐다. 19세기에 접어들 무렵까지도 대부분의 미국인은 고립된 농가나 작은 마을에서 살았다. 농민들은 뒷마당에서 가축을 직접 도축하거나 지역 도축장에서 도축해 시장에 신선한 고기를 내다팔거나 염장 또는 훈제 방식으로 저장했다. 그러나 한편에서는 사회적 조류가 변화하고 기술 혁신의 싹이 트면서 육류 소비가 다가오는 시대의 중심 무대가 될 것이라는, 새로운 변화의 지평이 서서히 열리고 있었다.

Chapter 4

언제, 어디서나,
더 싸게

그들은 비명만 빼고 돼지와 관련된
모든 것을 활용한다!

업튼 싱클레어(Upton Sinclair)

풍요의 시대, 넘쳐나는 육류

2017년 어느 밤, 저녁을 함께하러 스태튼 아일랜드의 부모님 댁을 찾았다. 어머니는 보스턴 마켓에서 으깬 감자와 녹두를 사 오셨는데, 어머니의 수고에도 불구하고 어머니와 아버지 몫의 로티세리 치킨에 비하면 내가 먹을 음식은 조금 빈약해 보였다. 근사한 향이 나고 기름기로 반질거리는 닭고기를 바라보고 있자니 문득 그 값이 얼마나 보잘것없는가 하는 생각이 들었다. 900그램 남짓한 닭 한 마리를 부화시키고, 먹이고, 양계장에서 키우고, 운반하고, 도축하고, 털을 뽑고, 포장하고, 진열대에 올리기까지 거의 8달러가 든다. 그런데 최근 몇 년간 코스트코는 이 로티세리 치킨을 4.99달러라는 터무니없는 가격에 팔고 있다.

이 나라에서는 고기가 너무 저렴해서 일반 가정에서도 헐값에 무한정 공급되는 육류를 언제든 사 먹을 수 있다. 앞 장에서도 살펴보았듯이, 이것은 현대의 특징적인 현상이며 미국인들에게는 거의 신성불가침의 영역처럼 여겨지기도 한다. 그러나 부모님이 생산되는 데 비해 불가능할 정도로 싼 값에 공급되는 닭고기를 고르는 모습을 보면서 나는 한 가지 의문을 지울 수 없었다. 이렇듯 고기가 흔해진 것은 육식에 대한 욕구가 이전보다 더 강해졌기 때문일까? 아니면 고기를 향한 탐욕스러운 식욕은 늘 존재했는데, 최근 가격이 저렴해지면서 비로소 그 욕구를 실현할 수 있게 된 탓일까? 연구에 몰두할수록 '닭이 먼저냐, 계란이 먼저냐' 하는 딜레마의 해답을 찾는 게 쉽지 않음을 새삼 깨닫게 됐다.

1820년에는 900만 명의 미국 시민 중 단 7퍼센트만 대도시나 도회지에 살았다. 그러나 산업혁명으로 인한 기술 및 과학 발전에 힘입어 1860년대에는 이 수치가 25퍼센트로 늘어났다. 이 같은 변화를 주도한 뉴욕은 지리적으로 이상적인 여건 덕분에 1860년 인구 100만 명을 넘어섰다. 늘어나는 육식 수요를 충족시키기 위해 뉴저지와 코네티컷, 업스테이트 뉴욕, 매사추세츠의 가축 생산업자들은 수로의 배를 통해 편리하게 도시로 가축을 운반하는 가축 판매상들과 적극적으로 협력했다. 그 결과, 현재 로어 맨해튼의 법원 청사가 들어선 자리에 있던, 가축들로 복잡한 지역인 콜렉트 폰드 주변으로 소 떼가 모여들었다.

기반시설이 이처럼 빠르게 갖춰졌음에도 불구하고 육류 시장은 급증하는 뉴욕 인구의 수요를 따라잡지 못했다. 1850년 뉴욕의 도축업자들은 도시 사람들을 먹이기 위해 매주 거의 1만 마리의 가축을 도축했다. 1860년대 들어 이 도시의 탐욕스러운 수요는 연간 110만 마리로 증가했다. 이 지역의 농민들이 아무리 노력해도 이 같은 수요를 충족시킬 만큼 가축을 빨리 키워낼 순 없었다. 특히 가뭄으로 곡물이 부족해지거나 폭풍우가 몰아쳐 수송이 어려워지면 날씨에 비난의 화살이 쏟아지기도 했다. 한편, 수요가 공급을 초월하면서 육류 가격이 치솟았는데, 이것은 19세기 초에서 중반까지 육류 소비가 감소한 것을 설명해주는 그럴듯한 이유이기도 하다.

육류 산업을 탈바꿈시킨 일련의 획기적인 혁신에는 서부 농민들과 사업가들도 일조했다. 19세기 초 비교적 인구가 적은 내륙과 계곡 지대로 사람들이 대규모로 이주했다. 미국 식민화 초기부터 시작된 서부 개척과 원주민 토지 강탈에 따른 결과였다. 1800년부터 1820년까지 오하이오에만 50만 명 이상 이주했고 인디애나와 일리노이, 미주리, 미시간, 앨라배마, 미시시피, 루이지애나에 65만여 명이 정착했다. 이 지역에서는 옥수수를 재배하고 가축을 사육하는 데 필요한 어마어마한 면적의 토지를 에이커당 단돈 2달러에 사용할 수 있었다. 이는 동부 지역 토지 사용료의 20분의 1에 불과했다. 새롭게 발명된 증기선을 통해 물자를 시장으로 수송할 수 있는 강과 운하가 근처에 자리하고 있다는 지리적인 요소도 이상적이었다.

돼지의 도시 '신시내티', 정육을 관광화한 '시카고'

미국 전역 시장으로의 접근성을 획기적으로 향상시킨 수로망을 기반으로 오하이오주 신시내티는 가장 중요한 돼지고기 생산지의 하나로 떠오른다. 돼지가 도축할 만큼 성장하면 농부들은 보통 도시 외곽이나 도시 내부의 중앙산업지구에 자리한 도축장으로 갔다. 돼지 떼를 몰고 가는 것은 결코 쉬운 일이 아니었다. 몰이꾼들의 기억에 따르면, 하루에 대략 8~16킬로미터 정도 이동했는데, 최종 목적지에 따라 몇 주 또는 몇 개월씩 걸리기도 했다. 수백 마리의 돼지 떼를 시장까지 몰고 가려면 여러 명의 도보 몰이꾼과 말 탄 몰이꾼이 필요했다.

다른 도시의 도축장으로 보내지는 돼지도 있었지만, '여왕의 도시'(The Queen City, 부상하는 서부의 황량함 속에서 이 도시가 창조하는 문명을 강조하며 신시내티 현지인들이 붙인 별명이다)의 사업가들은 중요한 사실을 재빨리 간파했다. 수백 킬로미터나 떨어진 인구 밀집지역으로 돼지 떼를 몰고 가는 것보다는 현지의 도축장으로 몰고 가서 도축한 후 가공한 돼지고기를 배에 실어 수로로 수송하는 것이 훨씬 경제적임을 깨달은 것이다.

1830년대에 이르러 신시내티는 '돼지의 도시'(Porkopolis)라는 별명 아래 냉혹한 평판을 듣기 시작했다. 1856년 이사벨라 루시 버드(Isabella Lucy Bird)가 쓴 《미국에 간 영국 여인(The Englishwoman in America)》에는 이런 대목이 나온다.

'여왕의 도시'는 '돼지의 도시'라는 덜 우아한 이름도 갖고 있다. 야위고 수척하고 사나워 보이는 돼지들이 거리 곳곳에서 소동을 일으키는 곳. 화려한 상점에서 나오다가 이 역겨운 침입자들과 마주치게 되는 곳. 신시내티는 돼지의 도시다. 어마어마한 수의 이 유익한 동물들이 오하이오의 수확 끝난 옥수수 밭에서, 그리고 광활한 숲에서 땅에 떨어진 너도밤나무 열매와 도토리를 먹으며 사육된다. 그리고 일 년 중 특별한 시점이 되면 돼지들은 '피로 물든 오하이오'라고 불리는 운명의 시간을 맞이하기 위해 이곳에 수천 마리씩 도착한다(도보와 증기선으로 50만 마리가 도시로 들어온다).[1]

1860년 〈런던 타임스(The Times of London)〉의 니컬러스 A. 우즈(Nicholas A. Woods) 기자는 돼지들로 넘쳐나는 신시내티의 모습을 생생하게 묘사했다. "검고 추한 괴물 같은 진흙투성이 수돼지에서 새끼 고양이보다 그리 크지 않은 젖먹이 새끼 돼지에 이르기까지 당신이 바라보는 곳 어디에서나 마주친다. 무심코 밟아 휘청거리기라도 하면 당신의 다리를 날려버릴 듯한 날카로운 비명 소리가 주변을 메운다."[2] 도축된 후에는, "마차에 실은 돼지고기를 정육 공장으로 옮겨 가능한 한 높이 줄지어 쌓는다. 배에 선적하거나 훈제 공장으로 옮길 고기들은 큰 덩어리째 쌓아 고운 소금을 뿌려 배럴 통에 포장하고, 나머지는 고급육이나 베이컨용으로 포장해서 연안 거래를 위해 배로 옮겨진다."[3] 베이 컨용 배럴 통 수도 어마어마해서, "넓은 가공 공장 바닥에 빈틈이라고는 찾아보기 어려웠다. 공공 하적장까지 쌓였을 뿐 아니라 공공도로 주변 인도의 빈 공간과 인접한 부지까지 가득 채웠다."

1833년 이런 정육 공장들에서 가공된 돼지 두수는 8만 5000마리 정도였다. 1850년대에는 이 도시에서만 연간 50만 마리 이상을 처리했다. 그러나 1863년 3월 28일자 〈뉴욕 타임스 (The New York Times)〉 기사에 언급된 것처럼, "1861~1862년 시즌에는 시카고에서 신시내티보다 4만 마리 이상 많은 돼지를 가공하면서, 이 도시는 이제 더 이상 세계 최대의 돼지고기 정육 도시라는 추잡한 오명을 듣지 않게 됐다."[4]

시카고는 1833년 건설된 이후 계속된 서부 이주와 미시시피강으로 흘러드는 수로 구조, 오대호 사이에 자리한 위치의 전략적 이점 덕분에 초창기 성장이 시작됐다. 그러다가 철도가 확장되면서 인구가 폭발적으로 늘어나기 시작했다. 1850년에는 거의 3만 명 정도가 거주했지만, 1850년대가 저물 무렵에는 인구가 네 배 가까이 늘어나면서 시카고는 명실상부 미국의 산업 수도로 급성장했다.

안타깝게도 신시내티 정육업자들에게 철도는 시카고 같은 수준의 폭발적 성장을 뒷받침해주지는 못했다. 그 이유로 가장 먼저 꼽을 수 있는 것은 다른 정육 공장들과의 경쟁이다. 신시내티는 루이스빌처럼 오하이오 밸리의 가축 생산지와 연결되는 철도가 있는 다른 대도시들과 치열한 경쟁을 벌여야 했다. 게다가 신시내티의 많은 돼지고기 판매업자들은 수십 년간 이용해온 수로에 만족하며 철도를 통해 돼지고기를 동부로 직접 수송하는 방식을 꺼렸다. 그러나 시카고 사람들은 혁신을 보다 빨리 수용해서 철도로 인해 발전한 상업 여건을 적극적으로 활용했다. 남북전쟁 중 고기에 굶주린 군인들 덕분에 시카고는 과거 돼지의 도시에서 생산한 양의 두 배에 달하는 돼지고기 절임육을 생산하며 신시내티를 누르고 '세계 최대의 돼지고기 정육 도시'로 등극했다.

시카고의 유명한 정육업체 유니언 스톡야드(Union Stockyards)는 문을 연 첫 주 1만 7764마리의 돼지와 1434마리의 양, 613마리의 소를 도축했다. 1870년에는 매년 200만 마리를 가공했고, 20년 후 그 수는 900만 마리로 늘어났다. 1900년에는 미국에서 소비되는 육류의 82퍼센트를 담당했다. 1971년 문을 닫기 전까지 유니언 스톡야드는 연간 최대 1800만 마리의 가축을 도축했다.

가축 사육장과 유니언 스톡야드 같은 정육 공장들 때문에 이곳은 관광객들에게 음울한 이미지의 인기 관광지로 자리했다. 매년 수십만 명의 관광객들이 유니폼을 입은 안내원들에게 정육 작업 과정에 대한 설명을 들으며 이곳을 둘러봤다. 관광은 기차역의 음산한 분위기에서 시작돼 도축 현장 바닥의 흥건한 피와 비릿한 냄새로 마무리됐다.

프랑스의 저명한 소설가이자 문화비평가 폴 부르제(Paul Bourget)는 이곳을 관광하고 나서 시카고가 "고도의 세련미와 원시적 생경함이 대비"[5]를 이룬 미국의 가장 대표적인 도시라고 들었기 때문에 끌렸다고 말했다. 그는 도시를 둘러보던 중 경사진 이동장치를 따라 건물의 좁은 입구로 향하는 돼지들의 행렬을 보았다. 건물에 들어서자 악취 때문에 당황스러울 정도였다. 그는 "진흙처럼 뭉친 핏덩이"로 덮인 끈적끈적한 바닥을 가로질러 계단을 몇 개 올라 방문자 관람석으로 향했다. 그곳에서 도축이 이뤄지는 과정 전체를 구경한 그는 이 경험이 "이번 여행에서 가장 특별한 기억으로 남을 것"[6]이라고 말했다.

영국의 소설가 러디어드 키플링(Rudyard Kipling)도 이와 비슷하게 인상적인 경험을 했다며 글을 남겼다. "중심가에서 10킬로미터쯤 떨어진 곳에서 그 광경을 볼 수 있었다. 누구든 한 번 보면 절대 잊지 못할 것이다."[7]

소 떼를 몰고 동부로

19세기 중엽 미국을 방문한 사람들은 미국인들의 육류 소비량에 놀라움을 금할 수 없었다. 1864년 영국에서 온 한 방문객은 이렇게 말했다. "이 세상에서 고기를 소비하는 사람 중 하나로서 말하건대, 미국인들은 평등하지 않습니다. 그들은 하루 세 번 고기를 먹는 데다 매 끼니 먹는 양도 결코 적지 않습니다. 한 번은 어느 신사의 계산서에서 고기 종류를 7~8가지나 주문한 것을 보았는데, 작은 흰색 접시에 담긴 음식이 눈앞에 줄지어 차려지자 그는 한쪽 끝에서 시작해 거의 5~6분 만에 모든 음식을 다 먹어 치우더군요."[8]

유니언 스톡야드가 처음 문을 열었을 때는 엄청난 양의 돼지에다 그보다 적은 수의 소를 가공했다. 몇 년 지나지 않아 이 비율은 역전됐다. 소가 유입된 데는 미주리강 서부 지역으로의 이주가 결정적인 원인으로 작용했다. 1836년 텍사스 공화국이 멕시코로부터 독립을 선언했을 때만 해도 이곳의 인구는 3만 5000명에 불과했다. 그러나 1860년에 이르자 60만 명 이상으로 팽창했다. 이처럼 인구가 급증한 데는 '자명한 운명(Manifest Destiny)'설, 즉 미국 정착민들이 서부로 진출하는 것은 운명이며 서부 해안으로 향하는 도중 곳곳에 정착하게 될 거라는 믿음이 일부 작용했다.

정착민들 중에는 훌륭한 방목지를 활용하려는 농민들과 그곳을 배회하는 여러 종의 야생 소들이 있었다. 그중에서도 남부의 소와 야생 검은소의 교배종으로 스페인에서 처음 유입된 텍사스 롱혼(Texas Longhorn)이 이 지역에서 크게 번성했다. 그러나 남북전쟁으로 롱혼 시장이 크게 위축되면서 전쟁이 끝날 무렵 500만 마리의 롱혼이 텍사스에서 자유롭게 돌아다니며 이미 파탄 난 경제를 더 악화시켰다. 롱혼 시장이 과잉되면서 롱혼 한 마리가 6달러 미만에 팔릴 정도였다. 농장주들은 롱혼 한 마리에 최대 80달러 정도는 받을 수 있는 뉴욕 같은 동부 도시들로 눈을 돌릴 수밖에 없었다.

그러나 텍사스에서 동부 시장으로 롱혼들을 이동시키는 데는 크게 두 가지 문제가 있었다. 첫째는 텍사스 방목장에서 시카고 정육 공장으로 롱혼 무리를 몰고 가는 일이었다. 롱혼은 잘 알려져 있는 대로 긴 뿔을 가진 거친 소로, 언제 어디로 튈지 몰라 몰이하는 것 자체가 지극히 어렵고 위험했다. 19세기 후반 텍사스의 한 목장에서 태어난 민속학자 J. 프랭크 도비(J. Frank Dobie)는 이 일이 얼마나 어려운지 다음과 같이 설명했다. "오래전 남부 지역에서 방목 감시인으로 일했던 사람들 중 아무나 붙들고 가장 빠른 동물이 무엇인지 물어보라. 그 사람의 입에서 소몰이 말이나 폴로 조랑말, 들고양이, 화려한 방울뱀 같은 이름이 나오지는 않을 것이다. 바다매 같은 건 아예 모를 터이고. 그들은 아마 롱혼 황소라고 말할 것이다. 다른 황소들 중 일부는 빠르고, 많은 종이 호전적이다. 그러나 그 종들 중 어느 것도 롱혼처럼 큰소리로 울부짖고 웅얼거리고 공격성을 드러내지는 않는다. 더불어 어떤 종도 그렇게 빠르게 움직이지 못한다."9

열두 명의 카우보이로 이루어진 팀이 이처럼 제멋대로인 소를 수천 마리나 몇 달 동안 몰았다. 그 과정에서 혹독한 고온과 반복되는 기습적인 폭우도 견뎌내야 했다. 한 카우보이는 자서전 《텍사스 카우보이(A Texas Cowboy)》에서 당시의 고단함을 이렇게 표현했다. "불어난 강물을 헤엄치듯 건너고, 이따금 우리끼리 싸우기도 했다. 하지만 이틀 간격으로 폭풍우가 몰아치는 밤에 도망치는 소들만 빼면 모든 것이 만족스러웠다."[10] 게다가 이동하는 동안 소들의 체중이 너무 많이 줄어서 시카고에 도착할 무렵에는 이익을 제대로 남기고 팔기 어려울 정도였다.

두 번째 어려움은 고열과 심신 쇠약, 빈혈, 혈뇨 등 불쾌한 증상을 동반하는 질병인 '텍사스 열병(Texas fever)'을 옮기는 진드기였다. 설상가상으로 진드기에 감염된 롱혼이 남서부에서 쫓겨나 현지 소들과 뒤섞이면서 질병을 확산시켰다. 그래서 텍사스 북부의 여러 주에서는 롱혼이 지나갈 수 없도록 검역 격리선을 적용하는 법까지 만들었다. 많은 카우보이들이 이 법을 무시했지만 지역 주민들까지 나서서 소 떼의 이동을 막으려고 애썼다. 이 과정에서 몰이꾼들을 때리거나 죽이기도 하고, 소를 훔치기도 했다.

1867년 일리노이의 성공한 가축 판매상인 조셉 G. 맥코이(Joseph G. McCoy)는 이 두 가지 문제를 모두 해결할 대책을 고안해냈다. 그는 유니언 퍼시픽 레일웨이(Union Pacific Railway)에서 가까운 곳에 남부 방목장을 만들겠다는 기발한 계획을 세웠다. 이렇게 하면 롱혼을 법적 제한 없이 이동시킬 수 있고, 동부로 실어 보내 더 많은 돈을 벌 수도 있으며, 시카고를 향한 길고 비용만 많이 드는 여정을 피할 수도 있었다.

맥코이는 자신의 계획을 실현하기 위해 정션 시티와 솔로몬 시티, 살리나 같은 도시들의 문을 두드렸다가 퇴짜를 맞자 애빌린이라는 텍사스의 "아주 작고 활기 없는 지역"으로 눈을 돌렸다. 여기서 그는 먼저 마을에서 땅을 소유한 한 농민에게 얼마 되지 않는 토지를 구입했다. 그런 다음 주의회에서 설정한 검역 격리선 안에서도 방목장과 적하 시설을 설치할 수 있는 예외를 인정해달라며 주지사를 설득했다. 마지막으로, 맥코이는 소 떼를 실은 모든 차량에 대한 보상을 약속하고, 유니언 퍼시픽 레일웨이 동부지사 사장과도 합의에 도달했다(하지만 이는 애당초 지키기 어려운 약속으로, 맥코이가 금전적 파산의 소용돌이로 빠져드는 시발점이 됐다).

자신이 원하던 합의를 이끌어낸 맥코이는 치솜 트레일(The Chisholm Trail)로 알려진 샌안토니오에서 북쪽으로 이어지는 옛 교역로를 애빌린의 철도 출발점까지 연결하고 이를 적극 홍보했다. 이 길을 통해 8월 소 떼가 도착하기 시작했고, 9월 초 시카고로 향하는 첫 번째 가축 적재가 이루어졌다. 첫해 텍사스에서 3만 5000마리가량의 소 떼가 치솜 트레일을 따라 애빌린으로 몰려들었다. 이듬해에는 7만 5000마리, 1870년에는 30만 마리, 또 이듬해에는 60만 마리로 소 떼의 규모는 점점 늘어났다. 시간이 흐르면서 롱혼은 1850년대 들어 개량되기 시작한 쇼트혼(shorthorn)과 1870년대의 블랙 앵거스(black Angus), 머리가 하얀 헤리퍼드(Hereford)를 포함해 살집이 많고 고기를 더 빨리 생산할 수 있는 품종으로 점차 대체됐다.

맥코이와 그의 방목장은 얼마 지나지 않아 위치토, 콜드웰, 도지 시티 등 인근 도시로부터 더 많은 후원을 받는 사업가들에게 밀려났다. 하지만 그가 극서부 지역에서 소 떼를 이동시키는 새로운 시대를 연 장본인이라는 것은 분명한 사실이다. 1870년대 농장주들은 아이다호와 콜로라도, 와이오밍, 몬태나 같은 북부 지역까지 소 떼를 몰고 와 사육하면서 신시내티와 시카고('세계 최고의 소의 도시'로 불렸다)를 포함한 동부의 잘나가는 정육 산업 지구를 향해 동쪽으로 소 떼를 이동시켰다.[11] 그 결과, 1909년 처음으로 쇠고기 생산량이 돼지고기 생산량을 앞질렀고, 1952년에는 2억 1900만 마리의 소들이 그들의 문을 통과했다.

19세기 중반 돼지와 소를 서부에서 동부 시장으로 수송하는 과정이 많이 발전했음에도 불구하고 육류 산업은 여전히 계절 산업의 성격을 벗어나지 못했다. 그 때문에 공급에도 상당한 제약이 따랐다. 예를 들어, 남북전쟁 이전 시카고의 유니언 스톡야드에서 도축한 돼지 두수를 보면 7월 도축량이 12월 도축량의 10분의 1에도 미치지 못했다. 여름에 육류를 냉장 보관할 방법이 없었기 때문이다. 1870년에도 봄과 여름 사이에는 연간 도축량의 6퍼센트가량만 가공했다. 비수기에는 돼지들을 사육장에서 돌보다가 시카고 현지에서 소비되는 신선육 수요에 맞춰 도축했다. 소의 경우, 계절적 제약이 더욱 심각했다. 도시 사람들은 돼지 저장육은 즐겨 먹었지만 소 저장육은 그렇지 않았다. 질긴 섬유질 때문에 돼지 저장육에 비해 맛이 떨어졌기 때문이다. 이런 이유로 많은 소들이 지역 가공 시설로 옮겨졌다. 도매업자들은 소를 직접 도축하고, 신선육 상태로 가까운 정육점에 배달해 소매로 판매했다.

전반적으로 수익성이 좋은 사업이기는 하지만, 살아 있는 가축을 수송해야 하므로 비용 측면에서는 비효율적이었다. 처음에는 길을 따라 설치된 터미널 시설에서 물과 먹이를 주었지만, 그렇게 해서는 기나긴 여정을 따라가느라 많은 돼지들이 체중이 감소하거나 죽는 일을 예방하기 어려웠다. "가엾은 짐승들이 비좁은 곳에 서로 바짝 달라붙어 있느라 멍이 들고 야위어갔다." 어느 기고가가 〈스크리브너스(Scribner's)〉에 보낸 글이다. "대엿새 동안 1600킬로미터 넘게 이동하면서 먹이와 물을 고작 두 번밖에 먹이지 못했다."[12] 20세기 초 한 저술가는 〈뉴욕 부처스 애드버킷&마켓 저널(New York's Butchers' Advocate and Market Journal)〉

에서 "수송하는 과정에 과도하게 많은 시간이 소요되면 가축의 체중이 줄어들어 수송업자에게 지불할 금액과 소비자들이 구입할 고기의 양이 모두 줄어드는 반갑지 않은 결과를 낳는다"[13]라고 기술했다.

이 문제를 해결할 유일한 방법은 정육업자가 도축한 고기를 한 곳에서 다른 곳으로 보낼 때 사용할 냉각장치를 개발하는 것이었다. 이는 새로운 발상이 아니었다. 1842년 '철도 수송의 기이한 것들'이라는 낚시성 제목을 단 〈보스턴 트래블러(The Boston Traveler)〉의 기사에 이 주제와 관련된 최초의 언급 중 하나가 등장한다. 기사에는 "적정량의 얼음을 사용해 쇠고기 신선육과 돼지고기, 송아지 고기, 가금류, 비둘기, 사슴 고기, 야생 사냥감 및 기타 신선육을 한여름 더위에도 완벽한 상태로 유지하는 냉장화차들"[14]로 가득한 세상이 묘사돼 있다.

그러나 미국 철도 회사들이 처음 선보인 아이스박스는 우유와 버터 정도만 겨우 수송할 수 있는 정도였다. 1843년 뉴욕주 오렌지 컨트리의 낙농업자들은 뉴욕에 도착하기까지 네 시간 반 동안 우유를 차갑게 유지할 수 있도록 얼음을 채운 주석통들이 담긴 캔을 이용해 이리 철도회사(The Erie Railroad) 편으로 우유를 수송했다. 1851년 7월 1일, 러틀랜드 레일로드(Rutland Railroad)는 얼음 덩어리와 튼튼한 단열재로 채워진 유개화차로 뉴욕에서 보스턴까지 8톤 정도의 버터를 수송했다. 그러나 이런 방식으로는 육류를 안전할 정도로 충분히 차갑게 유지하기 어려웠다. 더 나은 해결책을 찾으려는 사람들의 노력은 계속됐다.

1867년 미시간주 디트로이트에 거주하던 J. B. 서덜랜드(J. B. Sutherland)가 한 가지 방법을 내놓았다. 화차 양쪽 끝에 대형 얼음 탱크를 설치하는 것이었다. 이 탱크는 위에 구멍이 뚫려 있어 내부로 냉기를 순환시키도록 설계됐다. 하지만 기술적인 문제와 자금 조달의 어려움 때문에 서덜랜드는 이 아이디어를 포기할 수밖에 없었다.

일 년 후, 디트로이트의 상인 윌리엄 데이비스(William Davis)가 얼음과 소금의 냉동 혼합물 위에 지육(도축한 후 머리, 발, 내장을 제거한 가축의 몸통)을 걸어두는 금속 선반을 이용하는, 이전보다 개선된 아이디어를 제시했다. 여기에서 영감을 얻은 은행가 칼렙 아이브스(Caleb Ives)는 데이비스의 냉장화차를 이용해 동부의 도시들로 정육을 수송할 때 창출될 막대한 이익에 주목했다. 아이브스는 지역 정육업자인 조지 해먼드(George Hammond)와 협력해 데이비스의 설계도대로 냉장화차를 제작하고 첫 적재에 따르는 리스크를 떠안았다.

한편, 해먼드는 소를 골라 도축하고 포장해서 보스턴으로 향하는 열차에 실었다. 1869년 봄, 냉장화차에 실은 육류 화물이 무사히 도착해 두 파트너의 실험은 성공한 것으로 보였다. 데이비드의 특허를 사들인 해먼드는 아이브스와 정육수송회사

(Dressed Beef Transportation Company)를 공동 설립했다. 두 파트너는 시카고 유니언 스톡야드의 남쪽, 북부 인디애나 지역의 인구가 얼마 되지 않는 외딴 지역에 영업소를 설치해 인근 호수의 얼음을 저렴하게 공급할 뿐 아니라 동부 도시로의 철도 연결을 지원했다. 1875년 이 회사는 200만 달러 상당의 정육 매출을 올렸다.

냉장화차 덕분에 서부에서 동부로 신선육을 성공적으로 수송할 수 있었지만, 여전히 여러 가지 문제가 산적해 있었다. 이런 문제들은 냉장 설비를 확장하는 데 걸림돌로 작용했다. 첫 번째 제한 요인은 기술 그 자체였다. 무엇보다 초창기의 설계에 따르면 지육이 얼음에 닿아 표면이 검게 변하는 일이 많았다. 이렇게 변색된 지육을 보고 소비자들과 공중보건 관계자들은 소비하기에 부적절한 상태임을 보여주는 징후라고 생각했다. 이 문제를 해결하기 위해 지육을 아예 천장에 매달았다. 하지만 이 방법에는 치명적인 단점이 있었다. 열차가 커브를 돌 때마다 지육이 엄청나게 크게 흔들리는 바람에 자칫 열차가 탈선할 수도 있었다. 무엇보다 큰 걸림돌은 얼음이 빨리 녹는다는 성가신 문제였다. 게다가 정류장에서 얼음통을 다시 채울 수도 없었다. 미국에서는 1870년대 제빙기가 사용되기 시작했지만, 화차에 설치하기에는 너무 무겁고 컸다.

냉장 기술을 개선해 필요한 기반시설을 설치하는 데 실질적인 진전을 이룬 사람은 구스타브 F. 스위프트(Gustavus F. Swift)다. 스위프트는 매사추세츠주 웨스트 샌드위치에 있는 아버지의 농장에서 자랐다. 마을 정육점에서 몇 년간 일한 그는 반스테이블에 정육점을 열고 가축 매입 및 판매 사업에 나서 뉴잉글랜드 최대 상인 중 한 명으로 떠올랐다. 스위프트는 나날이 높아지는 명성에 힘입어 영국 시장으로 소를 수송하던 보스턴의 유명한 가축 매입상 제임스 A. 해서웨이(James A. Hathaway)와 제휴했다. 이들의 관계는 1872년 '해서웨이&스위프트'라는 명칭으로 공식화됐다. 3년 후, 서부에 엄청난 기회가 있을 거라고 생각한 스위프트는 사업 본부를 시카고로 옮기고 철도를 이용해 시카고에서 보스턴으로 수송하기 위해 가축을 대량 사들였다.

1870년대 후반, 스위프트는 자기 소유의 가축을 유니언 스톡야드에서 도축해 지육만 동부 시장으로 수송하면 화물 운임을 많이 절약할 수 있을 거라고 생각했다. 그는 겨울철에 열차를 이용해 동부로 쇠고기 신선육을 수송하면서 낮은 온도를 유지하기 위해 화차 문을 열어두었다. 계절 수송에 만족할 수 없었던 그는 보스턴의 엔지니어 앤드루 체이스(Andrew Chase)를 고용해 해먼드의 냉장화차보다 단열 효과가 뛰어나고 우수한 통풍 설비를 갖춘 화차를 설계했다. 체이스는 화차의 상단 모서리에 얼음통을 배치해 찬 공기는 자연스럽게 아래로 흐르고 따뜻한 공기는 통풍구를 통해 빠져 나가도록 하는 동시에 외부에서 얼음통을 쉽게 채울 수 있도록 해서 화차의 운영 효율을 높였다.

스위프트는 많은 철도 회사들과 접촉해 체이스가 설계한 냉장화차를 설치하도록 요청했다. 그러나 가축 화차의 값비싼 운임과 높은 수익성을 유지하고 싶었던 철도 회사들은 크게 관심을 보이지 않았다. 그럼에도 불구하고 포기하지 않은 스위프트는 마침내 그랜드 트렁크 라인(Grand Trunk Line)과 계약하는 데 성공했다. 이 회사는 비교적 긴 노선을 운영하는 데다 순환형 철도라서 그동안에는 가축을 수송하는 데 큰 관심이 없다가 육류 산업에 진출하려고 고심하던 차였다. 그랜드 트렁크 라인은 스위프트가 냉장화차를 공급하고 노선을 따라 재결빙 시설을 구축하면 기꺼이 지육 수송에 나서겠다는 의사를 내비쳤다.

스위프트는 미시간 카 컴퍼니(Michigan Car Company)의 도움으로 제작한 냉장화차 10량에 가동 및 재결빙 통합 시스템을 구축하는 등 본격적으로 나섰다. 그는 주변 도시와 마을 소매업자들에게 주문을 받는 한편 전통적인 도매 유통 방식에 의존하기보다는 새로운 업체들을 모집했다. 낮 동안 품종과 등급, 수량 등이 적힌 유통업자들의 주문서가 전신으로 본사와 유니언 스톡야드 구매자들에게 전달된다. 그러면 야간에 가축들이 유니언 스톡야드로 도착한다. 다음 날 오전 구매가 완료되면 이른 오후에 바로 도축이 시작된다. 〈하퍼스 위클리(Harper's Weekly)〉는 "일단 가공해서 냉장화차에 실린 육류는 시간 손실도 없고 도살할 때 매달렸던 갈고리에서 떼어낼 필요도 없이 화차와 같은 온도의 저장고로 넘어간다. 이 모든 과정이 물 흐르듯 유연하게 진행된다"며 경탄했다. '지점(branch-house)'이라고도 불리는 이 저장고야말로 스위프트가 설계한 뛰어난 유통망의 정수로, 현지 정육점들이 지육을 손쉽게 공급받을 수 있도록 해주었다.

그랜드 트렁크 라인과 스위프트 모두에게 매우 위험한 모험이었지만, 결국 둘 모두 큰 성공을 거뒀다. 1879년 스위프트는 계절에 상관없이 일 년 내내 시카고에서 뉴잉글랜드 시장으로 지육을 수송할 수 있는 냉장 열차 서비스를 최초로 도입했다. 이 서비스가 엄청난 성공을 거두면서 뉴잉글랜드에서는 적재 산업 자체가 완전히 사라져버리고 말았다.

스위프트의 지육이 뉴욕에 도착할 무렵, 소비자들에게 다른 선택지가 없었던 건 아니다. 당시에 지육을 냉장화차에 싣고 서부에서 동부로 수송하던 업자들 중 필립 아머(Philip Armour)라는 시카고 정육업자가 있었다. 아머는 1832년 뉴욕주 스톡브리지의 한 농장에서 태어났다. 1852년, 그는 옷 몇 가지와 신발 한 켤레, 황금을 찾겠다는 꿈만 지닌 채 나라를 가로질러 캘리포니아로 향했다. 아머는 목적지에 도착하자마자 자신의 재능은 광석을 채굴하는 게 아니라 골드러시 속에서 사업 기회를 포착하는 데 있음을 곧바로 깨달았다. 갱부들과 세탁업자들에게 물을 날라줄 수도관을 구입한 아머는 여기에 돈을 벌 기회가 있음을 깨닫고는 여러 개를 더 사들였다. 나중에는 새로운 기회를 찾아 이 모두를 매각했다. 그가 찾아낸 새로운 사업은 바로 먹거리를 서부에서 동부로 운반하는 것이었다.

아머는 캘리포니아에서 갈고닦은 사업적 통찰력을 발휘해 몇몇 동업자들과 밀워키의 곡물 및 돼지고기 사업에 뛰어들어 부를 축적했다. 1867년 아머는 시카고 리버의 사우스 브랜치에 자리한 작은 공장을 임대해 돼지 정육업을 시작했다. 일 년 후에는 남동생들과 함께 시카고에 아머 앤 컴퍼니(Armour and Company)를 설립하고 더 큰 공장을 구입해 소와 양으로 사업을 확장했다. 이 회사는 1871년 시카고의 26개 정육 회사 중 다섯 번째 큰 규모로 성장했다.

같은 해 아머는 유니언 스톡야드 근처의 땅을 사들여 거대한 정육 공장을 건설했다. 그리고 시장에 육류 제품을 공급하기 위해 경쟁자인 스위프트의 뒤를 좇아 아머 리프리저레이터 라인 (Armour Refrigerator Line)을 설립했다. 1900년 아머 앤 컴퍼니의 노란색 화차는 1만 2000량에 달했다. 이는 미국 사유 화차의 3분의 1에 해당하는 규모다. 이 모두가 자체 화차 공장에서 제작됐다. 이후 노란색은 냉장화차를 상징하는 색이 됐다. 아머 앤 컴퍼니의 모든 노란 화차에는 이런 슬로건이 걸렸다. "우리가 세상을 먹여살린다(We Feed the World)."

스위프트와 아머 등 선도적 정육업자들이 육류 가공의 기계화라는 혁신에 나서기 시작한 것은 바로 이런 경쟁 환경 속에서였다. 소와 돼지는 전례 없이 효율적으로 가공 또는 '해체'됐다. 각각의 육류 가공 단계는 가장 기본적인 요소로 세분화됐다. 헨리 포드(Henry Ford)가 아머와 스위프트의 정육 공장에서 육류 해체 라인을 보고 자동차 조립 라인 아이디어를 떠올렸다는 것은 잘 알려진 이야기다.

당시의 혁신적인 기술에는 지육을 운반하는 고가(머리 위에서 움직이는) 트롤리와 공장 곳곳으로 육류를 이동시키는 자동화 컨베이어 벨트 등이 있다. 이를 활용하면서부터 직원들이 특정 업무에 특화되어 동일한 동작을 지속적으로 반복함으로써 시간 낭비를 최소화할 수 있었다. 한창 바쁠 때 일부 킬 플로어(kill floors, 도축된 소들을 옮기던 좁은 통로. 여기서는 도축장을 뜻함 - 옮긴이)에서는 수만 명의 직원을 고용해 시간당 수백 마리의 가축을 처리했다. 또한 작업 방식이 개선되면서 '식용으로 적합하지 않은' 부분을 폐기하기보다는 지육의 모든 파편들을 활용해 당시 급성장하던 부산물 산업에서 이윤을 극대화했다. 예를 들어 건혈은 비료는 만드는 데, 가죽과 넓적다리 뼈는 칼과 솔의 손잡이나 단추 등을 만드는 데 사용됐다. 이와 관련, 코미디 비평가 핀리 피터 던(Finley Peter Dunne)은 이렇게 말했다. "소가 나지막이 울면서 들어가면 아교와 젤라틴, 비료, 셀룰로이드, 액세서리, 소형 쿠션, 모발 복원제, 침대 스프링 같은 것들이 튀어나와요. 소가 채 죽기도 전에 말이에요. 이후로도 소는 단추에서 파나마모자까지 뭐든 될 수 있어요."[15]

'아무것도 버리지 말라!'는 이 가차 없는 이윤 추구형 효율과 집중화된 소유 구조 덕분에 과거보다 훨씬 많은 미국인이 훨씬 많은 고기를 먹을 수 있게 됐다. 20세기로의 전환기에 접어들 무렵에는 서부에서 유입된 쇠고기 신선육이 동부 시장에 넘쳐나면서 육류 가격은 30퍼센트나 곤두박질쳤다.

소·돼지의 시대는 가고 닭의 시대가 오다

조금 역설적이긴 하지만 적색육 소비는 빠르게 성장한 만큼이나 빠르게 감소했다. 여기에는 크게 네 가지 이유가 있다. 첫째, 또다시 인구가 증가하면서 육류 생산이 다시 한 번 수요를 충족시키지 못하자 종종 가격이 폭등했다. 육류는 1899년 미국 가공식품 생산량의 28퍼센트를 차지했지만, 1937년에는 그 비율이 13퍼센트로 떨어졌다.

둘째, 1906년 업튼 싱클레어(Upton Sinclair, 미국의 소설가 및 비평가 – 옮긴이)가 《정글(The Jungle)》을 출간하면서 육류 품질의 안전성 문제가 부각됐다. 싱클레어는 "착취 지옥(inferno of exploitation, 시카고 도축장에서 이주 노동자들을 가혹하게 다루던 관행을 말함)"[16]에 대한 과감한 기술로 독자들에게 충격을 안겨주려 했다. 하지만 그의 의도와 달리 이 책에 묘사된 비위생적 환경이 대중적 공분을 불러

일으켰다. 곰팡이 핀 고기를 붕사와 글리세린으로 처리해서 재사용하고, 쥐가 들끓는 불결한 바닥에 떨어진 고기도 판매하며, 보다 신선하게 느껴지도록 내장과 연골을 염색하고, 향신료를 잔뜩 감미해 배달용 햄을 만드는 모습 등이 생생하게 알려졌기 때문이다.

육류 소비가 감소한 세 번째 이유는 제1차 세계대전이다. 미국이 참전할 무렵 동맹국의 수많은 시민들은 굶주리고 있었다. 서유럽의 농장들은 전쟁터로 변했고, 농민들은 군인이 됐다. 우드로 윌슨(Woodrow Wilson) 대통령은 이처럼 어려움에 빠진 동맹국들과 해외에 주둔하는 미군에게 식량을 조달하기 위해 전시 식량 공급과 보존, 유통, 운송을 담당할 미국 식품청을 만들었다. 식품청이 설립되자마자 진행한 캠페인 중 하나가 해외에 주둔한 400만 명의 미군을 먹이기 위해 육류 소비를 자제하도록 시민들을 설득하는 것이었다. 식품청은 캠페인 내용을 세상에 알리고 사람들의 지지를 촉구하기 위해 "식량으로 전쟁에서 승리할 것이다(Food Will Win the War)"라는 슬로건이 적힌 포스터와 기사, 팸플릿, 각종 교육 자료 등을 배포했다. 이 캠페인은 큰 성공을 거뒀다. 미국은 1918~1919년 유럽에 주둔하던 부대와 동맹군들을 위해 1850만 톤의 육류를 선적했다. 같은 기간에 국내 소비는 15퍼센트 줄었다.

마지막으로, 대공황으로 경제가 어려워지면서 미국인들은 식탁에 음식을 올리는 것조차 버거운 상태였다. 1933년이 시작될 무렵, 실업률은 거의 25퍼센트에 육박했다. 마땅한 복지 제도조차 없는 상황에서 뉴욕에 있는 수백 개의 빵 가게에서는 배고픈 시민들에게 매일 8만 5000개의 빵을 나눠주었다. 그리고 20세기 중반, 육류 산업 무대를 강타할 또 다른 역사적 상황과 혁신이 나타난다. 쇠고기가 크게 각광받았을 뿐 아니라, 더 중요하게 가금류가 가장 인기 있는 요리로 급부상하기 시작한 것이다.

농장에서 공장으로

도축장이 유리벽으로 되어 있다면
모두가 채식주의자가 될 것이다.

폴 매카트니(Paul McCartney)

공장식 사육의 출현

2018년 여름, 나는 스미스필드 푸드(Smithfield Foods)의 자회사 클로거티 패킹 컴퍼니(Clougherty Packing Company) 소속으로 캘리포니아주 버논에 위치한 돼지 정육 공장 파머 존(Farmer John)을 방문했다. 오후 2시쯤 면적이 8만 3000제곱미터에 이르는 이 시설 외곽의 뜬금없는 장소에 도착한 나는 생각지도 않았던 일을 하게 됐다. 도축장으로 향하는 돼지들에게 마지막으로 물 몇 모금을 먹이는 일이었다.

나는 세이브 무브먼트(The Save Movement)의 공동창립자인 어니타 크라인츠(Anita Krajnc)의 초청으로 수백 명의 열렬한 동물권 운동가들과 함께 '돼지 집회(pig vigil)' 행사에 참가하기 위해 이곳에 온 거였다. 크라인츠는 2015년 캐나다 온타리오주 벌링턴에서 트럭에 실려 도축장으로 향하던 돼지들에게 물을 주었다는 혐의로 체포되어 헤드라인을 장식했던 인물이다. 그녀는 나에게 그 행동을 '자비로운 행위'[1]라고 표현했다. 어니타는 2016년에도 비슷한 활동을 해서 또 체포된 바 있다.

나는 그때까지 가축을 위한 행동은 말할 것도 없고, 그 어떤 형태의 시위나 집회에도 참가해본 경험이 없었다. 돼지가 도착하기를 기다리며 사람들 사이에 불안하게 서 있는데, 경찰이 말을 걸었다. 그는 자신을 포함해 버논 경찰서의 여러 경찰들이 집회 과정을 감독하기 위해 와 있다고 말하고는, 모두의 안전을 위해 지켜야 할 기본적인 규칙들, 이를테면 돼지를 실은 트럭이 도착할 때까지 인도에 있어야 한다는 등 다양한 규칙들을 설명해주었다.

새벽 2시 30분쯤 양옆에 공기 구멍이 뚫린 거대한 스테인리스스틸 차량이 우리에게 다가왔다. 내가 있는 곳에서 6미터쯤 떨어진 곳에 이르자 차가 채 멈추지도 않았는데 모든 감각이 초토화되고 말았다. 꿀꿀거리는 콧소리와 귀를 찢을 듯한 비명 소리, 자극적인 분뇨 냄새가 더해져 목 안까지 얼얼할 정도였다. 그 모든 것을 받아들이려 애쓰고 있는데, 눈물에 젖은 사회운동가들이 목마른 돼지들을 향해 호스로 물을 뿌리는 모습이 눈에 들어왔다. 그 혼란스럽고 냉혹한 광경은 마치 드라마 〈블랙 미러(Black Mirror)〉의 한 장면을 연상시켰다. 다른 점이 있다면 내가 처한 상황이 훨씬 기이한 데다 엄연한 현실이라는 것이었다.

첫 번째 트럭이 떠난 지 얼마 지나지 않아 다음 트럭이 도착했다. 이번에는 조금 더 가까이 가보기로 했다. 그런데 놀라운 일이 일어났다. 돼지들 중 한 마리와 눈이 마주쳤는데, 그 눈빛

이 우리집 강아지 토비와 너무 닮은 거였다. 나는 엄청난 충격을 받았다. 터져 나오는 눈물을 주체할 수 없었다. 그런 나를 여러 명의 사회운동가들이 따뜻하게 포옹해주었다.

새벽 3시 15분경, 충분히 지켜봤다고 생각한 나는 집으로 돌아갈 채비를 했다. 차로 돌아오는데 정육 시설 외벽에 그려진, 목초지를 자유로이 거니는 돼지들을 밝고 다채로운 색상으로 묘사한 벽화가 눈에 띄었다. 조지 오웰(George Orwell)의 작품을 연상시키는 그 그림은 나의 정제되지 않은 슬픔을 분노로 바꾸어 놓았다. 노골적인 거짓임을 너무도 잘 알 수 있었기 때문이다. 내가 본 돼지들은 삶의 마지막 몇 시간을 공포에 떨어야 했을 뿐 아니라 과거의 모든 순간들도 공장식 농장의 공포 속에서 견디며 살아야 했을 것이다. 한 시간 뒤, 집에 돌아온 나는 마침내 침대에 누웠다. 어둠 속에 누워 그날 내가 본 것들을 이해해보려 애를 썼지만, 앞으로도 결코 잊을 수 없으리란 확신만 강해질 뿐이었다.

그날의 충격에서 회복하는 데 여러 날 걸리긴 했지만 그래도 그날의 경험에 감사하지 않을 수 없었다. 그랬다. 분명 고통스러운 기억이지만 덕분에 나는 새로운 시각을 갖게 됐다. 처음에 내가 공장식 사육에 반대한 이유는 환경에 끼치는 해악과 동물이 견뎌야 하는 고통 같은 추상적인 생각에 근거했다. 이 경험으로 나는 그 고통의 실체를 마주할 수 있었다. 겁에 질린 돼지들의 비명 소리는 앞으로 '공장식 농장'이라는 말을 꺼낼 때마다 내 뇌리를 뒤흔들 것이다. 이 경험은 내게 뜨거운 의문을 남겨주었다. 도대체 공장식 사육은 언제, 왜 생긴 것일까?

'공장식 사육(factory farming)'이라는 용어는 산업형 축산업이 출현하기 수십 년 전인 1890년 미국의 한 경제지에 처음으로 기록됐다. 영국의 경제학자 앨프레드 마셜(Alfred Marshall)이 공장 경영 원리에 입각해 설계된 '공장식 농장(factory farms)'의 개발을 제안한 것이다. 그는 축산의 기계화를 통해 "전문화되고, 효율화되고, 재료의 낭비를 줄이고, 부산물을 활용하고, 무엇보다 최고의 기술과 경영 능력이 도입될 것"[2]이라고 주장했다. 현대 영양학의 토대를 닦은 미국의 화학자 윌버 올린 애트워터(Wilbur Olin Atwater)도 일 년 뒤 〈센추리 매거진(Century Magazine)〉에 이와 비슷한 취지의 언급을 했다.

미래의 농업은 아마도 그에 상응해 산출이 증가하는 생산 과정이 될 것이다. 조밀한 인구가 기아의 전조라고 했던 구시대 경제의 경고와 달리, 실제로는 저렴한 가격에 풍부한 식량을 공급할 전제 조건이 되리라는 것이 역설적으로 들릴 수도 있다. 하지만 섬유 공장에서 섬유를 생산하고 기계 공장에서 기계를 생산하는 등 이미 온갖 영역에서 입증된 원리를 굳이 재차 강조할 필요가 있을까?[3]

닭의 반란, 육계 생산을 시작하다

대부분의 학자가 도시화와 산업혁명으로 확실한 기반이 다져지긴 했어도 공장식 농장의 초기 개념이 실현되기 시작한 것은 1920년이라고 본다. 시작은 돼지와 소가 아니라 닭 사육 방식의 복잡한 변화로 나타났으며, 이는 곧 축산업계 전반에 영향을 미쳤다.

제1차 세계대전 이전까지만 해도 닭은 그다지 인기 있는 가축이 아니었다는 사실을 감안하면 앞뒤가 맞지 않는 소리처럼 들릴 수도 있다. 식민지 시대의 다른 가축들과 달리 닭은 유언장이나 가축 및 자산 목록 등에 숫자로만 간략하게 언급되거나 아예 기록이 없는 경우도 더러 있었다. 닭을 돌본다고 해봤자 그저 농장을 돌아다니며 벌레나 곤충을 잡아먹도록 내버려두거나 이따금 남은 곡물이나 식탁의 음식 찌꺼기를 던져주는 게 전부였다. 닭을 향한 무관심은 경제적 시각에 따른 결과였다. 즉, 농민들에게는 가느다란 뼈에 붙은 보잘것없는 살덩어리보다는 암탉이 낳는 계란이 훨씬 돈이 됐다. 소나 돼지와 달리 계란을 낳는 암탉은 죽었을 때보다 살아 있을 때 훨씬 가치가 있었다.

미국의 농장에서 닭을 키우는 일은 전통적으로 여성의 몫이었고, 계란을 모으는 일은 아이들이 도맡아 했다. 성별과 연령에 관련된 이 같은 관념은 미네소타 농민협회(Minnesota Farmers' Institute)가 발행한 '연보 7호, 1894년 판'에도 나타난다. "닭을 키우는 일은 다 자란 남성의 체면에 전혀 어울리지 않으므로……
(그러므로) 성인 남자라면 암탉과 씨름하느라 시간을 허비하지는
않을 것이다."[4]

계란은 가족들이 먹었고 남는 게 있으면 동네에서 팔았다.
20세기 이전에 암탉들은 보통 계란을 일 년에 20여 개 정도 낳
아서 사실 큰 수익원이 될 수도 없었다. 게다가 닭은 기르는 데
소요되는 비용이 적은 데다 도축과 유통이 제한적이라는 점 등
이 가격 상승 요인으로 작용했다. 시간이 흐르면서 닭은 사치품
처럼 여겨지기도 했다. 이는 1928년 대통령 선거운동 때 공화당
에서 공약으로 내건 "냄비마다 닭고기를(chicken in every pot)!"이라
는 슬로건이 등장한 계기가 되기도 했다.

닭 생산이 '비정규직 경제(gig economy)'에서 오래도록 이어져
온 부업 같은 일에서 금전적으로 상당한 이익을 내는 수익원으
로 전환되는 과정을 이끈 첫 세대로 세실 A. 스틸(Cecile A. Steele)
이 있다. 역사적으로 중대한 전환점들의 상당수가 그렇듯, 이번
에도 변화는 완전한 우연에서 시작됐다. 이는 업계에서 회자되
는 전설적인 이야기이기도 하다.

스틸은 체서피크만 동쪽의, 약 290킬로미터 길이의 평평한
농업 지대인 델마바반도에서 계란을 생산했다. 1923년 봄, 그
녀는 길에서 몇 킬로미터 떨어진 부화장에 산란계 50마리를 주
문했다. 그런데 부화장에서 실수로 주문량의 열 배인 500마리

를 보내왔다. 스틸은 병아리들을 돌려보내지 않고 모두 키우기로 결심하고 목수에게 병아리를 수용할 수 있는 작은 사육장을 지어달라고 부탁했다. 그녀는 병아리들을 키워 육계로 팔려고 마음먹었다. 그로부터 18주 후, 살아남은 닭을 무게 1파운드당 62센트에 팔았다. 몇 년 동안 계란을 팔아 얻은 것보다 몇 배나 많은 수익을 올린 것이다. 그리 크지 않은 닭이었지만 요리사나 주부들은 기름에 튀기고, 불에 굽고, 오븐에 익히고, 스튜로 만드는 등 다양하게 요리할 수 있다는 점을 높이 평가했고, 부유한 소비자들은 그 맛을 좋아했다. 이듬해에는 주문량이 두 배로 늘었다. 위험을 무릅쓰고 벌인 사업이 기대 밖의 수익을 내자 해안경비대에서 일하던 남편은 일을 그만두고 아내의 양계업을 돕기 시작했다. 1926년 닭의 수는 1만 마리로 늘어났다. 빠르게 입소문이 퍼지면서 스틸은 육계용(broiler) 고기를 판매하겠다는 명확한 목적을 가지고 닭을 키우기 시작했다('육계용'은 고기를 생산한다는 구체적인 목표로 사육한 모든 닭을 일컫는 용어다). 그로부터 채 10년이 지나지 않아 스틸의 농장과 비슷한 농장이 적어도 500여 곳은 새로 생겼고, 델마바반도 전체에서 생산하는 육계 수는 연간 700만 마리에 달했다.

닭 매입자들은 육계를 시장으로 실어 가기 위해 '포획조(catching crew)'[5]를 이끌고 닭이 자고 있는 늦은 밤에 농장으로 와서 포획하기 쉽도록 한구석으로 몰았다. 그러고는 작은 닭장에 집어넣은 뒤 트럭에 싣고는 중개인의 가축 보관소나 집결소로 이동했다. 도착하자마자 새 닭장으로 옮겨 실은 다음 밤새 먹이를 먹이며 아침에 동부 해안 도시의 가축 시장으로 수송할 준비를 했다.

　뉴욕은 육계의 인기가 가장 좋은 지역이었다. 동유럽의 반유대주의를 피해 19세기 엘리스 아일랜드로 이주해 온 거의 200만 명에 달하는 유대교 이민자들의 고향이었기 때문이다. 육계 판매업자들은 유대인 소비자들이 지켜보는 앞에서 닭을 도축해 유대교 율법에 따라 처리하고 있음을 확인시켜주었다. 유대인들은 성스러운 날 율법에 맞게 도축한 사치스러운 육류를 올리면 더욱 영예로워진다고 생각했다. 닭고기는 다른 육류보다 몇 배나 비쌌기 때문에 안식일이나 다른 유대교 경축일을 기념할 음식으로 제격이었다. 시간이 흐르면서 닭고기 소비의 인구 통계는 달라졌지만, 델마바반도의 농민들이 거둔 초창기의 성공은 대부분 유대인들의 소비 관행 덕분이었다. 실제로 미국 농무부가 1926년 시행한 조사를 보면 뉴욕에서 판매된 살아 있는 가금류는 80퍼센트가 유대인 이민자들에 의해 소비됐다.

　폭발적으로 늘어나는 닭 수요에 대응하기 위해 수백 곳의 회사들이 전문화된 사료 개발에 착수했다. 1900년대 초, 과학자들은 비글 강아지들을 실내에서 키우며 오트밀만 먹이는 가혹한 실험을 해서 비타민 D가 구루병 같은 영양소 결핍 질환을 예방하는 데 매우 중대한 역할을 한다는 사실을 알아냈다. 비슷한 시기에 쥐를 대상으로 이와 유사한 실험을 해서 정상 시력과 면역 체계, 생식 등에 꼭 필요한 비타민 A를 발견하기도 했다. 이런 비타민이 결핍되면 닭이 질병에 걸릴 수 있으므로 이 같은 발견의 효용은 축산업에서 당장 현실화됐다. 사료에 이런 영양소들을 추가하는 것만으로도 닭은 햇빛(비타민 D의 주공급원)이나 파란 풀(비타민 A의 주공급원) 없이도 생존할 수 있었다.

결론적으로 닭은 체중을 최대한 늘리기 위해 온도와 사료, 조명 등이 조절되는 크고 지붕 있는 양계장에서 사육됐다. 이로써 악천후나 쥐, 여우, 스컹크, 너구리, 매 등의 포식자들로 인한 부상 위험도 줄일 수 있었다. 게다가 이 방식은 가금류 축산업 자체를 전반적으로 더 쉽고 저렴하게 만들었다. 1923년에는 1파운드(약 450그램)의 육계 고기를 생산하는데 4.7파운드(약 2.1킬로그램)의 사료가 들어갔지만, 1941년에는 같은 양의 고기를 얻는데 4.2파운드(약 1.9킬로그램)면 충분했다. 1930년대 사료 비용이 육계 사육 비용의 50~60퍼센트를 차지한 점을 감안하면 10퍼센트포인트 정도면 엄청난 절감 효과다. 사료가 덜 드는 것 외에도 가혹한 감금 환경에서 자란 육계는 더 빠르고 무겁게 성장한다는 이점이 있었다. 1927년 델마바반도의 육계는 평균 4개월 만에 시장에 나왔고 무게는 2.5파운드(약 1.1킬로그램)였다. 하지만 1941년이 되자 12주면 판매 가능해졌고 무게는 2.9파운드

(약 1.3킬로그램)나 됐다.

스틸과 그녀의 영향을 받은 농민들은 농업 경영에 있어 혁신을 이끈 주목할 만한 모델을 선보였지만 닭고기 소비는 돼지나 소 등 기타 가축에 비해 여전히 상대적으로 저조한 편이었다. 1940년대까지만 해도 미국인들은 매년 평균 10파운드(약 4.5킬로그램)의 가금류를 소비했을 뿐이다. 20세기 초 중서부에서 가금류 사업에 투자한 아머와 스위프트조차도 규모의 경제를 달성하는 데 어려움을 겪었다. 예전보다 저렴해지긴 했지만 닭고기는 적색육보다 여전히 2.5배나 비쌌다.

그럼에도 불구하고 수요는 꾸준히 증가했다. 1930년대 후반 유대인 신세대들은 근처 양계장에서 '뉴욕식 정육' 방식으로, 즉 깃털을 뽑고 피를 빼내지만 머리와 발은 몸통에 붙어 있고 모든 내장이 그대로 있는 방식으로 도축하고 가공한 후 얼음과 같이 포장해서 트럭으로 상점까지 운반된 닭을 사서 먹었다. 쇠고기나 돼지고기와 마찬가지로, 살아 있는 닭이 아니라 뉴욕식으로 손질한 닭을 수송함으로써 상당한 비용을 절감할 수 있었다. 뉴욕식 정육 방식이 소비자들의 호응을 얻으면서 1930년대 후반 현지 가공 공장들이 여럿 문을 열었다. 1942년에는 열 곳의 공장에서 연간 총 3800만 마리의 육계를 도살하고 손질하여 얼음으로 포장하는 설비를 갖추었다. 그중 6퍼센트는 워싱턴 D.C.로, 10퍼센트는 필라델피아로 보내졌다. 뉴욕에서는 무려

77퍼센트나 소비됐다.

닭의 반란, 수직적 통합 시스템을 구축하다

미국이 제2차 세계대전에 참전할 무렵 8년 전의 700만 마리에서 9000만 마리로 생산량이 증가하면서 델마바반도는 육계 사육에서 압도적 우위(미국 전체 육계 생산량의 절반 이상)를 점했다. 하지만 불행히도 델마바반도의 입장에서는 이처럼 엄청난 성공이 곧 파멸의 원인이 되었다. 1942년, 해외에 주둔하는 미군과 동맹국들을 위한 비축 식량을 담당하던 행정기관인 미국 전시식량국은 델마바반도에서 생산된 모든 가금류를 징발했다. 말그대로 이 지역의 주요 도로를 모두 차단한 채 드나드는 모든 트럭의 닭을 압수한 것이다. 한 기자는 1943년 4월 5일자 〈라이프(Life)〉 기사에 이렇게 기록했다. "전쟁에 임해 국민과 군인들에게 충분한 식량을 제공하지 못하는 국가는 무너질 수밖에 없다는 사실을 역사는 증명한다." 이러한 신념 아래 당시 전시식량국은 꽤 직설적인 슬로건을 내걸었다. "닭은 군인들에게 먼저!"[6]

실제로 연합군에게는 많은 양의 닭이 필요했다. 그래서 농부들에게 무려 40억 파운드(약 180만 톤)의 닭 정육을 생산하도록 주문했는데, 델마바반도의 가금류 산업이 절대적으로 많은 양을 충당했다. 국가가 이 지역에서 공급되는 닭을 전부 징발하자 닭을 구매하려는 민간인 소비자들은 다른 곳으로 눈을 돌려야 했다. 그 결과, 다른 농업 목적에는 적합하지 않은 불모지가 많은 데다 생활고에 시달리고 농촌 가정의 노동력이 넘쳐나던 남동부의 여러 주들이 그 빈자리를 메우며 육계 산업의 새로운 중심으로 부상했다.

이 지역에서 가금류 생산과 관련, 처음으로 두각을 나타낸 이로 가장 잘 알려진 사람은 제시 딕슨 주얼(Jesse Dixon Jewell)이다. 주얼의 삶은 레모니 스니켓(Lemony Snicket)의 소설 《위험한 대결 (A Series of Unfortunate Events)》과 비슷하다. 주얼은 1902년 조지아주 게인즈빌에서 태어났다. 아버지 에드가 허먼 주얼(Edgar Herman Jewell)은 잘나가는 면실 공장을 운영했으며, 게인즈빌에서 처음 자동차를 가진 사람들 중 한 명이었다. 그런데 연이은 비극 중 첫 번째 비극이 닥쳤다. 주얼이 겨우 일곱 살 때 아버지가 사망한 것이다. 주얼은 앨라배마 대학교와 조지아 공업대학교를 다니다가 가업을 잇기 위해 어머니와 양아버지가 있는 집으로 돌아왔다. 그리고 불과 몇 년 후인 1930년 양아버지마저 사망했다. 어머니는 지치고 상심했다. 주얼의 아내와 딸들도 재정적으로 그에게 의존하고 있었으므로 혼자라도 가업을 떠안아 운영하는 것 외에는 달리 방법이 없었다.

1920년대 말과 1930년대 조지아 주의 농민들이 대부분 그랬듯, 주얼과 가족들도 청구서를 해결하기조차 쉽지 않은 삶을 살았다. 남부에서 농민의 삶이 순탄했던 적은 한 번도 없었지만, 대공황기에는 10여 년 전부터 이어져온 농장의 위기가 더해지면서 살림살이가 더욱 어려워졌다. 제1차 세계대전이 진행되는 동안 농민들은 전쟁으로 황폐해진 유럽의 식량 수요를 감당해내기 위해 생산을 늘렸다. 그러나 전쟁이 끝나고 수요가 급감하자 농민들은 농작물과 가축을 헐값으로 시장에 내던질 수밖에 없었다. 1933년 옥수수 가격은 부셸(약 36리터)당 전쟁 전 평균인 64.2센트에서 19.4센트로 폭락했다. 면화 가격은 파운드당 12.4센트에서 5.5센트로, 돼지고기는 파운드당 7.2센트에서 2.9센트로 떨어졌다. 주얼이 표현한 대로 이들의 가족 사업은 "총 맞은 것"[7]과 다를 바 없었다. 이런 가운데 또 한 번 비극이 발생했다. 1936년 한 번도 아니라 두 번씩이나 치명적인 토네이도가 게인즈빌을 강타하며 200명 이상 사망하고 수백 가구 이상 반파 또는 완파된 것이다.

생존의 기로에 선 주얼은 수입을 보충할 방법을 찾던 중 인근 농장에서 닭을 사다가 키워 애틀랜타 등 다른 도시의 시장에 내다팔았다. 품이 많이 드는 결코 쉽지 않은 일이었지만, 겨우 푼돈이나 만질 수 있을 뿐이었다. 당시 주얼의 재정 상태가 워낙 어려웠기 때문에 초기 구매 비용으로 발행한 수표를 결제하려면 농민들에게서 닭을 사오자마자 즉시 팔아야 할 정도였다. 하지만 가금류 수요가 탄탄하다는 것을 알았던 주얼은 1865년 이후 남부에서 지배적 관행으로 이어져온 신용거래를 하면 돈을 벌 수 있을 거라는 영리한 판단을 내렸다.

남북전쟁 이전, 남부의 영세한 농민들은 보통 자급자족 방식으로 생활했으므로 동네 상점에서 식료품을 사지 않고도 자식과 가족을 먹여살릴 수 있었다. 그러나 전쟁으로 남부는 황폐화돼버렸다. 집으로 돌아온 참전용사들은 모든 곳이, 특히 농장과 경작지가 엉망이 되어버린 것을 보았다. 농민들은 작물을 심고 키우는 데 필요한 것들을 마련하기 위해 주얼 같은 상점 주인들(이들 중 상당수는 북부의 도매상들과 연결되어 있었다)의 신용거래에 기댈 수밖에 없었다.

그런데 신용거래에는 크게 두 가지 조건이 따랐다. 첫째, 수확기 이전에 종자와 사료, 비료 및 각종 자재를 공급해주는 대신에 상점 주인들은 농민들에게 면화를 키우도록 요구했다. 이유는 간단했다. 면화가 다른 작물보다 안전한 투자처였기 때문이다. 부패하기 쉬운 농작물과 달리 면화는 거친 도로나 낡은 배로 수송하는 악조건에도 잘 견디며 다른 작물보다 부피가 작아 대량 운송할 수 있었다. 둘째, 상점 주인들은 면화에 대한 자신들의 유치권을 인정하도록 농민들에게 요구했다. 이는 본질적으로 채무를 완전히 상환할 때까지 면화의 소유권을 인정하는 일종의 담보 같은 권리였다. 그나마 유치권이라도 받아들이려면 농민들은 신용으로 구입한 상품에 특별 가격을 지불하고 대출에 대해 15퍼센트에 이르는 고금리뿐 아니라 잡다한 추가 수수료를 지불하는 데 동의해야 했다.

추수철이 다가오면 농민들은 농작물을 팔아서 상점 주인들에게 빌린 돈을 먼저 갚고 겨우 남은 자투리 돈을 챙겼다. 당연히 이는 얼마 안 되는 액수였다. 더러는 농작물을 팔아서 번 돈이 상점 주인들에게 갚아야 할 돈에 미치지 못해 다음 해 농사를 적자로 시작할 수밖에 없는 상황에 처하기도 했다. 조지아의 많은 농민들이 농작물 유치권 제도에 분개했지만, 달리 뾰족한 수가 없었다.

주얼의 영리한 아이디어는 단순하지만 혁명적이었다. 신용거래는 부당한 면이 있는 게 사실이지만 매우 효율적인 시스템이다. 가금류 생산에 이를 도입하지 말란 법이 있는가? 주얼은 자신의 아이디어를 실행하기 위해 먼저 지역의 가난한 농민들에게 농작물 대신 닭을 기르라고 설득했다. 그런 다음에는 부화장에서 태어난 지 하루 된 병아리를 사서 자신의 사업체에서 확보한 닭 사료와 함께 외상으로 농민들에게 공급했다. 헛간을 양계장으로 개조할 자금도 대출해주었다. 병아리가 육계로 성장하면 자신의 트럭에 가득 싣고 플로리다주 마이애미의 현지 시장으로 가서 팔았다.

이 시스템은 무난하게 작동했다. 농민들은 대체로 주얼에게 진 빚을 모두 갚고도 그럭저럭 괜찮은 수입을 올렸고, 주얼 자신도 알짜배기 이윤을 거머쥐며 가족사업체를 파산의 위기에서 구해낼 수 있었다. 호시절이 언제까지 계속될 수는 없을 테지만, 주얼의 방대한 네트워크에 속한 농민들은 대부분 금전적으로 큰 성공을 거뒀다. 사실 대다수의 농민들은 이 정도 수입을 올린 것이 처음이었다. 하지만 주얼에게는 이제 시작이었다. 얼마 지나지 않아 그의 사업체는 미국뿐만 아니라 세계를 통틀어 최대 규모의 닭고기 통합 생산 회사로 성장했다.

1930년대 후반, 주얼은 소규모 양계업자 단체와 계약했는데, 여기서 문제가 생겼다. 필요한 만큼의 병아리를 부화장에서 제때 공급받지 못한 것이다. 그러자 그는 직접 사업장을 만들기로 마음먹었다. 제2차 세계대전 직전, 주얼은 가공 공장을 만들고 자신의 회사와 계약한 농민들이 사육한 닭을 직접 도축하고 포장했다. 이전에는 '뉴욕식 정육' 방식으로 닭을 가공했지만, 주얼은 뉴욕 이외의 지역에 사는 소비자들은 머리와 발, 내장을 제거한 닭을 더 선호한다는 것을 알아냈다. 그래서 닭을 얼음으로 포장한 뒤 나무통에 담아 '조리 가능(pan ready)'[8] 상태로 시장으로 보냈다. 생산량은 계속 빠르게 늘어났다. 조지아에서는 1934년 고작 40만 마리의 육계를 생산했지만, 1942년에는 1000만 마리, 1945년에는 거의 3000만 마리로 그 수가 급증했다.

가금류 산업이 조지아에서 자리 잡았다는 것은 밀주를 만들었다가 판사 앞에 선 한 소년의 이야기에서도 상징적으로 드러난다. 소년은 이전에도 같은 죄를 지어 체포됐지만 솜방망이 처벌에 그쳤는데, 이번에는 상당한 액수의 벌금에다 징역형까지 받았다. 소년이 이렇게 가혹한 형벌을 받은 적이 없었다고 항변하자 판사는 이렇게 대답했다. "알고 있습니다. 그러나 이제는 누구나 육계를 길러 정직하게 살아갈 수 있게 됐으므로 더 이상 밀주로 법을 어길 필요가 없습니다."[9]

1940년대 들어 주얼의 사업을 획기적으로 성장시킨 두 번의 중대한 계기가 찾아왔다. 첫째는 제2차 세계대전이었다. 정부가 델마바반도의 가금류 사업체들을 징발하면서 농민들에게 큰 피해를 입혔지만, 조지아 전체적으로 보면 엄청난 이익을 안겨준 게 사실이다. 델마바반도 밖에서는 정부의 규제 없이 시장에서 자유롭게 닭을 구입할 수 있었다. 또한 거의 전부 군용으로 충당되는 돼지고기나 쇠고기와 달리 가금류는 특별한 제한이 없었다. 실제로 농무부는 '가금류 더 많이 기르기!' 프로그램을 통해 시민들에게 닭을 더 많이 먹으라고 장려하는 한편, 가금류를 소비하는 것이 군인들에게 다른 육류를 공급하도록 돕는 애국적 의무를 수행하는 방법의 하나인 것처럼 선전했다. 그 결과, 제2차 세계대전이 끝나갈 무렵 닭 소비량은 전국적으로 50퍼센트나 증가했다.

두 번째 계기는 정부 자본과 공적 연구, 지적 자본의 조합이다. 뉴딜 정책으로 다시 한번 미국의 번영을 도모하던 연방정부는 보다 더 방대한 시각에서 농업 체계를 손질하기 시작했다. 예를 들면, 1935년 농무부는 "미국 전역의 가금류 및 가금류 생산 시설을 개선하기 위해 새로운 진단 기술을 효과적으로 적용할 수 있도록 산업계와 주, 연방정부의 협력 프로그램을 제공하는"[10] 가금류 개선 계획에 착수했다. 1936년에는 농촌 지역의 전기 배전 체계 설치를 장려하기 위한 대출을 시행했다. 1930년 도시 지역 거주자들의 90퍼센트가 전기를 사용했지만, 농촌과 농장의 전기 사용률은 겨우 10퍼센트에 불과했다. 전기가 공급되면서 농민들은 더 이상 '한 철 닭 판매'에 머물지 않고 일 년 내내 양계장에서 닭을 사육할 수 있게 됐다. 전등, 급수기, 난방기 같은 장치 덕분에 농민들은 시간과 돈을 절감하고, 이를 바탕으로 양계장과 닭의 수를 크게 늘릴 수 있었다.

제2차 세계대전 이후 주얼은 본격적으로 사업을 확장하기 시작했다. 그리고 1954년 자신의 사업 영역을 마지막으로 한 번 더 손봤다. 중서부에서 수송해 온 곡물을 가공하는 사료 공장과 가축의 부산물을 처리하는 정제 공장(rendering plants, 가축과 내장과 뼈 등을 분쇄해 사료용 육분을 만드는 공장 – 옮긴이)을 마련한 것이다. 이로써 주얼은 가금류의 사육에서 판매까지, 즉 부화, 가공, 보관, 유통에 이르기까지 모든 과정을 거의 완전하게 제어할 수 있게 됐다. 다만 예외가 있다면, 닭을 도축 시점까지 사육하는 양계장 정도였다. 그는 양계장은 투자 대상에서 제외했다. 자신의 사업 범위에서 가장 위험하고 불안정한 영역이라고 생각했기 때문이다. 예컨대 전염병이 돌아 5만 마리의 닭이 한꺼번에 몰살할 수도 있다. 그는 이 위험을 농민들에게 떠넘겼다. 농민들은 양계장을 짓기 위해 막대한 빚을 져야 했다. 주얼은 유사 '수직적 통합(vertical integration, 생산 단계별로 각자 운영되는 사업체들을 하나의 회사로 통합하는 것)' 방식으로 어디에서나 통용되는 가금류 가공의 표준을 구축했다. 조지아뿐 아니라 델마바반도, 아칸소, 노스캐롤라이나, 앨라배마, 미시시피를 비롯한 많은 주에서 다수의 통합 기업들이 주얼의 체계를 모방하기 시작했다.

주얼의 뒤를 이은 통합 기업 운영자로는 아서 W. 퍼듀(Arthur W. Perdue)와 존 W. 타이슨(John W. Tyson)이 있다. 퍼듀는 1917년 메릴랜드주 솔즈베리에서 계란과 산란계를 판매하며 닭 사업을 시작했다. 1940년 초 퍼듀는 이 사업의 미래가 닭고기에 있음을 깨닫고는 육계 사업으로 전환했다. 주얼과 마찬가지로 그 역시 양계장을 소유하지 않은 채 농민들과 계약한 뒤 병아리 사육을 맡겼다. 1950년에는 부화장과 사료 공장, 도축장을 마련하는 등 가금류 생산 수단들을 점진적으로 통합했다. 타이슨은 1930년대 초 남부의 여러 주에서 닭을 수송하는 중개인으로 사업을 시작했다. 주얼과 퍼듀처럼 타이슨도 시스템의 오점을 발견할 때마다 단순한 방식으로 직접 개선하는 데 나섰다. 병아리나 사료 공급이 부족하면 자체 부화장과 사료 공장을 만드는 식으로 대응한 것이다. 사업 초기, 타이슨은 병아리를 대부분 직접 사육했지만 1940년대 후반에 이르자 역시 계약 사육을 하기 시작했다. 1958년에는 아칸소주 스프링데일에 자체 가공 공장을 건설해서 그의 회사를 주에서 최초의 통합 육계 회사 중 하나로 발돋움시켰다.

주얼과 퍼듀, 타이슨 같은 사업가들이 수직적 통합 체계를 선택한 데는 분명한 이유가 있다. 바로 높은 수익성이다. 여러 이점이 있지만, 수직적 통합의 가장 큰 이점은 다양한 생산 단계를 담당하는 각각의 분리된 사업 단위들과 관련된 거래 비용과 처리 비용을 아예 없애거나 크게 줄일 수 있다는 것이다. 아머와 스위프트를 비롯한 다른 정육업자들이 도축장을 공장처럼 건설해서 전국의 복잡한 유통 체계로 통합한 것처럼, 통합 사업자들도 축산 공정의 단위 하나하나를 긴밀하게 연결해 하나의 기업으로 만듦으로써 양계 산업 전반의 혁신을 도모했다.

더 크게 더 빨리, '내일의 닭' 만들기

수직적 통합으로 전쟁 기간 중 닭 수요를 충족시키고 노동력 부족에 따른 부담을 완화시킬 수 있었지만, 양계 산업은 곧 또 다른 중대한 위기에 직면했다. 가축을 키울 사료가 충분하지 않았을 뿐 아니라 구입할 수 있는 것들의 가격이 모두 크게 오른 것이다. 비타민이 풍부한 어분이나 대구 간유로 만든 권장 사료를 구입할 여유가 없었던 농민들은 완전한 식물성 사료로 눈을 돌려야 했다. 필수영양소가 부족한 닭은 성장 속도도 느리고 크기도 상대적으로 작았다. 게다가 생산비는 날로 증가하는데 닭고기 생산량은 급격히 감소했다. 그 결과, 가격은 치솟고 소비는 위축됐다. 전쟁 후 가금류 수요가 줄어들면서 닭 생산업자들의 상황은 더욱 어려워졌다. 결국 시민들은 다시 적색육을 선택하기 시작했다. 이에 더해 연방정부와의 계약마저 끝나면서 닭 생산업자들은 심각하게 남아도는 닭과 절감하기 어려운 사료비라는 이중고를 겪게 됐다. 1942년부터 1948년 사이에는 수요가 감소했음에도 불구하고 육계 가격이 57퍼센트나 올랐다. 양계업계가 전통적 사료를 대체할 만한 적절한 방법을 강구하지 못했다면, 닭 소비는 크게 위축되어 일요일 저녁에나 먹는 음식으로 되돌아갔을 것이다.

양계업계의 노력이 부족했던 것은 아니다. 비타민 A와 D가 닭의 발육에 얼마나 큰 영향을 미치는지 밝혀낸 과학자들은 전통적인 동물성 사료나 식물성 대체품에는 결핍된 무언가가 있다는 것을 알아냈다. 과학자들은 닭의 성장을 촉진하고 질병에 저항하도록 돕는 이 요소들을 식물성 먹이를 먹고 사는 몇몇 박테리아에서 찾아냈다. 식물 그 자체가 아니었다. 전쟁 중 사료 부족으로 그 해답의 중요성이 더욱 절실해지자 과학자들은 오랫동안 회피해왔던 이른바 '동물성 단백질 인자(APF)'를 찾기 시작했다. 돌고 도는 문제이기는 하지만 과학자들은 완전히 다른 몇 가지 의문을 해결하면서 이 문제에 대한 해결의 실마리를 찾았다.

이와 비슷한 시기에 과학자들은 혈액의 산소 운반 능력을 저하시키는 악성빈혈 치료제를 목표로 연구를 하고 있었다. 악성빈혈은 최근까지도 치명적인 질병으로 꼽혔다. 에이브러햄 링컨(Abraham Lincoln)의 아내 메리 토드 링컨(Mary Todd Lincoln)과 알렉산더 그레이엄 벨(Alexander Graham Bell), 애니 오클리(Annie Oakley) 등도 이 병으로 사망했다. 1920년대 악성빈혈 치료제로 생간이나 살짝 익힌 간 형태 또는 간 추출제 형태의 주사제가 개발됐지만, 두 가지 모두 너무 비쌌다. 1948년 제약 회사 머크(Merck)가 빈혈에 효과적일 것으로 생각되는 적색 결정질을 간에서 추출했다고 발표한 것은 바로 이런 배경에서였다. 3개월 후 영국 글락소연구소(Glaxo Laboratories)의 레스터 스미스(Lester Smith)가 이끄는 과학자 팀이 동일한 적색 결정질을 자체적으로 추출해냈다. 연구원들은 비타민 B_2, B_3, B_5, B_6 같은 기존 명칭을 토대로 이 결정질을 B_{12}로 명명했다. 같은 해, 과학자들은 빈혈로 고통받는 환자들에게 새로운 비타민을 시험했는데, 신통하게도 효과를 발휘했다. B_2, B_3, B_5, B_6가 무엇인지, 악성빈혈에 얼마나 효과적인 치료제인지 확인한 과학자들은 이를 대중에게 값싸게 공급하기 위해 대량 합성할 방법을 찾아내야 했다. 이 문제는 B12를 생성하는 주체가 동물이 아니라 동물 내장에 기생하는 미생물이라는 사실이 밝혀지면서 해결됐다.

1940년대에는 포도상구균(포도상구균 감염의 대부분을 유발하는 박테리아의 일종)을 파괴하는 것으로 입증된 균류에게서 생성되는 화합물인 페니실린이 새로이 도입되면서 과학자들은 다른 위험한 유기체를 죽일 수 있는 또 다른 항생제를 찾기 위해 열을 올렸다. 이 같은 과학자들 중 한 사람인 벤저민 두가(Benjamin Duggar)는 머크의 경쟁 회사인 아메리칸 시안아미드 컴퍼니(American Cyanamid Company) 레더리연구소(Lederly Laboratories)에서 일했다. 그의 전기 작가 중 한 사람인 J. C. 워커(J. C. Walker)에 따르면, 토양에서 균류가 생성하는 항생제를 발견한 사람들에게 영감을 받은 두가는 "다른 항생 물질을 생성하는 균류에 대한 체계적인 조사를 포함한 프로젝트에 돌입했다."[11] 그와 연구팀은 여행하다가 들른 많은 지역에서 무작위로 채취한 수천 종의 흙을 분석했다. 그중 하나에 다양한 유해 박테리아군을 죽이는 균류가 들어 있었다. 두가는 이것을 스트렙토미세스 오레오파시엔스(Streptomyces aureofaciens) 또는 '황금을 품은'[12] 스트렙토미세스라고 명명했다. 그 균류가 생성한 물질(오레오마이신이라고 부른다)이 밝은 노란색 화학물이었기 때문이다. 이 항생물질을 생성하는 균류는 B12를 대량 생산하는 데 결정적인 역할을 했다.

많은 유기체들이 스스로 B_{12}를 합성할 것이라는 유추를 바탕으로 과학자들은 다른 유기체들도 B_{12}를 생성할 수 있을 것이라고 추론했다. 몇몇 연구에서는 여러 종류의 스트렙토미세스(그 중 하나가 스트렙토미세스 그리세우스였다)를 포함해 토양에서 추출한 특정 미생물이 스트렙토마이신 생성의 부산물로 B_{12}를 만들어낸다는 사실을 발견했다. 그리고 같은 해, 아메리칸 시안아미드 컴퍼니 레들리연구소는 스트렙토미세스 오레오파시엔스가 비타민 B_{12}를 생성한다는 사실을 밝혀냈다고 발표했다. 그로부터 얼마 지나지 않아 머크는 이 미생물로부터 B_{12}를 저렴한 비용으로 대량 생산하는 기술을 개발했다.

한편, 영국계 미국인 생물학자 토머스 주크(Thomas Jukes)는 B_{12}를 발견해내는 복잡한 과정을 동물 사료와 연계함으로써 궁극적으로 동물성 단백질 인자의 의미를 재정의하는 예상치 못한 성과를 얻었다. 레들리연구소의 연구원이며 영양학 및 생리학에 전문성을 갖춘 주크는 새롭게 발견된 B_{12}를 동물 사료에 첨가했을 때 어떤 영향이 나타나는지 확인하고 싶었다. 주크는 1948년 12월 독창적인 실험을 하나 기획했다. 먼저 갓 부화한 병아리들을 여러 그룹으로 구분하고, 그룹별로 서로 다른 먹이를 먹였다. 한 그룹에는 영양이 부족한 먹이를 제공했다(이 그룹은 대조군 역할을 했다). 그리고 다른 그룹들에는 간 추출물과 합성 B_{12}, 오레오마이신이 생성한 B_{12}를 포함한 배양물 등 다양한 보충제를 제각기 양을 달리하여 공급했다.

몇 주 뒤 모든 병아리의 체중을 측정한 결과, 주크는 영양이 결핍된 먹이를 먹은 대조군 병아리들은 대부분 죽은 데 반해, 실험군 병아리들은 살아 있는 것은 말할 것도 없고 겨우 살아남은 대조군의 몇몇 병아리보다 체중이 2.5배나 많이 나가 병아리들에게 먹인 보충제가 기초건강에 중요한 역할을 한 것으로 보인다고 주장했다. 게다가 전혀 예상치 못한 사실도 발견했다. 살아 있는 병아리 중에서 배양물을 가장 많이 섭취한 병아리가 합성 B_{12}를 섭취한 병아리보다 체중이 훨씬 많이 나갔다. 즉 "비타민 B_{12}는 기초식단의 결핍을 완전히 충족하지는 못했다."[13]

주크도 처음에는 왜 이런 결과가 나타났는지 알 수 없었다. 여러 차례 실험을 반복한 뒤에야 그는 병아리를 살지게 한 것이 배양물 속의 B_{12}가 아니라 '신 성장인자'인 미량의 오레오마이신이라는 사실을 알아냈다. 주크는 북적이는 환경에서 사육되는 가축들에게 흔히 나타나는 감염을 예방하는 데 이 항생물질이 효과적이라며, 이 물질을 활용하면 면역계에서 소비하는 에너지를 근육과 뼈를 키우는 데 사용하게 될 것이라고 주장했다(이는 이후에 사실로 판명됐다). 결과적으로, 동물성 단백질 인자는 단순히 B_{12} 한 가지로 구성된 것이 아니라 비타민과 소량의 항생물질이 조합된 것으로 규명됐다.

1950년 〈뉴욕 타임스〉의 기사에서 "지금까지 발견된 가장 탁

월한 성장 촉진 물질의 하나, 비타민보다 훨씬 뛰어난 효능"[14]이라고 공표한 것처럼 이는 진정 획기적인 의미를 지닌 발견이었다. 1톤의 동물 사료에 5파운드(약 2.3킬로그램)의 비정제 항생제만 첨가해도 닭의 성장률이 거의 50퍼센트나 향상됐다. 비타민과 약물을 조합한 동물 사료는 사망률을 낮추고, 출하 체중에 도달하는 시간을 단축시키며, 더 많은 고기를 생산하고, 동물성 단백질을 공급하는 데 비해 훨씬 적은 비용이 소요됐다.

이 소식은 빠르게 퍼져 나갔다. 주크의 발견 이후 채 몇 년 지나지 않아 미국 농민들은 매년 거의 50만 파운드(약 227톤)의 항생제를 동물 사료에 사용했다. 여기에 몇 년 동안 사료가 부족해서 육류 가격이 치솟는 상황이 더해지면서 닭 사육두수는 빠른 증가세를 보였다.

마지막으로 남은 단계는 닭 자체의 해부학적 구조를 변형시키는 것이었다. 항생제가 등장하면서 이 역시 이미 달라지고 있었다. 제2차 세계대전이 막바지에 이르렀을 무렵, 하워드 피어스(Howard Pierce)는 닭 가격을 더 낮추는 동시에 적색육에 가까운 모양과 맛을 낼 수 있는 현명한 아이디어를 고안해냈다. 당시 피어스는 미국 최대 식료품 회사 A&P(The Great Atlantic & Pacific Tea Company)의 가금류 담당 전국 책임자였다. 훗날 역사적인 날로 기록된 1944년 캐나다 가금류 산업회의에서 피어스는 "넓은 가슴 칠면조와 유사한 형태의 닭 개발"[15]이라는 자신의 비전을 설파했다.

당시 닭 정육은 그 모양이 지금 우리가 알고 있는 것과 많이 달랐다. 즉, 먹을 수 있는 고기 부분을 많이 얻는 데 노력을 집중하느라, 정육 자체의 모양새는 그다지 먹음직스러워 보이지 않았다. 피어스는 닭고기 조각을 쇠고기 조각처럼 두껍게 만든다면 소비자들이 더 많이 구입할 것이라고 생각했다. 회의에 참석한 사육자들은 피어스의 생각에 매료됐다. 이듬해 여름 농무부와 전국의 주요 가금류 생산업자들은 그를 후원하기 위해 위원회까지 조직했다. 이렇게 만들어진 위원회의 공통 목표는, 그들이 '내일의 닭(Chicken of Tomorrow)'이라고 지칭한, 지금보다 나은 닭을 생산하는 것이었다.

피어스가 구상한 전략의 핵심에는 닭 사육자들을 '최고 중의 최고' 품종을 가려내는 데 참여시키기 위한 엑스프라이즈(XPRIZE, 일론 머스크 등이 참여하는 세계 최대 비영리 벤처 재단으로 매회 공익 주제를 선정해 경연 및 시상을 한다 - 옮긴이) 같은 전국 규모의 경연 대회가 있었다. 여기서 말하는 '최고'란 〈뉴욕 타임스〉에서 표현한 대로, "어젯밤 냄비에 있던 닭보다 고기가 많고 육즙이 풍부하며 살이 연하고 뼈가 적은, 이른바 슈퍼 닭"[16]을 말한다.

이를 위해 이들은 다음과 같은 노력을 기울였다. 첫째, 1946년과 1947년 전국에서 열린 42개 지역 대회에 참가한 사육자들은 각자 수정란을 제출했다. 제출된 수정란들을 동일한 조건에서 부화시키고, 동일한 종류와 양의 사료를 먹이며, 동일한 예방접종을 했다. 그중 가장 풍미 있고 살진 품종들을 1948년 열린 전국 경연 대회에 참가시켰다. 그로부터 12주 2일 후 마치 출하할 것처럼 닭들의 무게를 재고 도축한 뒤 손질했다. 그런 다음, 산업계와 학계, 정부 관료 출신 심사위원들이 인간을 대상으로 한 미인 대회에서 하듯이 닭의 신체 구조와 피부색 등 18개 기준을 마련하고 이를 바탕으로 가장 크고 우수한 닭에 점수를 매겼다. 그 결과, 가장 살지고 가장 빨리 성장한 닭의 주인에게 5000달러의 상금을 지급했다.

피어스는 사람들의 관심을 촉구하기 위해 당시 미국을 통틀어 가장 유명한 뉴스 영화(최신 사건을 다루는 단편영화 – 옮긴이) 진행자였던 로웰 토머스(Lowell Thomas)가 내레이션을 맡은 짧은 다큐멘터리를 포함한 고급스러운 홍보 캠페인도 실시했다. 하얀 가운을 입고 단정하게 넥타이를 맨 남성들이 농업 연구소에서 일하는 모습을 보여주는 이 영상의 주제는 분명했다. "더 큰 다리와 통통한 넓적다리, 흰 살코기가 넘쳐나는 넓은 가슴의 새"[17]를 표방하며 닭을 현대화해야 할 필요성이 시급함을 알리려는 것이었다.

영화의 메시지를 보완하기 위해 위원회는 뉴욕에서 연회를 열고 〈치킨 에브리 선데이(Chicken Every Sunday)!〉라는 (유명 영화배우 셀레스트 홈Celeste Holm과 진정한 스타로서 든든한 한 끼 식사가 등장하는)

감성적 코미디 드라마를 상영하는 "닭 판촉의 날(Chicken Booster Day)"을 공동 후원했다. 〈뉴욕 타임스〉의 비평가는 이 영화에 대해 "일반적인 농촌극에 비해 양념을 너무 많이 치고 (중략) 단란한 가정의 풍요롭고 건전한 모습으로 윤색했다"[18]고 비판했지만, 그래도 이 마케팅 캠페인은 성공적이었다. 25개 주의 지역 경연 대회에 참가해서 우승한 사람들이 계란 3만 1680개를 메릴랜드 부화장으로 보낸 것이다.

심사숙고 끝에 캘리포니아 코니시종 수컷과 뉴햄프셔종 암컷 교배종을 제출한 캘리포니아의 찰스 반트레스(Charles Vantress)가 우승자로 발표됐다. 반트레스는 닭 1파운드당(약 450그램) 사료가 3파운드 정도만 필요한 뛰어난 사료 효율로 평균 4파운드에 가까운 커다란 닭을 생산해냈다. 이는 당시 일반적인 닭 무게의 두 배에 가까운 것이다. 반트레스는 3년 뒤 열린 또 다른 대회에서도 교배종으로 다시 우승했다. 반트레스가 가금류 산업에서 전례 없는 명성을 얻은 지 얼마 지나지 않아 미국에서 사육되는 상업용 육계는 대부분 '내일의 닭' 수상 품종의 직계 후손으로 대체됐다. 실제로 1951년 반트레스의 품종이 육계 시장에서 3분의 1을 차지했고, 1959년에는 그 비중이 60퍼센트까지 늘어났다.

대규모 가금류 통합 기업들은 닭 품종을 개량하기 위해 신흥 생명공학 회사들과 연계해 닭의 유전 구조를 더욱 발전시켰다.

이렇게 거둔 최적의 성과는 지적재산으로 간주되어 일정한 기간 동안 경쟁업체들의 접근이 금지됐다. 이 회사들은 복잡한 잡종 교배를 계속한 끝에 반트레스의 우승 닭 품종조차 왜소하게 보일 정도로 거대한 닭들을 개발해냈다. 소비자들이 원하는 흰 살코기를 더 많이 제공하기 위해 닭의 가슴은 두 배나 커졌다. 근육이 너무 빨리 성장하는 바람에 뼈와 힘줄이 체중을 지탱하기 어려울 정도였다. 그래서 과학자들은 닭들이 공장식 농장 환경에 적응하도록 하기 위한 행동 수정에 나섰다. 이때부터 닭들은 쪼기와 단거리 날기 같은 기본적인 행동 표현조차 기피하는 한편 긴장성 무저항에 가까운 상태로 짧아진 수명을 살게 되었다.

과거에는 1파운드의 생체중(가축의 도살 직전 체중) 육계를 생산하려면 12주의 시간과 4.2파운드의 사료가 필요했지만, 1950년에는 1파운드당 3.3파운드, 1963년에는 1파운드당 2.5파운드의 사료만 필요했다. 더 빠른 성장, 더 기계화된 시설, 더 나아진 양계장은 육계를 생산하는 데 필요한 노동력을 줄였다. 1950년대 초 공무원들은 100파운드의 육계를 얻는 데 3.1시간 걸린다고 추정했다. 그러나 10년 후에는 단 1시간으로 줄었다. 이처럼 효율이 점진적으로 향상되면서 닭고기 가격도 영향을 받았다. 1950년에는 1파운드당 닭고기 평균 가격이 57센트인 데 비해 쇠고기와 돼지고기는 각각 70센트와 67센트였다. 1965년

에는 닭고기 가격이 39센트로 떨어진 반면 쇠고기와 돼지고기
는 15년 전보다 비싸졌다. 같은 해 닭고기 소비량은 1인당 평균
25파운드로 1950년보다 15파운드 증가했다. 한때 식탁의 기피
대상이던 닭고기는 널리 사랑받으며 수익성도 매우 높아졌다.
양계업자들이 개척한 기계화된 생산 방식이 다른 모든 축산업
에 적용되는 것은 시간문제였다.

닭고기가 돼지고기를 추월하기까지는 30년이 더 걸리고 쇠
고기를 추월하기까지는 15년이 더 걸릴 테지만, 그렇더라도 가
금류 산업은 순조롭게 나아가고 있었다. 그리고 한편에서는 사
람들이 모든 종류의 육류를 더 쉽게 섭취할 수 있도록 하는 또
한 번의 거대한 변혁이 수면 위로 떠오르고 있었다.

Chapter 6
편의의 시대

나는 느림보 음식을 좋아하지 않아요.
패스트푸드가 더 좋아요.

스트레인지 드 짐(Strange De Jim)

육류는 어떻게 식탁의 주인공이 되었는가

몇 년 전, 몇몇 친구들과 함께 식스플래그 그레이트 어드벤처 놀이공원에 놀러 갔다. 좋아하는 놀이기구를 타려고 아침 일찍부터 서둘렀다. 롤러코스터에 거꾸로 매달리기도 하고, 꼬불꼬불한 물길을 따라 빠르게 달리는 배를 타느라 온몸이 흠뻑 젖기도 했다. 신나게 놀다가 잠시 쉬면서 점심을 먹기로 했다. 가장 먼저 눈에 띈 음식점에 들어섰다. 그런데 메뉴를 살펴보다가 문제를 발견했다. 채식 메뉴가 단 하나도 없었던 것이다. 채식이든 육식이든 가리지 않는 친구들은 친절하게도 여기 말고 다른 음식점을 찾아보자고 권했다. 하지만 다른 곳에서도 결과는 똑같았다. 세 번째로 들른 음식점에서마저 채식 메뉴를 찾을 수 없었다. 친구들은 허기에 지친 기색이 역력했다. 나는 다음 음식점에도 채식 메뉴가 없으면 채식을 고집하지 않든지 아니면 노점에서 소프트 프레첼과 팝콘을 사 와야겠다고 생각했다. 다행히 다음 음식점에는 검은콩 버거가 있어서 우리 모두는 안도할 수 있었다.

친구들은 즐겁게 식사를 하면서 오후 일정을 계획하고 있었지만, 나는 방금 우리가 겪은 곤란을 곱씹어보았다. 우리 식단에서 언제부터 고기가 기정사실화된 것일까? 더 구체적으로 말하자면, 언제부터 고기가 간편 식품의 대명사가 됐을까?

냉장 기술의 발달, '마트'로 고기 사러 오세요

20세기 초 이전에는 육류를 사는 것이 지금과는 아주 다른 경험이었다. 그때는 먹거리를 사기 위해 농산물을 취급하는 청과물 가게와 빵집, 생선 가게, 유제품 가게, 곡물 가게, 정육점 등 여러 전문점을 돌면서 장을 봐야 했다. 저녁을 간단히 때우려 해도 오후 내내 대여섯 곳의 가게를 다녀야 할 수도 있었다. 조지 L. 하트퍼드 주니어(George L. Hartford Jr.), 존 A. 하트퍼드(John A. Hartford) 형제와 A&P가 등장하기 전까지는 그랬다.

A&P는 부유한 피혁상의 아들인 조지 F. 길먼(George F. Gilman)이 설립한 회사다. 길먼은 1859년 아버지가 사망하자 무두질 사업을 그만두고 뉴욕의 한 상점에서 아버지의 회사명을 딴 길먼 & 컴퍼니(Gilman & Company)라는 간판을 내걸고 값비싼 차를 비포장 상태로 판매하기 시작했다. 몇 년 뒤, 그의 야심을 드러내기라도 하듯 회사 이름을 그레이트 아메리칸 티 컴퍼니(The Great American Tea Company)로 바꾸고 1869년까지 매장을 11개나 열었다. 1870년에는 새롭게 건설된 대륙횡단철도를 통해 포장된 차

를 전국의 상인들에게 유통시킬 계획의 일환으로 그레이트 애틀랜틱 & 퍼시픽 티 컴퍼니(The Great Atlantic & Pacific Tea Company)라는 새로운 회사를 만들었다. 이 회사에 합류해서 고속 승진한 조지 H. 하트퍼드 시니어(George H. Hartford Sr.)는 바로 이 무렵부터 두각을 나타내기 시작했다. 1871년 시카고 대화재 직후 A&P는 이 도시로 마차 한 대 분량의 직원들과 식량을 보냈다. 하트퍼드는 이 기회를 놓치지 않고 뉴욕 이외의 지역에서 선보이는 첫 A&P 매장을 세울 만한 부지를 구입하라고 지시했고, 이렇게 해서 회사를 전국적 입지를 갖춘 최초의 소매점 체인의 하나로 발전시켰다.

1875년 A&P 매장은 총 16개 도시로 퍼져 나갔다. 길먼은 1878년 은퇴하면서 하트퍼드에게 사업체 운영권을 모두 맡겼다. 그런데 하트퍼드에게 예상치 못한 심각한 문제가 생겼다. 1880년대 초에 이르러 차가 일상적인 품목으로 전락하면서 가격이 급격하게 하락한 것이다. 하트퍼드는 이 문제에 대응하기 위해 베이킹파우더와 설탕 같은 물건을 매장에 추가하는 등 다각화를 꾀했다. 1890년대에는 다양한 통조림 제품과 버터, 비누 등을 추가하며 A&P를 차 전문 회사에서 식료품 체인으로 변모시켰다. 이 무렵, 그의 아들 조지와 존이 입사해 기초적인 업무를 수행하면서 아버지에게 사업의 이모저모를 배우기 시작했다. 1900년대 초, 두 사람은 중책을 맡아 회사의 미래를 만들어 나갔다. 1912년, 두 사람은 값비싼 내부 치장이나 과도하게 많은 직원, 외상, 배달 등 비용이 많이 드는 관행을 모두 없애고 규모를 확장한 실험적인 식료품 시스템을 도입했다. 이 '저가 매장' 아이디어는 큰 성공으로 이어졌다. 두 형제가 회사를 맡은 지 일 년 만인 1916년 A&P의 매출은 3100만 달러에서 7600만 달러로 급증했다. 1925년에는 무려 1만 4000개에 가까운 매장을 보유했을 뿐 아니라 매출도 3억 5200만 달러로 세계의 어느 소매 체인보다 많아졌다.

머지않아 형제는 새로운 실험에 나섰다. 육류를 포함해 썩기 쉬운 신선식품들을 A&P 매장에 비치하기 시작한 것이다. 덕분에 소비자들은 난생 처음으로 고기를 사기 위해 정육점에 들러야 할 필요 없이 콤비네이션 스토어(combination store)로 알려진 복합 매장에서 다른 식료품을 구입한 후 판매대가 따로 있는 정육 코너로 가서 고기를 구입하기 시작했다. 같은 해 A&P는 연간 10억 달러의 총수입을 올린 최초의 소매업체로 등극했다. 그중 10퍼센트가 육류에서 나온 매출이었다.

1936년 두 형제는 당시의 복합 매장을 소형화한 새로운 유형의 상점인 슈퍼마켓에 투자하기 시작했다. 슈퍼마켓은 원래 두 사람이 아니라 마이클 쿨린(Michael Cullen)의 아이디어였다. 쿨린은 1884년 뉴저지주 뉴어크에서 아일랜드계 이민자의 자녀로 태어났다. 18세 때 A&P에 입사해 점원에서 부서장까지 승진했다. A&P에서 인상 깊은 17년을 보낸 그는 이 회사를 떠나 뮤추얼 그로서리(Mutual Grocery), 일리노이와 미주리주 브레이시-스위프트(Bracey-Swift) 매장들의 총괄영업책임자로 일했다. 쿨린이 슈퍼마켓을 개념화한 것은 크로거(Kroger)에서 일할 때였다. 도로에서 그리 멀지 않은 곳에 창고 같은 실속형 매장을 열고 다양한 제품을 더 저렴한 가격에 제공한다면 소비자들이 좋아할 것이라고 쿨린은 생각했다. 1929년 그는 "엄청나게 많은 고객들이 먼저 들어오려고 정문을 부술지도 모릅니다"[1]라는 내용의 편지를 회사 사장에게 보내면서 자신의 아이디어를 설명했다. 그러나 그의 과감한 발상은 무시당하고 말았다. 자신의 아이디어에 확신을 가졌던 쿨린은 크로거를 그만두고 가족들과 함께 롱아일랜드로 가서 꿈에 그리던 '전설의' 매장을 열었다. 1930년 8월 4일, 최초의 진짜 슈퍼마켓 킹 쿨린 그로서리 컴퍼니(King Kullen Grocery Company)가 문을 연 것이다. 쿨린은 벼락 성공을 거뒀다.

A&P는 킹 쿨린의 뒤를 이어 몇 년 사이에 슈퍼마켓을 1100여 개나 여는 동시에 규모가 작은 전문점들을 상당수 폐쇄했다. 그 결과, A&P 매장들의 평균 매출은 두 배 이상 뛰었고, 매장에 들고나는 상품의 양도 거의 네 배 증가했다. 하트퍼드 형제가 지정 매장에 최초의 '셀프서비스' 정육 코너를 설치하며 육류를 향한 A&P의 투자를 두 배로 늘린 시기는 바로 이 무렵

이었다.

셀프서비스 정육 코너는 다음과 같은 방식으로 운영됐다. 지정된 매장의 내실에서 정육 담당자가 그날 판매할 고기를 썰어 무게를 재고 포장해서 셀프서비스 용기에 담아 진열한다. 진열된 고기는 점원이 관리하며, 셀프서비스 구매 방식에 익숙지 않은 고객들을 돕는다. 실험적인 복합 매장에 새로운 운영 방식을 도입한 뒤 육류 매출은 30퍼센트 향상됐다. 형제는 시범 사업의 성공을 발판으로 1940년대 초부터 새로운 셀프서비스 육류 시스템을 점진적으로 도입했다.

처음에 풀서비스 카운터에서 셀프서비스 형태로 시작된 정육점과 식품점의 통합은 육류 구매 경험을 획기적으로 바꿨지만, 그 과정에 어려움이 없었던 것은 아니다. 이 새로운 셀프서비스 환경에서는 무엇보다 육류의 품질 관리가 중대한 문제였다. 스위프트와 아머의 전성기 이후로 현대식 냉장 기술이 도입되면서 관련 기술이 비약적으로 발전했지만, 상업용 냉장고의 신뢰도는 여전히 높지 않았다. 온도가 1~2도보다 조금만 올라가도 미생물이 증식하기 시작하면서 효소가 조직을 파괴해 달갑지 않은 변색을 유발했다. 스위스의 화학자 자크 에드윈 브란덴베르거(Jacques Edwin Brandenberger)가 발명했고, 이후 미국 화학 제조 회사인 듀폰(Dupont)이 품질을 개선한 셀로판은 아직 개발 단계여서 저온에서 잘 부서지고 내구성이 떨어졌다. 소비자가 원하는 수준으로 신선육의 붉은색과 육즙을 유지하려면 적절한 양의 산소와 습도를 유지하는 게 필수적인데, 셀로판은 이를 아예 차단했다. 이런 문제 때문에 1940년대 중반 어느 식료품점 주인은 아예 이렇게 공고했다. "적절한 냉장 수송과 진열 장비가 갖춰지기 전까지는 '농장에서 식탁으로' 수준의 최고 신선도를 유지하기 어렵습니다."[2] 이런 이유로 셀프서비스 정육 코너는 의무가 아니라 선택 사항에 불과했다. 1948년 기준으로 독립 식료품점의 39퍼센트와 체인점의 56퍼센트만 정육 코너를 설치했다.

상업용 냉장 설비와 셀로판 모두의 실질적 개선이 이루어진 계기는 제2차 세계대전이다. 이 무렵 과학자들은 가능한 한 저렴한 비용으로 군인들을 먹일 수 있는 혁신적 기술을 개발해야 하는 임무를 떠안고 있었다. 부패로 인한 손실과 낭비를 최소화하기 위해서는 저온 저장 기술이 꼭 필요했다. 민간 산업 부문과의 협력으로 냉장 보관 기술이 크게 향상되면서 투자 효과가 나타나기 시작했다. 실제로 미국 전시식량국에서 군대에 보급하기 위해 구입한 식품 중 상해서 폐기한 비율은 0.1퍼센트에 지나지 않았다. 상업용 냉장 기술은 여전히 뒤떨어진 상태였지만, 근본적인 기술 혁신은 궁극적으로 소매점의 냉장 보관 영역에서 사라진 고리를 메워주었다. 셀로판 부문에서도 비슷한 일이 벌어졌다. 셀로판은 군인용 식량을 포장하는 데 사용되는 등의 이유로 '필수재'로 지정된 덕분에 품질을 개선하기 위한 연구가 활발하게 이루어졌다. 1946년, 듀폰은 습도 조절과 산소 투과의 이상적 균형을 실현한 개선된 셀로판을 개발해냈다. 이 결과물은 다른 용도보다도 셀프서비스 냉장고의 육류 포장에 안성맞춤이었다.

이 같은 기술 혁신이 셀프서비스 정육업에 미친 영향은 대단했다. 1946년에는 제대로 된 셀프서비스 정육 코너를 갖춘 슈퍼마켓이 28곳에 불과했지만 1953년에는 전체 슈퍼마켓의 절반 이상에서 셀프서비스 정육 코너를 찾아볼 수 있었다. 상업용 냉장 및 포장 기술의 혁신은 20세기 중반 이후로도 계속 이뤄졌고, 셀프서비스 정육은 이제 거스를 수 없는 대세로 자리 잡았다.

같은 시기에 가정용 냉장고도 비약적으로 발전해 일반 소비자들도 부패의 염려 없이 육류를 장기간 보관할 수 있게 됐다. 초창기 가정용 냉장고로 알려진 '아이스박스'는 단순한 나무 상자에서 복잡하게 조각한 가구에 이르기까지 그 형태가 다양했다. 작동 방식은 다음과 같다. 커다란 천연 또는 인공 얼음을 사서 장치 상단의 용기에 집어넣는다. 시간이 지나면서 얼음이 녹아 바닥의 받침대로 물이 뚝뚝 떨어진다. 그 과정에서 얼음이 내부 공기를 점차 차게 만든다.

1920년대 들어 제대로 된 최초의 기계식 냉장고가 등장했다. 이 냉장고는 암모니아, 염화메틸, 이산화황 같은 독성 액체와 가스를 조합해서 냉매로 사용했다. 1920년대에 전기 냉장고 가 도입됐지만, 다른 신기술이 그렇듯 가격이 비싸 부자들이나 사용할 수 있을 뿐이었다. 다행히도 기술 발달로 냉장고 가격은 급격히 하락했다. 1930년대 초에는 미국 가정의 8퍼센트만 기계식 냉장고를 소유했지만, 1930년대가 끝나갈 무렵에는 가격이 절반으로 떨어지면서 44퍼센트의 가정이 냉장고를 보유하게 됐다. 리스(Rees)에 따르면, 1940년대에는 냉장고 구조와 가격대가 크게 개선됐다. 더 조용하고, 더 가볍고, 에너지를 덜 사용하고, 냉기 누출이 덜하고, 온도 조절이 용이해졌다. 문을 열면 불이 켜지는 냉장고도 있었다. 1950년대에는 미국의 거의 모든 가정이 냉장고를 보유하게 됐다.

육류 소비를 손쉽게 만든 기술 혁신으로 뼈에서 고기를 분리해서 가공하는 방식을 빼놓을 수 없다. 《전투형 주방(Combat-Ready Kitchen: How the U.S. Military Shapes the Way You Eat)》의 저자 아나스타샤 막스 드 살세도(Anastacia Marx De Salcedo)는 반세기 전 스위프트와 아머가 그랬듯이 제1차 세계대전 무렵까지도 쇠고기를 손질해서 수송했다고 설명했다. "군대에서 소 같은 가축의 지육을 나르느라 시간이 많이 걸렸습니다. (중략) 그래서 도축한 몸통 전부가 아니라 뼈와 고기를 분리해서 상자에 넣어 수송할 방법은 없는지 궁금해했습니다."[3] 도축한 소에서 뼈와 지방, 연골을 제거하면 혼잡한 기차나 배로 나르기 쉽고 공간도 덜 차지할 거라고 생각한 것이다. 1918년 미국 육군은 '상자에 포장한 쇠고기(boxed-beef)' 가공 공장 및 유통 센터를 시카고에 설립했다. 이곳에서는 도축한 소를 넓적다리살과 허리 고기 등 뼈 없는 기본 부위로 손질한 후 수송 컨테이너에 실었다. 남은 조각들은 수프나 스튜를 만드는 데 쓰기 편하도록 작은 육면체 모양으로 자르거나 갈아서 다짐육으로 가공했다. 그러나 발골 기술이 발달하지 않은 탓에 지육에 고기가 너무 많이 남았다. 이런 고기들은 초창기 복합 매장과 슈퍼마켓 냉장고에서 볼 수 있던 고기와 다를 바 없는 운명을 감수해야만 했다. "결과는 그리 좋지 않았어요. 특히 초기에 유럽 주둔지에서 뼈를 발라낸 고기를 먹어야 했던 군인들에게는 말이죠." 막스 드 살세도의 말이다.

1920~1930년대 미국 육군은 작은 규모이지만 발골 쇠고기 연구를 계속했다. 여기에는 제1차 세계대전 동안 해군에 공급한 발골 쇠고기 생산을 관할한 제시 H. 화이트(Jesse H. White) 박사의 권고도 한몫했다. 획기적인 돌파구가 마련된 계기는 1938년 육군이 스위프트 및 아머와 협력하면서부터다. 두 사람의 도움으로 육군은 1930년대가 끝나기 전에 정육 쇠고기보다 우수한 발골 기술을 개발해냈다. 그리고 얼마 후, 정부는 양고기와 돼지고기를 포함한 다른 종류의 육류에 대해서도 발골 연구를 후원하기 시작했다.

간편식의 등장, 식문화의 지평을 바꾸다

같은 시기에 민간 정육업체들은 이 신기술을 활용해 다양한 간편 식품을 만들기 시작했다. 이 부문에서 가장 상징적인 브랜드라고 할 수 있는 스팸(Spam)의 기원을 되짚어보자. 스팸은 제1차 세계대전 중 발골 쇠고기 실험을 도운 육군 중위 제이 호멜(Jay Hormel)의 작품이다. 그의 아버지 조지 호멜(George Homel)은 1891년 호멜 푸드 코퍼레이션(Homel Foods Corporation)을 설립했다. 그가 사업을 크게 확장한 것은 불과 2년 후 찾아온 뜻하지 않은 기류 덕분이었다. 1893년 공황이 미국 경제를 덮친 이후 1897년까지 경기침체가 계속됐다. 그는 금전적으로 여유가 없는 소비자들이 더 싼 가공육과 훈제육을 반길 것이라고 예상했다. 그의 생각은 옳았다. 얇게 저민 캐나다 베이컨 같은 저렴한 신제품을 출시하면서 사업은 큰 호황을 누렸다.

대공황기인 1929년 제이 호멜이 사장이 되고 나서 경제는 더욱 어려워졌다. 그 역시 아버지처럼 가격만 충분히 싸면 소비자들이 가공육 제품을 구입할 것이라고 판단했다. 아버지처럼 그의 예상도 역시 옳았다. 하지만 가공식품으로 회사를 떠받치고는 있었더라도 길어지는 불황으로 매출은 깎이고 또 깎였다. 그는 곧 다른 아이디어를 떠올렸다. 지난 수십 년 동안 호멜의 회사는 수천 파운드의 돼지 앞다리살을 버리다시피 해왔다. 뼈를 발라내려면 상당한 노력과 전문적인 기술이 필요할 뿐 아니라 소비자들은 지역 정육점의 고기를 더 선호했기 때문이다. 그렇다면 퍽퍽한 돼지 앞다리살과 지방 부스러기들을 미트로프 같은 친숙한 무언가로 만들면 어떨까?

제이 호멜의 지시에 따라 회사의 식품 과학자들은 직사각형 블록 형태의 가공육 덩어리 개발을 목표로 연구에 돌입했다. 이 가공육 덩어리는 출처가 무엇이든 가족 전부를 충분히 먹이고도 남을 양으로, 다음 날 샌드위치까지 해 먹을 수 있을 정도로 컸다. 수많은 시행착오 끝에 과학자들은 새로운 공정과 새롭게 설계한 기계 모두를 완성했다. 그리고 회사는 1937년 5월 11일 경연을 거쳐 '스팸'(드러나지는 않지만 'spice'와 'ham'을 합성한 단어다)이라는 상표를 등록했다. 스팸의 재료는 "햄 고기가 첨가된"[4] 다진 돼지 앞다리살과 소금, 물, 설탕, 질산나트륨(베이컨과 핫도그 등을 만드는 고기를 절일 때 사용하는 소금 종류) 등 다섯 가지였다. 1940년 미국 도시에선 전체 가구의 70퍼센트가 스팸을 먹었다.

이 "깡통에 담긴 기적의 고기"를 대성공으로 이끈 배경은 제2차 세계대전이다. 고기가 상하지 않게 최전선 부대까지 수송해야 하는 군의 요구를 스팸은 완벽하게 충족시켰다. 저렴하고 운반이 용이하며 냉장도 필요 없었으니까. 이런 이유로 군은 1939~1942년 스팸 매출을 두 배로 늘려준 최대 구매자로 등극했다. 군은 전쟁이 마무리될 때까지 스팸을 무려 1억 5000만 파운드(약 6만 8000톤)나 소비했다.

제2차 세계대전 중 크게 인기를 끈 간편 식품은 또 있다. 용도별(스테이크, 해덕 필렛 등)로 다양하게 손질된 고기류에 과일, 채소(라즈베리, 완두콩, 시금치 등)에 이르기까지 온갖 것을 담은 냉동식품이 그것이다. 의도는 단순했다. 요리하는 데 시간을 들이기보다 그 수고로움을 다른 누군가에게 떠넘기고 가스레인지나 오븐으로 간단히 해동하면 되는 음식을 먹는 건 어떨까? 시기도 꼭 맞아떨어졌다. 알루미늄과 주석이 생산하는 족족 전쟁에 투입되면서 통조림 양이 줄어드는데도 사람들은 냉동식품에 관심을 보였다. 공장에서 일하는 여성들이 특히 그랬다. 집안일에 쓸 시간이 줄어들자 여성들은 쉽고 빠르게 식사를 준비할 수 있는 방법을 찾았다. 냉동식품 회사인 버드 아이 프로스티드 푸드(Birds Eye Frosted Foods)의 판매량은 1930년 8만 파운드(약 36톤)에 불과했지만 1940년대 중반에는 열 배로 늘어났다. 1945~1946년 미국인들이 구입한 냉동식품은 8억 파운드(약 36만 2000톤)에 달했다.

그러나 전쟁이 끝나고 몇 년 지나기도 전에 냉동식품 수요는 점점 줄어들기 시작했다. 1차적인 이유는 냉동식품이 비싸고 사치스러운 음식으로 홍보된 탓에 슈퍼마켓들이 값비싼 냉동 진열대에 투자하는 것을 기피했기 때문이다. 슈퍼마켓들이 냉동고 코너의 필요성을 깨닫고 냉동식품 가격이 내려갔음에도 불구하고 냉동식품 판매량은 여전히 신선식품보다 뒤처졌다. 그 이유를 찾는 것은 어렵지 않다. 집에 냉동고를 갖고 있는 미국인이 극히 적었기 때문이다. 1952년 3300만 대의 가정용 냉장고가 가동 중이었지만 냉동고는 400만 대에 불과했다. 요즘과 달리 초창기 냉장고의 냉동실은 냉동식품은커녕 얼음 몇 개가 간신히 들어갈 정도로 공간이 협소했다. 게다가 전쟁이 끝나고 남성들이 공장으로 복귀하자 여성들이 가정으로 돌아가면서 더 이상 가족을 먹일 음식을 쉽고 빠르게 요리해야 할 필요가 없어졌다.

1950년대 초 식품 회사들은 냉동식품의 선두 주자인 조리된 냉동식품으로 소비자들의 기호를 유도하기 위해 신제품 연구에 몰두하기 시작했다. 물론 이 같은 발상이 새로운 건 아니었다. 엔지니어 윌리엄 L. 맥슨(William L. Maxson)이 제2차 세계대전 당시 군 수송기를 타고 주기적으로 대서양을 횡단하던 승객들을 위해 이런 음식을 개발한 것으로 알려져 있다. 하루 온종일 소요되는 지루한 비행이다 보니 기내식은 필수였다. 처음에 승무원과 승객들은 미리 준비해놓은 차가운 샌드위치를 먹고 버텼지만, 가열만 하면 되고 관리도 간편한 냉동 조리 식품이 있다는 사실에 곧 주목하게 된다. 맥슨의 회사인 W. L. 맥슨 코퍼레이션(W. L. Maxson Corporation)은 세 부분으로 나뉜 종이섬유 용기에 고기 한 덩이와 두 종류의 채소를 담은 기내식(Strato Meals, 성층권에서 먹는 음식이라는 의미 – 옮긴이)을 홍보했다. 그로부터 채 2년이 지나지 않아 50만 개의 기내식이 판매됐다. 이 자료를 근거로 〈파퓰러 메카닉스(Popular Mechanics)〉의 앤드루 해밀턴(Andrew Hamilton)은 과감한 예측을 내놓았다. "머지않아 호텔과 기차, 비행기, 배, 공장, 사무실은 물론 당신 집에서도 냉동식품을 보게 될 것이다. 그때는 아마 식료품점과 델리카트슨(조리된 육류, 치즈 등을 파는 가게)에서도 냉동식품을 판매할 것이다."[5]

한 회사의 오판에 직원의 똑똑한 아이디어가 더해져 간편 식품에 대한 미국인들의 인식이 바뀌고 냉동식품 산업의 번영이 시작됐다. 이 새로운 산업의 기원은 52만 파운드(약 236톤)의 칠면조와 연관된 요리 풍습에서 비롯됐다. 1953년 네브래스카주 오마하의 냉동식품 회사인 C.A. 스완슨 & 선즈(C.A. Swanson & Sons)는 그해 추수감사절 칠면조 수요를 너무 크게 오판했다. 그로 인해 회사는 큰 곤경에 빠졌다. 남은 칠면조를 폐기해 크게 손해를 보든지 아니면 어떤 식으로든 팔아치울 방법을 찾아내야 했다. 넘쳐나는 고기를 보관할 곳도 없고 당장 판매할 방법도 마땅치 않았던 회사는 냉동고가 장착된 기차 10량을 빌려 칠면조를 실었다. 전기가 계속 흐르게 하려면 기차는 계속 움직여야 했다. 그 때문에 중서부와 동부 해안 여기저기를 정처 없이 떠돌았다.

결국 회사는 쌓여 있는 칠면조를 해결할 아이디어를 찾기 위해 직원들의 도움을 청했다. 이때 영업사원 게리 토머스(Gerry Thomas)가 칠면조 고기를 넣은 냉동식품을 만들자고 제안했다.

회사는 얇은 양피지로 나뭇결이 돋보이는 TV 수상기 모양의 예쁜 상자를 만들어 칠면조 고기를 집어넣고는 화면과 음량 조절 손잡이 같은 장식을 달아 마무리했다. 그러고는 'TV 디너(TV Dinner)'라는 제품명을 붙였다. 1954년 전국에 TV 디너를 출시한 스완슨은, 개당 98센트 가격의 이 상품을 연말까지 1000만 개 이상 판매했다. 이 같은 성과에 힘입어 곧 프라이드치킨과 로스트비프, 해덕 필렛을 포함한 새로운 메뉴도 추가했다. 그 결과, 1959년 미국인들이 냉동식품에 지출한 비용은 연간 5억 달러에 달했고, TV 디너는 2억 5000만 개나 소비됐다.

1980년대 전자레인지가 주방의 필수품으로 자리 잡으면서 TV 디너 소비에 또 한 번 불이 붙었다. 이전의 많은 혁신 사례들이 그랬듯이, 전자레인지도 우연히 발명됐다. 독학한 엔지니어 퍼시 레바론 스펜서(Percy Lebaron Spencer)는 국방부 조달업체인 레이시언(Raytheon)에서 근무했다. 1939년 스펜서는 마그네트론(magnetrons, 레이더 시스템에 사용되는 극초단파를 발생시키는 진공관)을 실험하던 도중에 주머니 속에 있던 땅콩 초콜릿 바가 녹은 것을 발견했다. 그래서 팝콘도 비슷한 현상을 보이는지 실험했는데, 녹지는 않았지만 역시 터졌다. 또 다른 실험에서는 계란을 넣어둔 차 주전자 바로 위에 마그네트론을 설치했다. 미심쩍어하던 동료 하나가 계란을 확인하려고 주전자를 열었다가 글자 그대로 망신살이 뻗쳤다. 스펜서는 금속 상자를 만들어 그 속에 마그네트론과 비슷한 극초단파 장치를 연결하고는 가스레인지나 오븐보다 훨씬 빠르게 음식을 가열할 수 있다는 결과를 얻었다. 1945년 10월 8일, 이 같은 실험 결과를 바탕으로 레이시언은 최초의 전자레인지 특허를 출원하고, 그 이름을 '레이더레인지(Radarange)'라고 지었다.

2년 후, 세계 최초로 상업용으로 생산된 전자레인지가 출시됐다. 농구 선수의 평균 키보다 약간 작은 높이에 무게는 약 750킬로그램, 가격은 5000달러였다. 사람들은 처음에 시큰둥한 반응을 보였지만, 1986년이 되자 미국 전체 가구의 4분의 1 정도가 이 '기적의 일꾼'을 주방에 들여놓았다. 스완슨은 이 기회를 놓치지 않았다. 기술이 거듭 발전하면서 1979년 스완슨은 용기를 알루미늄 대신 플라스틱으로 바꾸고 상품을 재포장해서 전자레인지용 냉동식품 라인을 출시했다. 버튼을 몇 번 누르면 몇 분 만에 TV 디너를 해동할 수 있게 된 것이다.

1983년 저녁식사용 냉동식품 매출은 7억 5000만 달러, (육류와 더불어 녹색 채소 대신에 전분을 넣은) 냉동 앙트레(저녁용 메인 요리) 매출은 19억 달러에 달했다. 이 같은 수치에 대해 당시 스완슨의 지분을 보유하고 있던 캠벨 수프 컴퍼니(Campbell Soup Company)의 한 임원은 1984년 〈뉴욕 타임스〉와의 인터뷰에서 이렇게 말했다. "과거에 냉동식품은 고양이 목의 방울 같았어요. 그런데 지금은 그걸 서로 차지하겠다며 달려들고 있지요."6

1953~2008년 냉동식품 매출은 거의 매년 증가했다. 이 산업의 정점을 2008년이라고 보는 이들이 많지만, 미국인들은 2020년에도 저녁식사용 냉동식품에 100억 달러 이상 지출했고, 현재도 99퍼센트 이상의 가구가 냉동실에 있는 냉동식품으로 식사를 대신하고 있다. 그중 상당수는 육류가 주재료다.

프랜차이즈, 맛을 표준화하다

이밖에도 주목할 만한 흐름이 있다. 냉동식품과 전자레인지가 널리 보급되기 훨씬 전부터 완전히 새로운 간편 식품 바람이 불기 시작했다. 바로 패스트푸드 식당이다. 19세기의 카페테리아는 현대의 패스트푸드점과 비슷한 형태라고 보면 된다. 카페테리아는 뉴욕과 시카고, 로스앤젤레스, 샌프란시스코 같은 도시에서 새롭고 빠르게 변화하는 생활방식에 적응하기 위한 비즈니스의 하나로 등장했다. 카페테리아가 고객들에게 선사하는 가치는 단순했다. 바로 저렴한 가격에 빠르게 먹을 수 있다는 것이다. 도시의 거리를 가득 메운 복잡한 기운을 상징하듯, 카페테리아는 늘 배고픈 고객들로 가득했다. 그들은 보통 선 채로 재빨리 음식을 먹어치웠다. 그리고 요즘의 패스트푸드 식당이 그렇듯, 지식인과 엘리트들은 예절과 품질보다는 효율을 앞세우는 카페테리아를 비판했다.

1902년, 필라델피아에 근거지를 둔 사업가 조셉 V. 혼(Joseph

V. Horn)과 프랭크 하다트(Frank Hardart)는 몇몇 부가 기능을 갖춘 미국 최초의 카페테리아인 오토맷(authmat)을 선보였다. '자동 판매 식당'으로 잘 알려진 오토맷에는 작은 유리창과 동전 투입구 너머에 미리 준비해둔 포장 식품이 준비돼 있었다. 작동 방식은 이랬다. 고객이 진열장에서 식품을 선택하고 필요한 만큼 동전을 넣은 뒤 손잡이를 돌리고 문을 열어 식품을 꺼낸다. 자동화 시스템 덕분에 오토맷은 여느 카페테리아와 비슷한 효율을 자랑하면서도 줄이 길게 늘어서는 일이 없었다.

오토맷은 고객들에게 효율성에 대한 새로운 기대치를 심어주었을 뿐 아니라 표준화와 예측 가능성과 관련된 새로운 기준을 설정해주었다. 대다수 카페테리아에서 '표준화된 음식'은 동일한 양과 동일한 가격을 의미했지만, 오토맷은 그 적용에 더욱 엄격했다. 혼과 하다트는 정기적인 샘플링과 상세한 교육 매뉴얼을 통해 조리법과 준비 과정, 시연 과정까지 엄격히 통제했다. 심지어 콩 위에 얼마나 큰 베이컨을 올리고, 정확히 얼마 동안 익히고, 언제 뒤집고, 접시에 어떻게 올려야 하는지도 규정해놓았다.

필라델피아에서 거둔 성공은 1912년 7월 7일 맨해튼의 브로드웨이와 이스트 14번가에서 개장한 오토맷의 경이로운 실적에 비하면 보잘것없었다. 이곳의 카페테리아는 매장 창 앞으로 끊임없이 사람들이 밀려들게 만드는 뉴욕의 독특한 지하철 체계 덕분에 큰 이득을 보았다. 특히 대공황 당시 합리적인 가격에 맛있는 식사를 제공함으로써 뉴욕 상업지구에서 크게 번성했다. 매장 하나가 하루 평균 1만 명의 식사를 감당해낼 정도였다. 그러나 제2차 세계대전 이후 번영의 시대가 시작되고 고객들이 교외로 빠져 나가면서, 상대적으로 저렴한 오토맷의 매력은 시들해졌다. 교외 주거를 가능하게 만들어준 자동차의 인기는 근본적으로 오토맷과 양립할 수 없었다(결국 혼과 하다트는 스러져가는 매장들을 버거킹BurgerKing 프랜차이즈로 전환하면서 패스트푸드 세계가 얼마나 협소한지 입증했다). 이후 수십 년 동안 이어진 새로운 조류는 남아 있던 오토맷 고객들마저 유인하며 패스트푸드 산업을 과열로 이끌었다.

최초의 현대식 패스트푸드 매장의 역사는 캔자스주 위치타에 살던 J. 월터 앤더슨(J. Walter Anderson)으로 거슬러 올라간다. 앤더슨은 1880년 캔자스주 세인트메리스 타운 외곽의 한 농장에서 스위스계 이민자의 아들로 태어났다. 막 성인이 된 앤더슨은 될 대로 되라는 식으로 살았다. 이 대학 저 대학 전전하다 결국 중퇴하고, 한때는 청소부로 일하며 폐가에서 생활한 적도 있었다. 여러 해 동안 중서부 전역을 떠돌며 식당에서 설거지와 조리 같은 특별할 것도 없고 많은 노력이 필요하지도 않은 일들을 하며 지냈다. 이런 아들을 염려한 앤더슨의 아버지는 1905년 캔자스주 마케트에 식당을 장만해주었다. 그러나 채 1년도 지나지 않아 앤더슨은 식당을 처분하고 그동안 꿈꿔온 순회 무대 공연 사업에 도전했지만 몇 주 만에 주저앉고 말았다.

앤더슨은 이후 10년 동안 또 다른 저임금 일자리들을 전전하며 보냈다. 그러다가 동네 식당에서 즉석요리 조리사로 일한 적이 있는데, 이때 앤더슨은 다진 고기를 기발한 방식으로 굽는 실험을 했다. 양면을 납작하게 그을린 패티를 납작한 빵 대신 둥그런 빵에 올려주자 그의 고객들은 열광했다. 전하는 이야기에 따르면, 앤더슨은 천천히 조리해야 골고루 익는 미트볼을 주걱으로 눌러 납작하게 펴면 훨씬 빨리 익는다는 사실을 우연히 알게 됐다. 이렇게 해서 현대식 햄버거가 탄생했다.

자신의 창작물에 열광하는 사람들을 보며 고무된 앤더슨은 또다시 식당 사업에 뛰어들었다. 몇 번의 실패를 거쳐 얼마 되지 않는 돈을 겨우 대출받은 그는 낡은 신발 진열대를 개조해서 작은 카운터와 세 개의 의자, 철판, 다양한 조리도구들을 장착했다. 출입문에는 '햄버거 5센트'라는 팻말을 내걸었다. 식재료를 살 돈도 없었던 앤더슨은 첫날 영업하는 데 필요한 쇠고기와 빵을 빌려달라고 동네 식품점에 부탁했다. 그렇게 만든 햄버거는 큰 성공을 거둬 단 몇 시간 만에 동나버렸다. 그의 햄버거 스탠드는 계속 번창했다. 이후 4년 동안 위치타의 다른 지역에 매장 세 곳을 추가로 열었다.

사람들은 왜 이렇게 단박에 햄버거에 매료되었을까? 음식 역사가 엘리자베스 로진(Elizabeth Rozin)은 이렇게 표현했다. "햄버거는 맛과 향, 부드러움, 육즙까지 쇠고기로 얻을 수 있는 만족감을 저렴하고 간편한 형태로 얻게 해준다. 두툼한 고기의 든든함과 풍부한 육즙까지 모두가 저 겸손한 패티 안에 담겨 있다. 역사상 처음으로 거의 모든 사람들이 쇠고기가 상징하는 모든 것들에 대한 갈망을 손쉽게 충족할 수 있게 된 것이다."[7]

커다란 성공에도 불구하고 사업을 확장하려던 앤더슨의 의지는 벽에 부딪혔다. 업턴 싱클레어의 폭로에 크게 영향을 받은 것처럼, 다진 고기는 여전히 불명예스러운 낙인의 대상이었다. 게다가 부유한 고객들은 앤더슨의 가게처럼 복잡한 길모퉁이의 허름한 건물에서 만들어지는 햄버거를 경멸적인 눈길로 바라보며 노동자 계급이나 먹을 음식이라고 평가절하했다. 금주법 시대(1920~1933년) 초기에 사람들이 식품 노점은 무허가 술집이나 매춘업소 앞에서나 어울릴 거라고 생각했던 것과 마찬가지다.

이런 선입견 때문에 동네 치과 의사로부터 부동산을 추가 임대하려고 하자 치과 의사는 앤더슨에게 보증을 요구했다. 이때 앤더슨 편에서 이 거래를 협상한 보험 및 부동산 중개인 에드가 왈도 잉그램(Edgar Waldo Ingram)은 앤더슨의 사업에 깊은 관심을 갖게 됐다. 앤더슨의 고객층과 사업의 성장성에 깊은 인상을 받은 잉그램은 치과 의사의 부동산을 임대할 수 있도록 공동으로 서명했을 뿐 아니라 직접 자금을 투자하기도 했다. 그리고 얼마

지나지 않아 잉그램은 보험과 부동산 지분을 팔아 미국 최초의 현내식 패스트푸드 매장을 설립하는 데 온전히 집중했다.

앤더슨은 고객들이 좋아할 만한 햄버거를 만드는 방법을 알고 있었지만, 그가 사업에 접근하는 방식은 도시의 여느 노점이나 식당들과 다를 바 없었다. 그런 앤더슨의 사업이 경쟁자무리 가운데서 돋보이게 된 것은 잉그램의 전공 분야에 기댄바 컸다. 잉그램은 자사 버거의 대중적 이미지를 개선하기 위해 순수함과 강인함을 상징하는 두 단어를 조합해서 '화이트 캐슬(White Castle)'이라는 새로운 회사명을 만들었다. 이 이름은 1871년 시카고 대화재에서 살아남은 몇 안 되는 대표적인 건물들 중 하나에서 따온 것으로, 화이트 캐슬의 작은 탑과 망루 디자인도 이 건물을 모델 삼아 설계했다.

잉그램은 패스트푸드 매장의 음식 준비 과정과 외관, 운영 방식까지 표준화했다. 그 결과, 새로운 매장을 열더라도 그릴과 카운터, 다섯 개의 의자, 두 명의 남자 직원 등 모든 매장의 배치가 동일해졌다. 또한 언제 어느 매장에서 주문하든 음식을 매번 같은 시간에 신속하게 완성할 수 있도록 조리사가 동일한 크기의 작고 네모난 형태의 버거를 대량 생산하는 시스템을 도입했다. 그 과정을 자세히 살펴보자. 먼저 다진 쇠고기 덩어리를 그릴에 놓고 양파 조각들을 올리고는 뒤집은 뒤 누르며 패티를 만든다. 빵에 피클과 패티를 얹어 햄버거를 완성한다. 패스트푸드 공정의 선구자 격인 이 방식은 오늘날 우리가 알고 있는 패스트푸드 산업을 만들어내는 데 기여했다.

잉그램은 화이트 캐슬의 햄버거가 빨리 만들어지지만 안전한 먹거리라는 점을 대중에게 납득시키기 위해 자신이 활용 가능한 모든 홍보 채널을 동원했다. 모든 조리 기구는 번쩍거릴 정도로 깨끗하게 관리하고, 고기는 먹기 적절하지 않은 부분은 모두 빼버리고 앞다리살의 특정 부위만 사용한다고 강조했다. 또 화이트 캐슬의 신선도를 보증하기 위해 하루에도 여러 번 인근 정육점에서 고기를 공급받으며, 남은 고기는 절대 재사용하지 않겠다고 약속했다. 잉그램은 고객들에게 훤히 보이는 곳에 고기 분쇄기를 배치함으로써 투명성을 적극 강조했다. 직원들은 항상 깨끗한 유니폼을 단정하게 입어야 했다. 몇 년 후 잉그램은 다진 쇠고기가 건강에 이로움을 '입증하기' 위해 '과학적' 연구를 수행할 실험 주방과 품질 관리 실험실까지 구축했다.

화이트 캐슬을 깨끗하고 효율적인 고급 식당으로 만들려는 잉그램의 노력은 결국 보상을 받았다. 일 년이 지나기 전에 도시 전역에 매장이 여럿 생겼는데 모두 높은 수익을 거뒀다. 1923년에는 캔자스와 네브래스카까지 매장을 확장했다. 다른 도시들에 더 많은 매장이 들어서면서 매출은 자연스레 늘어났다. 1920년대 말 이전까지 중서부 지역에서만 40여 곳의 매장이 영업을 했고, 대서양 중부 지역에도 매장이 몇 곳 있었다.

현재 화이트 캐슬 매장은 400여 곳에 이른다. 코미디 영화 〈해럴드와 쿠마, 화이트 캐슬에 가다(Harold and Kumar Go to White Castle)〉는 화이트 캐슬의 인기를 보여주는 한 가지 예다. 이것만으로도 의미 있는 성과이지만, 주요 패스트푸드 기업들과 비교하면 사실 여전히 초라한 수준이었다. 버거킹은 매장이 1만 7000곳 이상이고, 서브웨이(subway)도 4만 5000곳에 육박한다. 이런 규모의 차이를 유발한 중대한 혁신들 중 하나를 이해하려면 로이 W. 앨런(Roy W. Allen)을 만나볼 필요가 있다.

일리노이 출신으로 오래된 호텔을 사들인 뒤 개축해서 파는 사업을 하기 위해 서부로 향했다는 사실 외에 앨런에 대해서는 알려진 정보가 별로 없다. 이 여정에서 그는 루트비어(root beer, 식물 뿌리의 즙을 발효시켜 만든 청량음료 – 옮긴이)의 맛을 개선할 비법을 찾아냈다고 주장하는 한 화학자를 만났다. 자신의 호텔 중한 곳에서 새로운 루트비어 시음회를 연 앨런은 고객들의 환호에 깊은 인상을 받았다. 앨런은 새로운 루트비어 시럽의 제조 및 판매 권리를 사들였다. 물론 허브와 향신료, 나무껍질, 베리를 혼합하는 비율은 기밀이었다. 앨런은 1919년 캘리포니아주 로디에 야외 루트비어 스탠드를 열었다. 3년 후, 앨런은 직원이던 프랭크 라이트(Frank Wright)를 사업 파트너로 영입하며 A&W 루트비어(A&W Root Beer)를 만들었다.

1923년 앨런은 캘리포니아주 새크라멘토에 일부 역사가들이 최초의 드라이브인 식당이라고 주장하는 매장을 선보였다. 이곳에는 가두 픽업 서비스를 위해 훗날 '카홉(carhops, 드라이브 인 식당의 종업원 – 옮긴이)'으로 불린 쟁반을 든 젊은 남녀 직원들이 있었다. 그로부터 일 년 후, 앨런은 유타와 텍사스에 더 많은 A&W 스탠드를 설치하고 프랭크 라이트의 지분을 사들였다.

그러던 중 앨런은 1925년 획기적인 시도를 한다. 루트비어를 제조하고 판매할 권리뿐 아니라 이 체인의 '과녁과 화살(bull's-eye and arrow)' 로고와 브랜딩을 선명하게 드러낼 수 있는 권리까지 다른 사람들에게 매각한 것이다. 이 권리를 매입한 사람들은 익숙지 않은 사업을 밑바닥부터 시작하는 게 아니라 A&W의 탄탄한 평판과 입증된 수익성을 기반으로 사업을 할 수 있었다. 화이트 캐슬이 모든 매장을 직접 소유한 반면, A&W는 독립된 소유주가 각자의 매장을 운영하도록 했다. 바꾸어 말하면, 앨런은 최초로 식품 프랜차이즈 사업을 성공적으로 이끈 사람이다.

그 결과는 유례 없는 성장으로 돌아왔다. 1930년대 중반, A&W 가맹점 수는 거의 200곳에 달했다. 정점을 찍은 1974년에는 2400곳을 넘어섰다. 그런데 전국 어느 매장을 가든 메뉴의 모양과 맛이 동일하도록 엄격한 기준을 적용하는 현재의 프랜차이즈와 달리 A&W 가맹점주들은 거의 완전한 자율성을 가지고 점포를 운영했다. 일부 가맹점에서는 팝콘과 돼지 안심 샌드위치, 핫도그, 햄버거 등 다른 음식을 메뉴에 포함시키기도 했다.* 가맹점주들은 어떤 건물이든 원하는 곳에 매장을 열고 원하는 대로 페인트칠을 했다. 고객들은 어느 매장을 가든 한결같은 맛과 분위기를 즐길 수 있을 것으로 기대했음에도 불구하고, A&W는 이 같은 사업 모델을 고집스럽게 지켜 나갔다. 이런 이유로 1980년대 중반 A&W 매장은 500곳 이하로 줄어들었다. 그 자리를 초대형 패스트푸드 회사들이 차지했다는 것은 시사하는 바가 크다.

맥도날드, 패스트푸드의 대명사가 되기까지

패스트푸드 하면 가장 먼저 떠오르는 것은 맥도날드('McDonald'의 바른 표기는 '맥도널드'이나 국내에서 영업 중인 프랜차이즈의 상호를 존중해서 인명은 '맥도널드', 상호는 '맥도날드'로 표기한다 - 옮긴이)다. 전임자가 일군 성과를 더욱 개선하고 몇 가지 새로운 혁신을 덧붙임으로써 맥도날드는 오늘날 패스트푸드를 거대 산업으로 성장시키는 데 크게 기여했다. 하지만 이 같은 성과를 일궈내기까지는 많은 일들이 있었다.

1930년, 고등학교를 졸업한 지 얼마 되지 않은 리처드와 모리스 맥도널드 형제(마이클 키튼Michael Keaton의 영화 〈더 파운더The Founder〉에서 본 적 있는 이름일 것이다)는 눈 덮인 뉴햄프셔주 맨체스

---

* A&W 가맹점 전체를 통틀어 3만 5000건 정도의 메뉴 변형 사례가 있는 것으로 추정된다.

터에서 햇살 가득한 캘리포니아주 할리우드로 이사를 했다. 두 형제는 대공황 당시 신발 공장 공장장으로 일하다가 실직한 아버지의 전철을 밟지 않으려고 이곳에서 새로운 기회를 모색했다. 처음에 두 사람은 콜롬비아영화사 스튜디오를 비롯해 영화 제작소에서 세트를 옮기거나 잡역부로 일하는 등 닥치는 대로 일했다. 그러다가 빠르게 성장하는 영화 산업에 매료되어 모아둔 돈을 털어 글렌데일에서 영화관을 열었다. 하지만 4년 동안 한 번도 이익을 보지 못했다. 계속되는 실패에도 굴하지 않고 두 사람은 진입 장벽이 낮은 유망한 사업 기회를 찾기 위해 계속 노력하다가 마침내 드라이브인 식당을 열었다.

1937년 캘리포니아에서는 자동차가 필수품이었다. 사람들은 어딜 가든 차를 몰고 다녔다. 이런 흐름에 주목해서 고객이 주차하면 직원이 달려가서 주문을 받고 음식을 자동차까지 가져다주는 가두 픽업 서비스를 제공하는 식당이 앞다퉈 문을 열었다.

맥도널드 형제도 무언가 해야겠다는 생각이 들었다. 1937년 두 사람은 캘리포니아주 패서디나에서 가두 픽업 서비스로 핫도그를 판매하는 작은 식품 가판대 '에어드롬(The Airdrome)'을 시작했다. 그리고 3년 후, 이 가판대를 더 크지만 그리 넓지는 않은 드라이브인 식당 '맥도날드 바비큐(McDonald's Bar-B-Que)'로 이름을 바꿔 샌버나디노에서 개업했다. 음식이 나오기를 기다리는 사람들은 모두 야외에서 대기했다. 갖춰진 설비라고는 카운터와 의자 몇 개가 전부였다. 아직 뚜렷한 용어가 만들어지지는 않았지만, 어떻든 '섹시해야 통한다(sex sells)'는 기치 아래 여성 직원들에게 메이저렛 부츠(주로 군악대나 응원단 등이 신던 종아리까지 올라오던 부츠 - 옮긴이)와 짧은 스커트를 입혔다. 이 여성 직원들이 주차장에 들어오는 고객들에게 달려가 주문을 받고 음식을 가져다주었다. 메뉴는 오늘날 맥도날드에서 볼 수 있는 것과는 확연히 달랐다. 타말레, 칠리, 땅콩버터 젤리 샌드위치 등을 포함해 총 25가지 정도의 메뉴가 있었다. 이 식당은 단번에 큰 화제가 됐고, 형제에게 약간의 부를 안겨주었다.

1948년 무렵, 작은 성공을 거뒀음에도 불구하고 맥도널드 형제는 이 식당에 대한 불만이 쌓여갔다. 어느 날은 지루할 정도로 할 일이 없고, 또 어느 날은 웃어넘길 수 없는 일들이 넘쳐났다. 새로운 카홉과 즉석요리 조리사를 계속 고용해야 했고, 고객의 상당 비율을 차지하는 십 대들이 접시와 유리컵을 깨거나 훔쳐 가는 일도 허다했다. 엎친 데 덮친 격으로 맥도날드를 모방한 식당이 매일같이 곳곳에서 등장했다. 그래서 형제는 더 늦기 전에 식당을 새롭게 재편하기로 결정했다.

두 사람은 3개월 동안 식당 문을 닫고 사업을 전면 재검토했다. 차창에서 주문을 받아 음식을 차까지 가져다주는 직원들을 해고하는 한편 그 노동의 일부를 고객들에게 전가했다. 즉, 고객들이 직접 식당 안으로 들어와서 주문하고 음식을 받아 가도록 했다. 또한 유료 식기 세척 시스템을 없애고 값비싼 식기가 도난되어 발생하는 금전적 손해를 예방하기 위해 접시와 금속 수저를 종이 포장과 종이컵으로 대체했다. 메뉴도 간소화해서 주요 수입원인 버거에 초점을 맞춰 전체 메뉴의 수를 아홉 가지로 줄였다. 햄버거, 치즈 버거, 12온스 용량의 세 가지 맛 청량음료, 우유, 커피, 감자튀김, 파이가 선택할 수 있는 메뉴의 전부였다. 일 년 뒤에는 감자튀김과 파이 판매를 중단하고 밀크셰이크를 팔기 시작했다. 형제는 헨리 포드의 조립 라인에 착안해 조리 과정도 혁신적으로 바꾸었다. 직원들이 수행하는 업무도 제각기 구분했다. 한 직원이 햄버거 패티를 구우면 다른 직원이 정리해서 포장하는 식이었다. 형제는 이 방식을 '신속 서비스 시스템(Speedy Service System)'이라고 불렀다.

이름까지 '맥도날드(McDonald's)'로 줄인 이 식당은 1948년 12월 12일 다시 문을 열었다. 6개월 가까이 효율 극대화라는 새로운 개념으로 무장한 맥도날드는 가격을 적절히 낮추고 판매량을 늘리는 방식으로 식당 산업에 일대 혁명을 일으켰다. 영업을 재개한 지 불과 2년 만에 형제는 꽤 괜찮았던 수익이 두 배로 늘어나는 놀라운 경험을 했다.

1952년, 형제는 프랜차이즈 모델을 실험해보기로 결정했다. 주유소 전문 부동산 중개인 닐 폭스(Neil Fox)가 첫 번째 가맹점주가 됐다. 형제는 자신들이 바라는 체인점의 표준 모형으로 사용될 건물을 짓기 위해 건축가를 고용했다. 이때 두 가지 사안에 집중했다. 첫째 시선을 사로잡는 외형을 만들고, 둘째 효율을 더욱 향상시키는 것이었다. 이들은 자동차를 타고 지나가다 봐도 매장이 금세 눈에 띄도록 지붕 위로 불쑥 솟은 거대한 아치형 디자인을 설계해달라고 건축가에게 요구했다. 형제는 계속해서 창의적인 의견을 내놓았다. 건물이 완성되자 지붕 위에 'M'자 형태의 네온사인을 달았다. 시대를 앞서간 행동경제학에서 영감을 받은 것인지, 형제는 고객들이 매장에 너무 오래 머무르지 못하도록 난방을 껐다. 또한 고객들이 몸을 굽혀 음식을 더 빨리 먹도록 유도하기 위해 고정된 네모 형태의 좌석을 만들었다. 단체로 식사하는 것을 방지하려고 좌석도 아예 멀찌감치 떼놓았다. 맥도날드의 경이로움을 경험하고자 전국에서 사람들이 모여들었다. 가맹 제의도 쏟아져 형제는 굳이 후보자들을 찾아다닐 필요가 없었다. 그럼에도 불구하고 1954년까지 이 보수적인 두 짝꿍이 확보한 맥도날드 가맹점은 겨우 열 곳에 지나지 않았다.

당시 프린스 캐슬 브랜드(Prince Castle brand)의 멀티믹서 밀크셰이크 머신을 판매하던 영업사원 레이 크록(Ray Kroc)의 시선이 맥도날드 형제에게 쏠렸다. 크록은 샌버나디노의 1호 매장이 자사 믹서기를 여덟 대나 주문할 정도로 바쁘게 돌아간다는 데 주목했다. 매장을 방문한 그는 눈이 휘둥그레졌다. "마치 아이다호 감자로 머리를 호되게 얻어맞은 현대판 뉴턴 같은 느낌이었습니다." 훗날 그가 자서전《사업을 한다는 것(Grinding It Out: The Making of McDonald's)》에 남긴 말이다. "맥도날드의 드라이브 인 매장이 토끼처럼 새끼를 치는 모습에 넋이 나갔지요."[8] 맥도널드 형제는 야심이 크지 않았다. 뛰어난 영업 감각을 가진 크록은 집요하게 요구해서 마침내 맥도날드의 전국 프랜차이즈 사업권을 팔도록 형제를 설득했다. 이 계약으로 크록은 가맹점으로부터 총매출의 1.9퍼센트를 받아 0.5퍼센트는 맥도널드 형제에게 주고 자신은 1.4퍼센트를 가져가게 됐다. 다만 크록은 매장과 관련된 세세한 것까지도 두 형제의 계획을 따라야 했다.

크록은 맥도날드 매장 경영에 본격적으로 뛰어들었다. 맥도날드에 대한 믿음을 과시하기 위해 '맥도날드 시스템(McDonald's System, Inc.)'이라는 회사명 아래 선보인 첫 번째 가맹점을 자신이 직접 맡아 경영했다. 1955년 4월 15일, 시카고 인근의 일리노이주 데스플레인스에 들어선 매장이었다. 첫 가맹점은 일종의 시범 사례이자 맥도날드 프랜차이즈의 미래 모델이라는 중요한 의미를 갖고 있었다.

크록은 다른 프랜차이즈 브랜드와 달리 모회사보다 가맹점의 재정적 지위를 우선하는 체계를 수립했다. 프랜차이즈 사업자는 대개 가맹점에 공급하는 물량의 매출에서 이익을 얻는다. 그러나 여기에는 근본적인 문제가 있다. 사업자가 가맹 식당이 문을 열기도 전에 수익의 대부분을 가져가므로 이는 식당의 음식 품질이 떨어지는 원인으로 작용한다. 크록은 모든 가맹점들의 총수입을 늘리는 데 주력했다. 이는 곧 맥도날드와 가맹점 모두의 성공으로 이어졌다. 데스플레인스 매장에서 새로운 사업 모델의 수익성을 확인한 크록은 본격적으로 더 많은 가맹점을 모집하는 데 돌입했다. 1958년 그는 특유의 카리스마와 말솜씨를 바탕으로 가맹점을 30곳 이상으로 늘렸다. 그리고 같은 해 1억 번째 햄버거를 판매했다. 일 년 뒤에는 신규 가맹점을 두 배 이상으로 늘려 총 매장 수 100곳을 넘어섰다. 그리고 이때부터 돈다발이 쏟아지기 시작했다.

사업은 날로 번창했지만, 크록과 맥도널드 형제의 관계는 급속도로 냉각됐다. 형제는 자신들의 매장 운영 방식에 집착한 나머지 성공으로 나아가는 길 앞에서조차 머뭇거렸다. 그래서 자신들의 서면 승인 없이는 사업 모델의 어떠한 중대한 변경도 할 수 없도록 크록에게 요구했다. 크록은 형제의 이런 요구가 달갑지 않았다. 어떠한 변화도 허용하지 않을 것 같았기 때문이다. "두 사람은 마치 내가 실패하기를 바라는 것 같았어요." 훗날 크록이 남긴 말이다. 그래서 크록은 형제를 무시하기로 했다. 양측의 긴장은 점차 고조됐고, 서로 소송으로 압박하기에 이르렀다. 그러던 중 1961년 맥도널드 형제는 크록이 투자자들로부터 빌려서 마련한 270만 달러를 받고 그에게 회사를 완전히 매각하기로 결정했다. 위험할 수도 있는 결정이었지만, 크록은 머지 않아 이 결정이 황금알로 돌아올 것이라 믿었다.

누구의 방해도 받지 않는 크록의 리더십 아래 맥도날드는 폭발적으로 성장했다. 대부분 도시 중심가에 자리하고 있으면서도 '트럭 정류장(truck stops)'이라는 비아냥거림을 듣던 화이트 캐슬 매장들과 달리, 크록은 맥도날드의 표적을 가족 집단으로 설정했다. 홍보를 중시하는 자신의 성향에 맞춰 맥도날드의 마스코트인 '스피디'(Speedee, 햄버거 모양의 머리에 요리사 모자를 쓰고 익살스럽게 윙크하는 남성 캐릭터)'도 다시 손봤다. 1963년 푸근한 느낌의 광대 캐릭터 '로날드 맥도날드(Ronald McDonald)'가 스피디를 대체했다. 1971년 등장한 TV 광고에는 로날드 맥도날드가 맥도날드랜드라는 환상의 세계에 살면서 맥치즈 시장과 햄버글러, 프라이 키즈 등 다양한 친구들과 함께 모험하는 장면이 등장했다. 이 광고의 의도는 단순하다. "아이 한 명이 우리 광고를 보고 할머니, 할아버지와 함께 맥도날드에 찾아오면 우리에게는 두 명의 고객이 더 생기는 셈입니다." 크록의 말이다. "이것이 광고비로 발생하는 직접적인 이익이죠."[9]

1976년에는 맥도날드랜드의 상징적 캐릭터들로 15센티미터 크기의 액션 피규어 라인을 구성했다. 이는 1979년 데뷔한 직후 해피밀(Happy Meals)과 함께해온 다양한 브랜드 장난감들의 전신이라 할 수 있다. 해피밀은 광고 회사 임원이었던 밥 번스타인

(Bob Bernstein)이 만들었다. 그는 부모들이 자녀를 맥도날드에 데리고 오면 항상 거의 같은 메뉴를 시켜서 나눠 먹으며, 아이들은 자기만의 특별한 메뉴를 고집하는 특성이 있다는 데 주목했다. 그는 아침마다 시리얼 상자에 적힌 문구를 읽는 자신의 아들을 떠올리며, "상자 안에 아이가 읽을 수 있는 것들을 적어도 열 가지는 넣도록" 맥도날드 측에 제안했다.[10]

혁신적인 마케팅 전략을 펼치는 한편 맥도날드는 고객들의 요구에도 민첩하게 대응했다. 1960년대 초, 신시내티의 한 지역 가맹점주는 넙치를 판매하는 경쟁업체에 고객들을 많이 빼앗기고 있다는 데 주목했다. 이들 두 식당은 로마가톨릭 신자들이 많이 거주하는 지역에 있었는데, 이 지역의 잠재 고객들 중 상당수는 금요일이면 주로 적색육보다 생선을 먹었다. 이 점에 착안해 이 가맹점은 맥도날드에서 생선 메뉴를 선보이는 획기적인 실험을 했고, 큰 성공을 거뒀다. 이에 부응해 1962년 '사람을 사로잡는 물고기'라는 광고와 함께 필레오피시(Filet-O-Fish) 샌드위치가 전국에 출시됐다.[11] 맥도날드가 기업공개를 단행한 지 3년 후인 1968년에는 빅맥(Big Mac)이 출시됐다. 채 일 년이 지나지 않아 이 놀라운 메뉴는 맥도날드 전체 매출의 거의 20퍼센트를 점유했다.

맥도날드, 닭고기에 미래를 걸다

맥도날드의 눈부신 성장은 1970년대 초에도 계속되어 모든 주에서 가맹점 수가 1500곳 이상으로 늘어났다. 양적 성장에만 그친 것이 아니다. 그때까지 맥도날드가 새로운 지점을 내서 막대한 이윤을 남기는 데 실패한 적은 한 번도 없었다. 하지만 결국은 맥도날드도 난관에 봉착했다. 1970년대 중반의 경기침체로 제2차 세계대전 이후 지속되어온 경기 팽창이 막을 내렸다. 미국 전체가 높은 실업률과 높은 인플레이션, 치솟는 휘발유 가격과 씨름하면서 맥도날드의 수익도 상처를 입기 시작했다.

이때 데이비드 월러스틴(David Wallerstein)이 해결의 열쇠를 제시했다. 영화업계의 젊은 경영자 월러스틴은 한때 이와 비슷한 어려움에 처했었다. 1960년대 초, 바라반 시어터(Balaban Theaters) 체인을 운영하던 그는 팝콘처럼 이윤이 많이 남는 스낵과 음료수를 많이 팔기 위해 1+1 스페셜, 팝콘 콤보, 마티니 스페셜 등 책에 나오는 온갖 방법을 동원했지만 어느 것도 효과가 없었다. 그러던 어느 날 저녁, 월러스틴은 깨달았다. 사람들은 팝콘을 두세 통 들고 다니는 것을 좋아하지 않는다는 것을, 그리고 먹을 것을 너무 많이 들고 다니면 불편할 뿐 아니라 게걸스럽게 보인다는 것을 말이다. 월러스틴은 생각의 방향을 바꿨다. 그렇다면 돈을 조금만 더 받고 팝콘의 정량을 훨씬 크게 하면 어떨까? 월러스틴은 커다란 점보 사이즈 용기를 만들고 이것을 홍보하는 광고를 붙였다. 한 주가 지날 무렵, 환상적인 결과가 나왔다. 팝콘 판매 횟수당 매출이 급격히 증가한 것이다.

월러스틴은 자신의 경험을 토대로 크록에게 점보 사이즈 감자튀김을 판매해보라고 권유했다. 그러나 크록은 머뭇거렸다. "감자튀김이 더 많이 필요하면 두 봉 사면 되잖아요."[12] 월러스틴은 크록을 설득하기 위해 소비자 행동에 관한 자체 설문조사를 벌였다. 그는 시카고의 여러 매장을 돌며 수백 명의 고객들을 대상으로 설문조사를 했다. 그 결과, 그는 고객들이 감자튀김 한 봉을 모두 먹고도 바닥까지 훑어가며 짭짤한 맛을 즐기는 경우가 많다는 것을 알아냈다. 월러스틴이 이 사실을 크록에게 설명하자 그도 마침내 반대를 접었다. 그렇게 점보 사이즈 감자튀김을 도입한 지 몇 달 지나지 않아 더 많은 고객들이 맥도날드를 찾아왔고, 1인당 지출도 더 늘어났다.

커다란 몸집의 지니를 다시 램프에 집어넣기는 불가능하듯이, 감자튀김과 함께 시작된 사이즈 조정 문제는 곧 다른 메뉴들에도 적용됐다. 1990년대 중반 패스트푸드 식당에서 판매하는 먹거리 네 가지 중 하나는 밸류 밀(value meal), 스페셜 콤보 또는 슈퍼사이즈 밀이었다. 1955년 맥도날드 햄버거 패티의 무게는 3.7온스였다. 최근의 무게는 약 7.3온스이고 빅맥은 7.5온스, 쿼터 파운더 쿼터 파운더 딜럭스는 무려 9.2온스에 달한다. 질병통제센터(CDC)에 따르면, 1950년대 전형적인 패스트푸드점에서 제공하는 햄버거 패티의 무게는 3.9온스에 불과했다. 지금은 세 배 이상 커진 셈이다. 슈퍼사이즈 정량의 도입과 때를 맞춰 미국인의 일일 칼로리 섭취량이 늘어난 것은 결코 우연이 아니다. 미국인의 총 칼로리 섭취량은 1970년 2109칼로리에서 2010년 2568칼로리로 증가했다. 퓨 리서치(Pew Research)가 설명한 대로, "이것은 매일 스테이크 샌드위치를 하나 더 섭취하는 것과 같은 수준이다."[13]

1975년 경기침체가 막을 내린 후 맥도날드는 더 큰 성공을 만끽했지만, 이내 또 하나의 문제와 맞닥뜨렸다. 1950년대를 거치며 적색육 섭취를 줄이라는 과학계의 권고에 반응해서 소비자들이 콜레스테롤에 점점 더 많은 관심을 갖게 된 것이다. 이러한 관심은 1977년 정부가 새로운 식이법을 권고하면서 다시금 불이 붙었다. 사상 처음으로 정부가 시민들에게 "육류 소비를 줄이고 가금류와 생선 소비를 늘리라고"[14] 촉구한 것이다. 햄버거가 주력 메뉴인 맥도날드 경영진은 당연히 고민에 빠졌다. 과거에도 닭고기 메뉴를 추가하려고 시도했다가 레이 크록의 오점으로 기록된 '훌라 버거(hula burger, 둥근 빵에 파인애플과 치즈를 얹은 고기 없는 버거)'로 참패를 거둔 바 있었다. 하지만 이제는 가금류에서 성공의 길을 찾아내야만 했다.

맥도날드 경영진은 제품 개발을 총괄하는 수석 요리사 르네 아렌드(Rene Arend)에게 해답을 기대했다. 전해오는 이야기에 따르면, 맥도날드 사장 프레드 터너(Fred Turner, 레이 크록이 사망한 후 최고경영자로 임명됐다 - 옮긴이)와 아렌드가 복도에서 스쳐 지날 때 터너가 무심코 치킨 너깃을 개발해보면 어떻겠냐고 제안했다. 바로 그날, 아렌드는 닭고기를 작은 조각으로 썬 뒤 하얀 밀가루 반죽을 입혀 끓는 기름에 집어넣었다. 그렇게 다 익은 너깃을 꺼내 식힌 뒤 한입 베어 먹는 순간, 그는 반하고 말았다. 빵가루를 입혀 튀긴 작은 닭고기 조각에 안정제를 첨가한 너깃은 건강식품이라고 할 수는 없지만, 분명 그 재료가 가금류다. 1979년 맥도날드는 특정 시장을 중심으로 치킨 맥너깃(Chicken McNugget)을 시험 판매했고, 곧 엄청난 성공을 거뒀다.

미국 전역에 맥너깃을 출시하기 위해서는 엄청난 양의 닭고기가 필요했다. 이 정도 규모로 닭고기를 대량 생산하려는 시도는 어떤 기업도 해본 적 없었다. 해답은 바로 이 일을 시도하려고 했지만 오랫동안 무시당해온 한 남성에게 있었다. 1967년 도널드 타이슨(Donald Tyson)은 세계 최고의 식품 회사를 만들겠다는 열망 하나로 아버지의 이름을 딴 회사인 타이슨 푸드(Tyson Foods)를 물려받았다. 그런데 타이슨 푸드에는 한 가지 문제가 있었다. 대다수 패스트푸드점의 메뉴에 닭고기가 없다는 사실이었다. 타이슨은 적색육 발골에 사용되는 것과 유사한 혁신적인 기술을 적용해 뼈 없는 닭가슴살을 생산 판매하면서 시장을 개척했지만 닭고기는 여전히 가정과 고급 식당 위주로 공급될

뿐이었다. 1970년부터 1978년 사이에만 가격이 11퍼센트나 하락했지만, 그럼에도 불구하고 타이슨은 닭고기가 패스트푸드점의 메뉴에 포함될 것이라고 굳게 믿었다.

맥도날드가 미국 패스트푸드 프랜차이즈 중 최고의 유통 체계를 갖추고 있다는 사실을 알고 있었던 타이슨은 끊임없이 본사로 전화를 걸어 영업을 시도했다. 그는 닭고기에 미래에 있다고 주장하며 구매 담당자, 경영진과 함께 회의까지 열었다. 이 자리에서 타이슨은 닭고기를 이용하면 햄버거를 절반 가격에 판매할 수 있다고 강조했다. 뿐만 아니라 닭고기는 샌드위치에 사용하거나 뼈 없는 패티 형태로 활용하는 등 용도가 무척 다양하다는 점을 부각시켰다. 그리고 무엇보다 중요한 사실로, 미국 전역에 제품을 유통시키려면 수백만 파운드의 닭고기가 필요한데, 이같은 양은 오직 타이슨 푸드만이 공급할 수 있다는 점을 분명하게 밝혔다. 하지만 맥도날드는 관심을 보이지 않았다. 이때는 치킨 맥너깃의 베일이 벗겨지기 전이었다.

그리고 마침내 도널드 타이슨의 시대가 도래했다. 그의 지휘하에 오로지 치킨 맥너깃을 만들 목적으로 아칸소주 내슈빌 공장의 용도를 변경했다. 타이슨은 너깃 제조 공정을 향상시킬 목적으로 '미스터 맥도날드'라는 완전히 새로운 품종의 닭을 만들어냈다. 시험 판매를 시작한 지 불과 3년 만인 1983년, 타이슨은 미국 전역의 맥도날드 매장에 새로운 치킨 제품을 공급했다. 치킨 맥너깃은 채 3년이 지나지 않아 맥도날드 내수 판매의 7.5퍼센트를 점유했다. 타이슨이 예상한 대로 닭고기 제품은 미국 전역의 다른 패스트푸드 브랜드의 메뉴로 점차 확장돼 나갔다. 그 결과, 2010년 닭고기는 쇠고기와 돼지고기를 제치고 미국에서 가장 많이 소비되는 육류로 성장했다. 치킨 맥너깃이 미국 전역에 출시되기 전인 1982년에는 1인당 연평균 15킬로그램의 닭고기를 소비했지만 최근에는 거의 두 배로 늘었다. 패스트푸드 매장은 여전히 햄버거로 유명하지만, 닭고기도 이 산업에서 가장 잘 팔리는 고기류의 하나로 굳게 자리 잡았다.

그릴에서 고객 앞까지 햄버거를 더 빠르고 더 싸게 제공하겠다는 두 형제의 신념으로 탄생한 맥도날드는 오늘날 전 세계에서 3만 5000곳 이상의 매장을 운영하고 있으며, 해마다 약 2000곳의 매장이 새롭게 탄생하는 초대형 프랜차이즈로 성장했다. 맥도날드는 매일 6800만 명에게 식사를 제공하고 있다. 전 세계 인구의 거의 1퍼센트에 해당하는 수치다. 이를 위해 매년 10억 달러를 광고비로 지출하는데, 대부분 어린이들이 광고의 대상이다. 2013년 연구에 따르면, 매년 초등학생들이 맥도날드 광고를 시청하는 횟수는 평균 254회에 이른다. 두말할 것도 없이 맥도날드는 미국에서 쇠고기와 돼지고기를 가장 많이 구매하는 회사이며, 닭고기 구매량도 KFC에 이어 2위를 차지한다.

분명한 것은, 맥도날드는 간편하게 '맛있는 고기' 메뉴를 구매하려는 수백만 고객들에게 만족을 선사하는 수많은 패스트푸드 식당의 하나에 불과하다는 사실이다. 오늘날 미국인의 1/4은 하루에 적어도 한 끼를 패스트푸드로 해결한다. 1950년 수천 곳이던 패스트푸드 매장은 1970년 7만 곳까지 늘어났으며, 지금은 미국 전역에 20만 곳 이상의 패스트푸드 매장이 있다. 전 세계적으로는 거의 100만 곳에 이른다. 수백여 가지에 이르는 대형 체인들은 각기 다채롭게 묘사한 고유의 기업 캐릭터와 함께 특유의 스토리를 가지고 있다. 20세기의 편의성 혁신은 패스트푸드 제국의 거의 모든 측면에 영향을 끼쳤다.

제2부

오늘도 여전히
고기에 빠져 사는 이유

Chapter 7

행복한 죽음

나는 채소가 싫어요.
내가 먹는 채소는 햄버거에 든 양상추뿐이에요.

찬스 더 래퍼(Chance the Rapper)

설탕, 소금, 그리고 지방

"아보카도 드셔본 적 있으세요?" 내가 어머니에게 물었다.

어머니는 살짝 당황한 듯한 목소리로 "아니" 하고 대답했다. 아버지도 비슷한 대답을 했다. "예전에 들어본 것도 같구나."

처음엔 어이가 없었다. "요즘 같은 세상에 어떻게 그럴 수 있죠?" 손으로 이마를 만지작거리며 내가 되물었다. 하지만 잠시 생각해보니 충분히 그럴 만도 했다. 우리 부모님은 과일과 채소 권장 섭취량을 지키지 않는 열 명의 미국인 중 한 명에 해당한다. 아보카도는 스태튼 아일랜드의 멕시코 식당에서나 나올 법한 재료로, 우리 부모님은 미국, 이탈리아, 중국 음식만 접하며 생활했다. 믿든 안 믿든 나 역시 이십 대 초반까지만 해도 인도나 태국 음식을 먹어본 적이 없었다. 그나마 캘리포니아 중에서도 조금 산다는 동네에서 자란 아내 덕분에 맨해튼의 완전히 새로운 미식 세계에 처음 눈을 떴다. 우리 부모님은 아보카도가 들어간 음식을 먹어본 적이 전혀 없는데, 만약 그런 음식을 맛본다면 어떤 반응을 보일까?

확인하고 싶었다. 작정을 한 나는 스태튼 아일랜드의 부모님 집을 찾아가면서 과카몰리를 들고 갔다. 멕시코 소스 과카몰리를 만드는데 들어가는 아보카도, 양파, 토마토, 라임즙, 고수 같은 재료에 대해 설명하고는 냉장고에서 과카몰리가 들어 있는 작은 통을 꺼냈다. 그리고 다른 그릇에 감자칩을 조금 덜어서 식탁 가운데 놓았다. 어머니는 초록색 혼합물을 무척이나 미심쩍은 눈으로 바라보더니, 방금 이를 닦아서 먹지 못할 것 같다고 머뭇거렸다. 아버지 역시 이 음식은 "고기처럼 갈색"이 아니라며 손도 대지 않을 거라고 농담을 했다. 나는 손가락에 과카몰리 소스를 살짝 찍어 입에 갔다 댔다. 내가 쓰러지지 않는 것을 확인한 어머니가 움찔거리며 나를 따라 과카몰리 소스를 조금 찍어서 입에 댔다. 어머니의 반응은 나와 정반대였다. 콧등에 잔뜩 주름이 지더니 눈을 찡그리며 혀를 내밀고는 "으아!" 하고 신음 같은 소리를 냈다. 아버지의 반응도 조금 덜 격렬했을 뿐 어머니와 크게 다르지 않았다. "이거 영 아닌 것 같은데." 아버지는 딱 잘라 말했다. "그래도 칩은 맛있네."

실망스러웠다. 차라리 콤부차를 마시고 찡그린 표정과 화사한 표정을 오가며 격렬하게 표현한 틱톡 영상의 어느 여성처럼 우리 부모님이 반응했다면 훨씬 나았을 것이다. 하지만 두 분의 평가는 그저 "으으으……"였다. 같은 음식을 맛보고도 사람에 따라 반응이 이렇게 극단적으로 다를 수 있다는 사실이 그저 놀라웠다. 맛에 대한 반응은 그 맛을 경험하는 혀를 가진 사람의 마음에 달렸다. 마하트마 간디(Mahatma Gandhi)도 자서전에서 "맛이 진짜로 자리한 곳은 혀가 아니라 마음이다"[1]라고 하지 않았는가. 그렇다면 음식이 사람을 즐겁게 할지 실망시킬지 결정하는 요소는 무엇일까? 사람들이 과일과 채소에는 손을 천천히 향하고 고기는 남이 가져갈세라 순식간에 집어 먹는 이유를 설명하는 데에도 이런 요소들이 도움이 될까?

소금, 설탕, 지방. 지난 반세기 동안 이 단어들처럼 공중보건 전문가들의 마음을 사로잡은 것도 드물 것이다. 패스트푸드 매장들이 속속 등장하고 가공식품 산업이 꽃을 피우면서 이런 것들이 담뿍 들어간 음식들이 폭발적으로 늘어났다. 소금과 설탕과 지방은 각각 현대의 전염병처럼 악마화되며 '무엇이 우리를 죽이고 있는가?'라는 질문에 두말할 필요도 없는 정답같이 받아들여졌다. 이 세 가지가 실제로 건강에 얼마나 해로운지는 알 수 없지만, 우리가 섭취해야 하는 양에 비해 너무 많이 먹고 있다는 데는 대부분의 영양학자들이 동의할 것이다.

평균적으로 볼 때, 미국인이 하루에 섭취하는 설탕의 양은 거의 20티스푼(약 80그램)에 이른다. 2015~2020년 미국인 식생활지침은 첨가당이 총 열량의 10퍼센트를 넘지 않도록 제한할 것을 권고한다. 세계보건기구(WHO)의 권고량은 그 절반이다. 그런데 미국 청소년의 88퍼센트는 권고량보다 많은 양의 설탕을 섭취하고 있다. 소금의 경우, 미국인들은 하루에 약 3400밀리그램의 나트륨을 섭취하고 있다. 식생활 지침에서 권고하는 양은 일일 2300밀리그램 이하다. 마지막으로, 미국심장협회(AHA)는 포화지방에서 얻는 열량이 전체의 5~6퍼센트를 넘지 않아야 한다고 권장한다. 이것은 하루 2000칼로리 식단에서 포화지방을 13그램 정도 섭취해야 한다는 의미다. 미국인은 평균적으로 이 권고량의 두 배를 섭취하고 있다.

소금과 설탕, 지방을 과도하게 섭취하는 이유는 이 물질이 우리의 미뢰를 즐겁게 만들기 때문이다. 아울러 이 물질들은 우리가 생존하는 데 필수적이며, 인간이 이 물질들이 함유된 식품을 찾도록 진화했기 때문이다. 이와 반대로 우리는 식물과 덜 익은 과일, 상한 고기, 기타 부패한 음식에서 잠재적 유해독소를 탐지하기 위한 방어기제로 쓰고 신 음식을 회피하는 경향이 있다. 우리 조상들은 슈퍼마켓이나 사파리 뷔페가 없었던 탓에 흙에서 소금을 추출하고(바다 가까이 사는 경우에는 소금을 얻기가 손쉬웠지만 덥고 건조한 지역에서는 무척 어려웠다) 당분이 풍부한 과일과 지방이 많은 사냥감을 찾느라 애를 써야 했다. 오늘날에는 대다수의 사람들이 이런 것들을 가공된 형태로 무한정 얻을 수 있다는 것이 문제다.

잠시 틈을 내 우리가 맛을 느끼는 과정을 살펴보자. 치킨 너깃 같은 음식 한 조각을 입에 넣는다. 치아가 큰 조각을 작은 조각으로 분쇄한다. 이와 동시에 침이 음식을 촉촉하게 하고, 탄수화물을 맥아당과 덱스트린 등 단순당으로 분해하듯 침 속 효소가 일부 다량 영양소를 분해하며 맛을 유발하는 물질의 분자들을 방출한다. 이 분자들은 입천장과 후두, 혀에 있는 미뢰의 특정 수용기 세포들과 충돌하고 결합한다.

미뢰는 50~100개의 수용기 세포와 기저세포와 지지세포로 구성된다. 한 사람에게는 평균 2000~4000개의 미뢰가 있으며, 2주에 한 번씩 교체된다. 미뢰는 혀에 분포한 작은 돌기 같은, 잔 모양의 다육질 돌기 안에 들어 있다. 미뢰는 수십 종의 유전자로 프로그래밍되어 있으며, 하나하나 생화학적 노다지로부터 중요한 정보를 구분해낸다. 이를 위해 뇌 신경이 뇌로 메시지를 전달하는 전기화학적 연쇄 반응이 시작된다. 뇌는 이 메시지를 단맛, 짠맛, 쓴맛, 신맛, 감칠맛 같은 다섯 가지 기본 맛 중 하나로 해석한다. 이 다섯 가지는 기본 맛에 대한 전통적인 표현이다.

한 연구팀은 이 다섯 가지 외에 지방도 기본 맛에 포함시켜야 한다고 주장한다. 지방과 관련해서 과학자들은 기름, 버터, 치즈, 육류 같은 음식의 구성 요소인 지방산이 자극제라는 것을 알고 있다. 또한 우리의 입안에는 이런 지방산에 반응하는 미각 수용기가 있다는 것도 알고 있다. 하지만 과학자들은 지방이 들어왔다는 신호를 이 수용기들이 뇌에 어떻게 전달하는지는 아직 정확하게 밝혀내지 못했다. 이런 이유로 지방이 지금 당장 다섯 가지 기본 맛과 비등한 자리에 놓이기는 어려워 보인다. 그렇지만 소금과 설탕, 지방이 뇌를 매우 행복하게 만든다는 것만은 분명한 사실이다.

소금과 설탕, 지방이 우리를 행복하게 만든다는 것은 그나마 절제된 표현이다. 이런 물질은 중독성이 매우 강하다는 연구 결과도 있기 때문이다. 여기서 말하는 '중독'이란 에어캡 포장지를 눌러 터뜨리거나 넷플릭스에 열광하는 것처럼 단순히 탐닉하는 수준이 아니라, 알코올이나 담배처럼 규제가 필요하다고 주장할 정도의 생물학적 중독성을 말한다. 그렇다면 이 세 가지 물질의 중독성은 정확히 어느 정도나 될까?

특정 행위나 약물 등 무언가를 즐기는 활동이 그렇듯이 식사도 기분이 좋아지게 만드는 신경전달물질인 도파민의 방출을 유도하므로 이 행동은 습관화되기 쉽고, 따라서 끊기도 어렵다. 고지방 먹이를 섭취한 쥐들은 코카인과 헤로인에 중독된 동물들과 일부 비슷한 모습을 보인다. 심지어 전기 충격이 가해져도 끊기 어려울 정도다. 또 다른 연구에서는 염분이 중독성 약물을 갈망할 때와 동일한 뇌 회로 및 신경세포를 활성화하는 것으로 나타났다. 역시 쥐를 대상으로 한 이 연구에서는 중독과 관련된 뇌의 경로를 차단함으로써 염분에 대한 욕구를 크게 줄일 수 있음을 보여주었다. 한편, 설탕은 물질의 남용 및 의존과 직결된

보상 및 갈망 체계와 연관된 뇌 영역을 자극하는 것으로 드러났다. 이런 점을 볼 때 소금과 설탕, 지방이 합쳐지면 중독 효과가 훨씬 강화될 것임은 자명한 사실이다.

데이비드 A. 케슬러(David A. Kessler)가 《과식의 종말(The End of Overeating: Taking Control of The Insatiable American Appetite)》에서 서술한 대로, 바로 이런 중독성 때문에 사람들은 소금과 설탕, 지방이 포함된 음식을 계속 선호할 뿐 아니라 더 많이 먹게 된다. 1회 섭취량이 많아지고 소금과 설탕, 지방이 다량 포함된 음식을 쉽게 접할 수 있는 패스트푸드 매장이 크게 늘어난 것은 사실이지만, 이용 가능성이 향상되었다는 것만으로는 우리가 과식하게 되는 원인을 완전히 설명할 수 없다. 케슬러는 소금과 설탕, 지방이 많이 포함된 음식을 '기호성(palatability)'과 '강화성(reinforcement)' 두 가지 이유에서 비판했다. 기호성이란 이런 음식이 우리의 감각을 흥분시킨다는 의미이고, 강화성이란 우리의 식욕과 뇌의 보상중추를 자극해서 더 많은 음식을 찾도록 유도한다는 의미다. "필요 열량이 충족되고 나서도 계속 음식을 입에 집어넣도록 만드는 것은 순수한 의미의 배고픔 때문이 아니라 그 자극이나 또는 자극에 대한 기대 때문이다"[2]라고 케슬러는 설명했다.

미국의 식품 대기업들은 정확히 이 점에 집중해 미국인들의 식단을 의도적으로 왜곡하면서 거의 한 세기를 보냈다. 마이클 모스(Michael Moss)가 자신의 베스트셀러《배신의 식탁(Salt Sugar Fat)》에서 설명했듯, 식품 제조 회사들은 소비자들이 점점 더 많이 먹어서 중독에 이르도록 유도하기 위해 자신들이 만드는 음식을 특별하게 가공한다. 이것은 모스의 최신작《음식 중독(Hooked)》의 주제이기도 하다.

현역 군인들이 배식한 음식을 더 많이 먹도록 하기 위해 미국 육군에서 고용한 심리학자 하워드 모스코비츠(Howard Moskowitz)의 사례를 생각해보자. 문제는 배식되는 음식이 맛이 아니라 더운 기온에서도 최대한 오랫동안 변질되지 않도록 하는 데 최적화된 탓에 맛이 없다는 것을 군인들이 잘 알고 있다는 것이었다. 따라서 필요한 열량을 얻기도 전에 버리는 일이 많았다. 군인들을 상담하던 모스코비츠는 "군인들은 칠면조 테트라치니 같은 맛있는 음식을 좋아했지만, 그것도 처음에만 잠깐 좋아했을 뿐 금방 싫증을 냈다. 반면에 흰 빵 같은 평범한 음식은 군인들을 열광시키지는 못했지만 배부르다는 느낌 없이 먹고 또 먹었다"[3]는 사실을 알아냈다. 모스코비츠에게 남겨진 과제는 먹고 싶은 마음이 들 정도로 매혹적이면서도 금방 포만감을 유발할 정도로 매혹적이지는 않은 음식을 개발하는 것이었다. 그는 소금과 설탕에 주목했다. 둘 다 일정 수준까지는 음식 맛을 끌어올리지만 그 단계를 넘어서면 급격히 맛을 떨어뜨리는 공통점이 있었다.

이 '역-U(Inverted U)' 현상을 발견한 최초의 과학자는 아니지만, 모스코비츠는 이 현상의 재정적 잠재력을 알아채고 이용할 방법을 찾아냈다. '역-U'의 정점은 맨 위에 있는데, 과학자들은 이 지점을 지복점(bliss point, 만족이 극대화되는 소비점 - 옮긴이)이라고 불렀다. 쉽게 말해, 소금과 설탕, 지방 같은 고효율 재료들은 지복점에서 최고의 맛을 낸다. 모스코비츠는 1980년대 맛의 최적화에 관한 한 거물급 인사였다. 얼마 후에는 제너럴 푸드(General Foods)에서 시리얼, 디저트, 커피 등의 조리법을 개발하는 데 기여했고, 블라식(Vlasic's)의 플로핑 피클로 시장의 승자가 되었으며, 캠벨(Campbell)의 프레고(Prego) 스파게티 소스 라인의 경쟁자들을 물리쳤다. 그는 이 회사들로 하여금 전통적이거나 걸쭉하거나 마늘 향이 강한 등 선호하는 토마토 소스가 각자 다 다른 것처럼 소비자들을 획일적인 존재가 아니라 특유의 지복점을 지닌 독특한 하위집단으로 바라보도록 독려했다.

짜고 달고 기름진 음식의 확산은 사람들이 과일과 채소로 눈을 돌리게 된 이유인 동시에 베이컨과 다진 쇠고기, 소시지, 치킨 너깃 같은 고기가 들어간 가공식품에 열광하게 된 중요한 이유이기도 하다. 그러나 이것만으로는 육류를 향한 인간의 애정 행각을 온전히 설명하기 어렵다. 마지막 퍼즐 조각을 맞추려면 감칠맛의 역할을 생각할 필요가 있다.

중독적 맛의 비밀, 감칠맛

이 모두는 1907년 도쿄대학 화학자 이케다 기쿠나에[池田菊苗]에게서 비롯됐다. 미소된장국이나 우동 같은 일본 음식에서 빼놓을 수 없는 맑은 육수인 '다시[出汁]'를 좋아했던 이케다는 무엇이 이렇게 독특한 맛을 내는지 궁금했다. 일 년 넘게 연구한 끝에 그는 말린 다시마를 끓인 국물에서 글루탐산의 식용 가능한 형태인 글루탐산나트륨을 추출했다. 이케다는 글루탐산나트륨, 더 넓게는 글루탐산염(글루탐산에 미네랄 이온이 합쳐진 것, monosodium glutamate, MSG)이 이 맛과 직결된다고 확신했다. 그리고 일본 단어 '우마이'(うまい, umai, '맛있는' 또는 '기분 좋은')와 '미'(味, mi, '천연' 또는 '맛')를 조합해 이 맛의 명칭을 임시적으로 '우마미(umami)'라고 불렀다. 이케다는 '우마미'를 자신이 발견해 낸 결과물의 영구적인 명칭으로 생각하지 않았다. 다만 더 나은 무언가가 만들어지기 전에 사용할 일시적인 명칭으로 제안했을 뿐이다. 이런 그의 겸손한 의도에도 불구하고 이 명칭은 고착화됐다.

서양 과학자들이 감칠맛, 즉 우마미를 기본 맛의 하나로 인정하기까지는 거의 한 세기가 걸렸다. 대다수 과학자들이 감칠맛을 다른 네 가지 기본 맛의 조합으로 만들어진 결과물이라고 생각했기 때문이다. 이들은 지방에 대해서도 이와 비슷한 의견을 내세웠다. 과학자들은 2000년에 이르러서야 인간의 혀에서 글루탐산을 감지하는 감칠맛 수용기를 분리함으로써 이케다가 줄곧 강조했음에도 불구하고 역사적으로 경시되어온 감칠맛의 지위를 마침내 인정했다. 이제 과학자들은 감칠맛은 다른 맛들과 함께할 때 그 향미가 제대로 살아난다는 것을 알고 있다. 자연에서는 글루탐산염과 이노신산이나트륨(disodium inosinate, IMP), 구아닐산이나트륨(disodium guanylate, GMP) 세 가지 감칠맛 화합물이 생성된다. 베이컨, 멸치, 치즈처럼 감칠맛이 풍부한 여러 식품에서는 짠맛이 나는데 이것은 결코 우연이 아니다. 글루탐산염 그 자체가 미묘한 짠맛을 내기 때문이다. 글루탐산염과 이노신산이나트륨, 구아닐산이나트륨 같은 화합물의 나트륨이 상호작용하면 감칠맛이 훨씬 증폭된다. 감칠맛을 내는 물질은 그 자체가 독특한 맛을 지니지만 다른 물질과 혼합되면 시너지 효과를 발휘한다. 감칠맛을 내는 두 가지 물질이 섞일 때의 혼합 효과는 각각의 물질이 지닌 효과를 합친 것보다 훨씬 강하다. 버섯이 들어간 치즈 버거가 맛있는 이유는 바로 이 때문이다. 쉽게 말해, 버섯이 들어간 치즈 버거는 일부 요리사들이 '감칠맛 폭탄'이라고 부르는 글루탐산염과 구아닐산이나트륨, 이노신산이나트륨이 들어 있기 때문에 그토록 매력적인 것이다.

글루탐산염을 추출하기 시작한 이듬해, 이케다는 글루탐산염을 주성분으로 하는 조미료 제조법의 특허를 출원했다. 이케다는 스즈키제약소의 수장이던 스즈키 사부로스케[鈴木三郎助]와

이 조미료의 생산 및 판매 계약을 체결했다. 스즈키는 일본어로 '향미의 정수'라는 뜻의 '아지노모도(味の素, あじのもと)'를 브랜드 명으로 정하고, 생산 및 유통 체계를 통합한 아지노모도 컴퍼니 를 설립했다. 일본 소비자들은 1909년에 등장한 이 제품에 금세 매료됐다. 아지노모도는 이후 수십 년 동안 중국과 미국 소비자 들에게까지 인기를 끌었다. 20세기 중반에 이르자 다른 많은 회 사들 역시 가수분해 단백질과 자가분해 효모, 토룰라 효모 등 을 포함해 다양한 감칠맛 촉진제들을 자사 제품에 적용하는 데 나섰다. 미국은 1969년 글루탐산염을 5800만 파운드(2만 6300톤) 생산했는데, 그중 대부분은 소매 전용 조미료로 소비자들에게 직접 판매되기보다는 TV 디너나 통조림 수프 같은 가공식품에 사용됐다. 오늘날 미국인들은 1969년에 비해 글루탐산염을 거 의 세 배(1인당 하루 500밀리그램) 정도 소비하며, KFC와 칙-필-에 이(Chick-fil-A) 같은 많은 제조 회사와 패스트푸드 식당에서도 이 물질이 흔히 사용되고 있다.

감칠맛이 이렇게 맛있게 느껴지는 이유는 무엇일까? 달콤한 음식이라고 하면 에너지로 가득한 포도당이 포함되어 있음을 의미하고, 짭짤한 음식이라고 하면 미네랄이 포함되어 있음을 나타내는 것처럼, 연구에 따르면 감칠맛이 풍부한 음식은 생존 하는데 필수적인 다량 영양소 중 하나인 단백질이 존재함을 알 린다. 감칠맛을 느낄 수 있는 능력의 진화론적 기원이 무엇이든

간에 우리는 글루탐산염이 다른 미각 유발 물질들과 유사하게 뇌의 보상회로를 자극한다는 사실을 여러 뇌신경 영상 연구 사례들을 통해 알고 있다. 양수에서도 발견되듯, 인간은 자궁 속에서 이미 글루탐산염에 노출된다. 태어난 뒤에는 모유로 다량의 글루탐산염을 섭취한다. 실제로 인간의 모유에는 젖소의 젖보다 글루탐산염이 열 배나 많이 함유돼 있다.

'맛'은 미각보다 후각이 좌우한다

맛이란 감각적 섭식 경험에서 상대적으로 사소한 요소에 불과하다. 《당신이 놓치고 있는 맛(Taste What You're Missing: The Passionate Eater's Guide To Why Good Food Tastes Good)》의 저자 바브 스터키(Barb Stuckey)는 "어떤 사람들(전문가들)은 우리가 음식을 먹을 때 경험하는 것의 5퍼센트 정도만 미각으로부터 입력된다고 말한다. 나머지 대부분의 감각적 입력은 코로 감지하는 냄새라고 그들은 생각한다"[4]라고 설명했다. 이 말이 무슨 뜻인지 알고 싶다면 눈을 감고 코를 막은 다음 혀에 소금을 뿌려보라. 즉각 맛이 느껴질 것이다. 하지만 소금에는 향미가 없다. 코 없이도 베이컨의 짠맛을 느낄 수 있지만, 냄새 없이는 그 음식이 무엇인지 인지할 수 없다. 음식을 씹으면 미뢰를 자극하는 것 외에 비강(목 뒤와 연결되며 입천장 바로 위에 있는 부분)으로 떠다니는 냄새 기체가 포착된다. 비강 천장에는 특정 냄새 분자에 반응하는 특정 수용기를 포함한 후각상피가 존재한다. 후각 수용기가 자극을 받으면 그 신호가 후각신경을 따라 비강 바로 위, 전두엽 아래 위치한 후각구로 전달된다. 이 신호는 후각구에서 뇌의 다른 영역들로 보내져 육포나 참치 타르타르 같은 우리가 알고 있는 냄새로 해석된다. 수백 개에 이르는 후각 수용기는 미묘하게 다른 복잡한 냄새를 구분해낼 수 있다. 이처럼 맛과 냄새가 합쳐지면서 보통 향미(香味, flavor)라고 알려진 독특한 다중감각적 경험이 형성된다.

향미에는 천연 향미(natural flavor)와 인공 향미(artificial flavor) 두 가지 유형이 있는데, 관련 회사들은 최대한 중독성 있는 제품을 만들기 위해 이 두 가지를 모두 활용한다. 먼저 천연 향미는 조미료 속 분자가 식물이나 동물에게서 발견되는 성분에서 나왔음을 의미하지만, 그렇다고 목표한 맛과 반드시 동일한 재료에서 추출하는 것은 아니다. 예를 들면 해리향(castoreum)은 비버의 엉덩이 부근에 있는 포피선에서 분비되므로 완전한 천연 재료라고 할 수 있는데, 여기서 나온 화합물은 천연 바닐라나 라즈베리 같은 향신료로 사용된다. 인공 향미는 그 분자를 자연에서 추출한 것이 아니라 실험실에서 만들었다는 의미다. 사과, 오렌지, 딸기, 망고 같은 많은 종류의 과일은 에스테르(ester, 일부 향수와 화장품에도 사용된다)라고 불리는 특수 화학 화합물로부터 맛과 향을 얻는다. 향미를 연구하는 과학자들은 카복실산, 알코올 같은 다양한 유기화합물을 활용해 이런 화학물질을 합성함으로써 실제와 구분할 수 없을 정도로 유사한 인공 향미를 만들어낸다. 다시 말해, 천연 향미와 인공 향미를 구분하는 기준은 구조적 합성 여부보다 이런 화학물질의 근원이 무엇이냐에 달려 있다.

마크 샤츠커(Mark Schatzker)가 저서 《도리토 효과(The Dorito Effect)》에서 설명한 대로 향미 기술은 1960년대 들어 크게 발전했다. "사람들은 사과와 체리, 당근, 쇠고기 같은 식품을 특징짓는 화학물질을 잇따라 발견해내면서 그런 물질의 생산 장소를 동식물로부터 공장으로 이전했다. 1965년에는 이런 화학물질의 종류가 700종 미만이었지만, 오늘날에는 2220종 이상에 이른다."[5] 샤츠커는 한 가지 중대한 발명이 없었더라면 향미 과학자들이 그 어느 것도 발견할 수 없었을 것이라고 지적했다. 바로 기체 색층분석법(gas chromatography)이다. 19세기 중반에 개발된 기체 색층분석법 덕분에 현대 화학자들은 개별 화합물을 고유의 끓는점과 극성 같은 특성을 바탕으로 식별하고 구분할 수 있게 됐다. 1955년 최초의 상업용 기체 색층분석 장비를 활용할 수 있게 되면서 과학자들은 다양한 분자들을 형상화하고 제작하는 푸드 아티스트로 자리매김할 수 있었다.

멜라니 워너(Melanie Warner)는 저서 《판도라의 도시락(Pandora's Lunchbox)》에서 이 과정을 흥미롭게 묘사했다. "과학자들은 농작물이 가장 잘 익었을 때 휴대용 기체 색층분석 장비를 들고 농장으로 달려간다. 그들은 딸기나 토마토 또는 후추 같은 작물을 비닐봉투나 유리병에 담아 나중에 등록할 향기(아로마) 기체를 모은다. (중략) 실험실로 돌아가면, 장비로 밝혀낸 결과물을 유사하게 모방하는 작업에 돌입한다."[6] 예를 들어 '델타-도데칼락톤(delta-dodecalactone)'은 버터에서 발견해 마가린에 첨가했다. '시스-3-헥센-1-올(cis-3-Hexen-1-ol)'은 녹색 풀과 잎을 막 잘랐을 때 나는 냄새를 연상시키는 강한 냄새 때문에 '녹색 잎 알코올(leaf alcohol)'로도 알려져 있으며, 식물에서 추출해 모든 유형의 과일 관련 상품에 첨가하고 있다. 이런 목록은 끝이 없다. 그 동기도 분명하다. 조미료업계는 식품 회사들과의 거래로 매년 수십억 달러의 수익을 창출한다. 식품 회사들 중 상당수가 설탕과 글루탐산염 같은 감미제에 의존한다는 것은 잘 알려져 있는 사실이다. 세계에서 가장 큰 향미 · 향료 회사인 지보단(Givaudan)의 수석 조향사(식품향료 연구자)가 설명한 대로, 복잡한 가공 과정을 거치다 보면 많은 식품들이 고유의 향미를 잃게 되므로 식품 과학자들은 "뒤로 돌아가 대자연이 의도한 맛을 만들어야 한다."[7]

육류도 향미 증진의 마법에서 예외가 아니다. 글루탐산염 공급업체인 아지노모도는 1989년 또 다른 마법의 성분을 찾아냈다. 이 회사의 과학자들은 마늘의 물 추출물을 중국식 수프와 카레 수프에 첨가했더니 추출물 고유의 특별한 맛이 나지 않으면서 고기의 향미를 높일 뿐 아니라 "지속성, 맛깔스러움, 진한 맛까지"[8] 더할 수 있었다고 밝혔다. 이 같은 효과를 유발한 핵심 화합물을 찾아내기 위해 마늘의 물 추출물을 색층분석한 끝에 글루타티온이라는 단백질을 찾아냈다.

아지노모도는 자체적으로 향미가 없는 화합물임에도 불구하고 다른 물질들과 결합해 향미를 높이는 이런 효과를 '고쿠미(kokumi, '깊은 맛이라는 뜻')'라고 불렀는데, 영어로는 '풍부함(heartiness)' 또는 '맛깔스러움(mouthfulness)' 등으로 번역되기도 한다. 이후 식품 과학자들은 칼슘, 프로타민, 효모 추출물, L-히스티딘 등 다른 고쿠미 유발 화합물을 육류에 적용하기 시작했다. 샤츠커는, "당신이 최근 식당에서 치킨 윙을 먹은 적이 있다면 (중략) 당신이 듣도 보도 못한 10억 달러 규모의 다국적 대기업이 당신의 고쿠미 수용기를 자극했을 가능성이 무척 높다"[9]고 했다.

맥도날드 치킨 너깃을 만드는데 사용되는 성분들을 잠시 살펴보자. 뼈 없는 흰 닭고기, 물, 식물성 오일(카놀라유, 옥수수유, 대두유, 수소화 대두유), 강화 밀가루(표백 밀가루, 나이아신, 환원철, 티아민 모노니트레이트, 리보플라빈, 엽산), 표백 밀가루, 황옥수수가루, 식물성 전분(변성 옥수수, 밀, 쌀, 완두콩, 옥수수), 소금, 발효제(베이킹소다, 알루미늄 인산나트륨, 산성피로인산나트륨; 젖산칼슘, 인산일칼슘), 향신료, 효모 추출물, 레몬즙 고형분, 포도당, 천연 조미료 등. "100퍼센트 닭고기로 만들며 인위적 색소나 조미료, 방부제를 사용하지 않는다"[10]는 맥도날드의 주장에도 불구하고 치킨 너깃에는 닭 외에도 많은 것들이 들어가 있는 듯하다.

문제는 식품인류학자 비 윌슨(Bee Wilson)이 설명한 대로 맛과 향미 증진제가 풍부한 식품은 많이 먹을수록 더 갈망하게 된다는 데 있다. "먹는 법을 배운다고 생각하는 사람은 많지 않습니다. 태어나면서 숨 쉬는 법을 터득하듯 먹는 법도 선천적으로 아는 것 중 하나라고 생각합니다. 하지만 그건 사실이 아닙니다. 먹는 것은 유아기 이후 쉼 없이 배우는 매우 복잡한 기술의 연속이라는 사실이 밝혀졌습니다. 그런데 우리가 먹는 법을 배우는 주된 방식은 노출을 통해서입니다. 과학자들이 이미 오래전부터 알았듯, 우리가 좋아하고 싫어하는 것은 대부분 그동안 우리가 노출되어온 특정 향미들이 기능한 데 따른 결과입니다."[11]

사회심리학자들은 이 현상을 '단순노출 효과(mere-exposure effect)' 또는 '친숙성 원리(familiarity principle)'라고 부른다. 친숙한 것을 선호하는 인간의 성향을 설명하기 위해 사회심리학자 로버트 자욘스(Robert Zajonc)가 1968년 정립한 용어다. 후천적으로 커피와 와인, 맥주 등의 쓴맛을 좋아하게 되는 현상은 특정한 맛에 반복적으로 노출되다 보면 기호가 변할 수도 있음을 직관적으로 보여준다. 이 같은 내용은 실제 연구에서도 입증된 바 있다. 독창적인 한 연구에서 자욘스는 피실험자들에게 여러 가지 모양을 무작위로 연이어 보여주었다. 여러 모양이 너무 빠르게 깜빡이는 바람에 같은 모양이 반복됐는지조차 식별하기 어려울 정도였다. 나중에 피실험자들에게 어떤 모양이 가장 마음에 들었는지 묻자, 그들은 많은 모양들을 제대로 인식하지 못했음에도 불구하고 가장 많이 노출된 것을 선택하는 경향을 보였다.

과학자들은 계속해서 식용 물질의 단순노출 효과를 연구했다. 일반적으로 사람들은 잘 모르는 향미는 꺼리는 반면 이미 익숙한 것은 점점 더 좋아하는 경향을 보인다. 2009년 시행된 한 연구에서는 21~24개월 유아들을 두 권의 책 중 하나에 매일 노출시켰다. 두 책에는 아이들에게 친숙한 음식 두 가지와 친숙하지 않은 음식 두 가지가 각각 그려져 있었다. 2주 동안 각자에게 배정된 책을 본 아이들을 기호 테스트에 참여시켰다. 그동안 아이들은 책을 통해 네 가지 음식 중 두 가지에 노출된 상태였다. 예상대로 아이들은 이미 친숙해진 음식을 더 빨리 맛보려는 경향을 보였다. 이후로도 친숙함과 기호의 관련성을 확인하려는 연구는 계속됐다.

비 윌슨이 저서 《식습관의 인문학(First Bite: How We Learn to Eat)》에서 밝힌 대로, "아이들을 과일과 채소에 노출시켜야 하는데도 불구하고 이제는 아이들뿐 아니라 많은 성인들까지 평생 '애들 음식' 버전, 즉 달고 짜고 씹어 삼키기 편하고 심하게 가공된 음식을 먹는 데 점점 더 익숙해지고 있다. 평범한 식당 체인점에서 흔히 제공되는 메뉴들만 봐도, 성인들이 외식할 때 아이들처럼 달고 짠 갈비나 빵가루를 입힌 치킨, 치즈 파스타 같은 입이 즐거운 음식을 선호한다는 것을 알 수 있다.”[12]

바꿔 말하면, 최근 인기 있는 메뉴로 꼽히는 어린이 메뉴에 가까운 음식들이 성인들마저 점점 미성숙한 세계로 몰아가고 있다. 우리 부모님이 60대가 되기까지 아보카도를 먹어본 적 없으며, 그 맛을 좋아하지 않는 이유도 이를 통해 설명할 수 있다. 오로지 맛을 북돋는 데 치중해서 만들어진 제품과 최대 '행복'을 목적으로 처방된 조미료로 미뢰를 폭격하다 보니 과카몰리 같은 음식은 상대적으로 맛이 밋밋하거나 거부감마저 느껴지는 것이다.

고기가 맛있는 이유, 마이야르 반응과 지방의 산화

과학자들은 맛을 증진시키고 향미를 강화하기 위해 육즙만 짜내는 것이 아니다. 수많은 식물성 가공식품도 이들이 주목하는 대상이다. 여기서 우리는 한 가지 의문이 생긴다. 우리를 매료시키는 육류만의 특별한 향미는 어떤 것일까?

맛과 관련된 이 질문의 해답을 구하는 길은 다양하지만, 그 모든 길은 먼저 루이 카미유 마이야르(Louis Camille Maillard)라는 프랑스 의사이자 화학자를 거쳐야 한다. 마이야르는 육류가 아니라 요소 대사와 신장 장애 연구로 유명해진 인물이다. 그는 설탕과 아미노산을 함께 가열하면 그 혼합물이 갈색으로 변한다는 사실을 발견했다. 제2차 세계대전이 발발한 후 군인들이 갈색 음식이 맛없다고 불평하면서 사람들은 비로소 마이야르 반응과 향미 사이의 관계를 깨닫기 시작했다. 결국 과학자들은 입에 당기지 않는 맛과 색깔의 변화가 마이야르 반응 때문이라는 결론을 내렸다. 처음에는 이 반응을 방지하기 위한 연구에 몰두했는데, 머지않아 향미 증진제(조미료)로서의 가능성을 발견하게 된다.

아미노산과 단당류의 전위를 연구한 사람이라면 누구나 예상할 수 있듯, 꽤 복잡하지만 그 결과는 아주 단순하다. 우리가 맛있다고 느끼는 독특한 '고기 맛' 향미가 만들어진다. 이 향미는 일반적으로 섭씨 140도 이상에서 발생하는 마이야르 반응에서 생성된 1000여 개 이상의 새로운 분자들에서 비롯되며, 이 과정이 없으면 고기 맛이 떨어지는 것처럼 느껴진다. 이것은 이미 여러 실험에서 입증됐듯이, 선택권이 주어졌을 때 쥐와 침팬지 같은 동물들도 일관되게 날고기보다는 익힌 고기를 선택하는 이유의 하나이기도 하다. 마이야르 반응은 팝콘과 초콜릿, 맥주 같은 다른 음식들의 전체적인 향미를 끌어올리는 역할도 하지만, 무엇보다 강력한 효과는 두말할 것도 없이 육류에서 일어난다. 부드러운 스테이크, 육즙이 풍부한 구운 햄버거, 노릇노릇하게 튀긴 치킨 윙 등에 우리가 매료되는 이유 중 하나도 마이야르 반응 때문이다. 그러나 지나칠 경우 아크릴아미드, 푸란 같은 발암성 물질을 포함한 위험한 화합물을 만들어내 음식이 건강에 매우 해로워질 수도 있다.

육류가 맛있는 또 하나의 이유는 자연적으로 발생하는 지방의 특별한 조합에 있다. 익힌 육류의 향에 영향을 미치는 다양한 요소들이 밝혀졌지만, 과학자들은 다른 성분들 중에서도 지방의 영향이 가장 크다는 사실을 발견했다. 지방은 단백질과 탄수화물에 비해 그램당 두 배 이상의 열량을 지녀 인간의 진화에 매우 중요한 영향을 미쳤다. 지방의 조합과 그에 따른 맛은 여러 요인들에 따라 달라진다. 그중에서도 소, 닭, 돼지 등 육류의 종과 곡물이냐 풀이냐 등 먹이가 무엇인지가 가장 중요하지만, 이런 차이를 차치하더라도 결과는 동일하다.

고기를 조리하면 마이야르 반응 외에도 지방이 산화하기 시작하면서 맛있는 향을 배출한다. 고기 맛을 결정하는 데는 자연적으로 만들어지는 글루탐산염뿐만 아니라 작지만 매우 다양한 요소들이 영향을 미친다. 이들이 한데 어우러지면서 다른 식품에서는 찾아보기 어려운 방식으로 우리의 미각을 즐겁게 하는 감각적 경험이 이뤄지는 것이다. 소금과 설탕, 지방, 감칠맛을 유발하는 인자에다 자연에서 추출했든, 실험실에서 합성했든 다양한 조미료가 더해지면 우리가 고기를 거부하는 것은 불가능해진다.

그러나 산업형 축산으로 일정한 맛을 유지하기가 쉽지 않은 것 또한 사실이다. 거북이, 비버, 뱀장어 등은 한때 북아메리카 식단에서 사랑받던 식재료였지만 지금은 요리 역사의 뒤안길로 사라졌다. 지금 우리가 선호하는 소, 돼지, 닭 등의 육류에 대해서도 언젠가 이런 일이 일어나지 않으리라는 보장이 없다. 애써 키운 가축들이 일시적으로 유행하는 먹거리로 전락하지 않도록 하기 위해서 산업형 축산업계는 영리한 광고와 맛 조작을 넘어 진실한 해법을 찾아야 한다.

Chapter 8

산업계의 속임수

나도 다른 사람들과 다를 게 없다.
수요를 채워주는 것이 내가 하는 일의 전부다.

알 카포네(Al Capone)

자조금, 축산 농가의 방패인가 짐인가

2018년 가을 어느 날, 별생각 없이 내 페이스북 뉴스피드를 훑어보다가 온라인 경제지 〈쿼츠(Quartz)〉에 실린 특이한 포스트를 하나 발견했다. 이 포스트에는 우리가 이상적인 농부의 모습이라고 생각하는 그대로 카우보이모자를 쓰고 말을 탄 건장한 남자의 사진과 함께 "소의 탄소 배출에 대한 해법이 여기 있습니다. 쇠고기를 덜 먹는 것만이 해답은 아닙니다"라는 제목의 기사가 소개되어 있었다. 그렇고 그런 얘기려니 하면서도 병적인 호기심 때문에 나는 기사를 클릭했다. 내용을 간략하게 소개하면 다음과 같다.

소 사육은 오랫동안 미국 농업계의 근간이었으며, 최근에는 91만 3000곳 이상의 소 농장이 미국 전역에서 운영되고 있다. 미국 농장 전체의 40퍼센트 이상을 점유한 것이다. 해가 갈수록 수입과 수출이 늘어남에 따라 쇠고기 공급망은 세계 전역으로 확장되고 있다. 전 세계에서 축산업으로 생계를 유지하는 사람들은 대략 10억 명 이상이며, 축산업이 세계 단백질 소비에 기여하는 비중은 33퍼센트가 넘는다. 최근 기후 변화에 대한 우려가 가중되면서 전 세계적으로 축산에서 비롯되는 탄소 배출을 정량화하고 줄이는 데 대한 관심도 함께 커지고 있다. 전 세계 축산업계의 온실가스 배출량은 전체의 14.5퍼센트를 점유한다. 쇠고기 생산 부문에서만 전체의 6퍼센트가 배출되고 있다. 환경에 끼치는 최악의 영향을 완화하려면 효율성을 높이는 것도 중요하지만, 쇠고기 산업이 환경과 인간 복지에 긍정적으로 기여하는 방식을 이해하는 게 필요하다. 이 문제를 둘러싼 '데이터'야말로 해결책을 수립하는 데 유익한 도움을 줄 것이다.[1]

햇빛을 받으며 나부끼는 밀밭과 탁 트인 대지에서 여유롭게 풀을 뜯는 소들이 어우러진 목가적인 풍경과 함께 다채로운 대화형 차트와 지도로 표현된 이 '데이터'가 이야기하려는 결론은 하나다. "나머지 세계는 미국의 쇠고기 생산 효율성을 따라잡지 못했다." 기사의 설명은 이어진다. "만약 그럴 수 있었다면, 탄소 배출량은 훨씬 적어졌을 것이다." 글쓴이들은 다음 두 가지를 권고했다. 첫째 "미국의 광범위한 곡물 비육 쇠고기(grain-finishing beef) 관행"을 지지하고, 둘째 "지속가능한 강화(sustainable intensification)라고도 불리는 농업 생산의 효율"을 증대하자는 것이다.

〈쿼츠〉가 이런 말도 안 되는 결론의 기사에 자사의 평판을 걸었다는 사실이 놀랍지만, 그래도 더 깊이 살펴보기로 했다. 이 기사는 '협찬', 즉 누군가가 〈쿼츠〉의 상징 아래 부각되기 위해 대가를 지불한 게 틀림없어 보였다. 아니나 다를까 하단에 이런 면책 문구가 있었다. "이 기사는 미국육우목축협회를 대신하여 작성됐습니다."

미국육우목축협회(NCBA)는 미국 쇠고기 생산업자들의 동업자 단체다. 미국양계협회(NCC)와 미국양돈협회(NPB), 미국육가공협회(AAMP)처럼 육류 산업의 이익을 보호하기 위해 설립된 다양한 단체들 중 하나다. 산업형 목축 단지의 식품 회사들뿐만 아니라 이런 단체들은 우리를 꾀어 구렁텅이로 몰아넣기 위해 또 어떤 전술을 구사하고 있을까?

산업형 축산업계의 유명한 마케팅 문구가 있다. 미국인이라면 누구나 이 문구를 한 번쯤 들어본 적 있을 것이다. "쇠고기. 저녁을 위한 식품(Beef. It's What's for Dinner)." 한 조사에 따르면, 미국 성인의 거의 90퍼센트가 이 문구를 들어본 적 있다고 했다. 광고 역사상 가장 성공한 슬로건 중 하나라고 할 만하다.

육우산업협회(BIC)는 1992년 이 광고를 선보였다. 두 개의 축약 문장이 전혀 어색하지 않게 이어지는, 시선을 사로잡는 이 문구는 TV와 라디오 광고에 방송되며 폭발적인 반향을 일으켰다. 영화배우 로버트 미첨(Robert Mitchum)의 내레이션 속에 웅장한 컨트리뮤직을 배경으로 등장하는, 미국 전역에서 생산된 다양하고 맛 좋은 쇠고기들이 시청자들의 시선을 유혹했다. 2년에 조금 못 미치는 기간 동안 진행된 첫 광고 캠페인에는 총 4200만 달러의 비용이 들었다. 그리고 2017년 다시 광고가 시작됐다. 달라진 시대 상황을 감안해 변화가 가해지고 슬로건도 바뀌었다. 처음만큼 성공적이지는 않지만 이 문구 역시 지금까지 영향력이 지속되고 있다. 바뀐 문구는 이렇다. "쇠고기. 당신이 원하는 식품(Beef. It's what you want)." "고단백 쇠고기 지대에서 단백질의 힘을 발견하세요(Discover the Power of Protein in the Land of Lean Beef)." 저널리스트 알렉산드라 브루얼(Alexandra Bruell)이 〈월스트리트 저널(Wall Street Journal)〉에 기고한 글의 한 대목을 보자.

미국육우목축협회의 소셜미디어 캠페인은 동요 〈올드 맥도널드 해드 어 팜(Old MacDonald Had a Farm)〉을 연상시키는 문구와 내레이션 같은 향수를 자극하는 요소들을, 오늘날의 육우 농민과 농장주들이 사용하는 기법에 대한 현대식 스토리라인과 결합시켰다.[2]

브루얼은 연구와 판촉, 광고를 포함해 부활된 광고 캠페인에 협회가 지출한 마케팅 예산이 3000만 달러에 이를 것으로 추정했다. 그럼, 그 많은 돈은 정확히 어디에서 나온 것일까?

수상 경력을 자랑하는 다수의 광고 캠페인을 제작하는데 주도적 역할을 한 프로그램들을 '자조금(checkoffs) 프로그램'이라고 부른다. "돼지고기, 또 다른 백색육(Pork. The Other White Meat)", "미국 땅에서 자란 미국 양고기(American Lamb from American Land)", "놀라운, 식용 계란(The Incredible, Edible Egg)", "오, 치즈의 힘이여(Ahh, the Power of Cheese)", "우유 있어?(Got Milk?)", "우유 수염(Milk Mustache)", "우유 : 신체를 건강하게(Milk : It Does a Body Good)" 같은 광고 문구로 미국인들에게 친숙한 광고들은 모두 자조금 프로그램의 지원을 받아 제작됐다.

자조금이란 판매된 제품에 붙어 있는 의무적 세금이라고 생각하면 된다. 특정 회사나 브랜드를 홍보하는 광고와 달리 육류와 낙농, 계란처럼 하나의 큰 범주로 묶이는 제품을 홍보하기 위해 여러 생산자 집단이 협력하는 것이기 때문에 광고에서 전달하려는 메시지는 포괄적일 수밖에 없다. 농민들은 생산량에 따라 특정 비율을 국가기금에 지불해야 한다. 예를 들어, 현재 쇠고기 자조금 프로그램은 농장주에게 소 1두당 1달러를, 돼지고기의 경우 생산자에게 가격 100달러당 0.40달러를, 양고기의 경우 생산자와 사육자에게 파운드당 0.007달러를 지불하도록 요구한다. 농무부 장관이 임명한 업계 이해관계자로 구성되며 22개 자조금 프로그램을 감독하는 농무부 소속 기관인 농업마케팅서비스(AMS)가 관할하는 이사회에서 이 기금의 일부를 각주와 지역 산업 단체들에 배당하고 연구와 교육, 마케팅에 지원할 금액도 결정한다.

그렇다면 자조금 프로그램은 얼마나 효과적일까? 추정치의 편차가 큰 편이지만, 자조금 프로그램에 대한 가장 포괄적인 연구 사례 중 하나에서는 2006~2013년 쇠고기 자조금 프로그램에 투자된 1달러가 쇠고기 산업에서 11.20달러의 가치를 창출했다고 결론지었다. 이 보고서는, 만약 자조금 프로그램이 없었다면 국내와 해외의 쇠고기 총수요가 각각 11.3퍼센트, 6.4퍼센트 감소했을 것이라고 추정했다. 한편 미국양돈협회는 "2017년 돼지고기 자조금 프로그램의 투자수익률 분석에서 투자액 1달러당 생산자 가치가 25달러 향상됐다"[3]는 자체 웹사이트 내용을 인용하며 실제 수익률은 훨씬 높다고 강조했다.

그러나 발표된 투자 효율이 과도하게 높다는 시각도 존재한다. 다수의 독립 축산 농가들은 그 혜택이 공평하게 나뉘지 않는 점을 지적한다. "자조금 프로그램은 내게 도움이 되지 않았다." 미네소타의 양돈 농장주 로드니 스칼벡(Rodney Skalbeck)이 〈인 모션(In Motion)〉과의 인터뷰에서 한 말이다. "돼지고기 판매에는 도움이 될지도 모르지만, 포장업자와 소매업자들이 그 돈을 쥐고 있을 뿐이어서 농민들의 수입은 점점 더 줄어들기만 한다. 돼지고기 자조금 프로그램은 분명히 실패다."[4] 또 다른 농부 크리스 피터슨(Chris Petersen)은 〈디모인 레지스터(Des Moines register)〉 신문에 보낸 기고문에서 이렇게 주장했다. "이 나라에서 전통적 돼지 사육에 종사하던 농민들의 94퍼센트가 사라졌다. 이 농민들은 산업형 농업과 미국의 독립된 식품 생산자보다는 공장식 농장에 유리한 자조금 프로그램 같은 정책 때문에 더 압박을 받았다."[5] 단 4곳의 회사에서 미국에서 유통되는 쇠고기의 85퍼센트를 생산한다. 쇠고기 홍보 캠페인은 소비자들로 하여금 공장식 농장에 의존하는 다국적 대기업의 쇠고기를 기피하고 비용이 많이 들더라도 자연방목*으로 소를 키우는 독립 농가들의 쇠고기를 선택하도록 유도하는 데 아무런 도움이 되지 않는다.

독립 양돈 농가들이 연합해 돼지고기 자조금 프로그램을 폐지시키기 위해 '가족농을 위한 캠페인'을 펼친 이유도 여기에 있다. 2000년 3만 명 이상의 양돈 농민들이 투표를 통해 53퍼센트 대 47퍼센트로 의무적 돼지고기 자조금 프로그램을 폐지해야 한다는 결론에 이르렀다는 내용의 청원서를 정부에 제출했다. 하지만 당시 신임 농부무 장관이던 앤 M. 베너먼(Ann M. Veneman)은 투표 절차에 문제가 있었음을 지적하며 이 같은 결과

---

* 자연방목은 사실 잘못된 표현이다. 공장식 농장을 포함해 식용으로 사육되는 모든 소는 목초지에서 일 년 남짓 시간을 보낸다. 그리고 일반적으로 사육 소들은 마지막 6~8개월 동안 사육장에서 보내며, 이때 체중을 최대로 늘리기 위해 곡물 위주의 사료를 먹인다. 반면에 자연방목 소는 마지막까지도 목초지에서 풀을 먹는다.

를 수용하지 않았다. 그러자 〈뉴욕 타임스〉 편집위원회는 다음
과 같이 자조금 프로그램의 폐지를 지지하는 신랄한 내용의 칼
럼을 게재했다.

양돈 산업의 급격한 변화를 감안할 때 (자조금 프로그램은) 더 이
상 의미가 없다. 양돈법(Pork Act)이 통과된 1985년에는 미국 전역
38만 8000곳의 농가에서 5200만 마리의 돼지를 사육했다. 그러
나 지난해(2001년)에는 8만 2000곳에도 미치지 못하는 농장에서
거의 6000만 마리의 돼지를 사육했다. 오늘날 양돈 산업은 공장
식 농장들이 독점하고 있으며, 돼지를 키우는 가족농은 드물다.[6]

다수표에 투표한 사람들은 유쾌할 리 없었다. "베너먼 장관
은 우리에게서 등을 돌려버렸어요." 아이오와의 돼지 농장주 마
크 맥도웰(Mark McDowell)은 이렇게 완곡하게 표현했다. "수많은
양돈 농가들은 늘 그래 왔듯이 투표 결과 과반수 이상의 의견이
모이면 30일 이내 자조금 프로그램이 폐지될 것으로 믿고 표를
던졌습니다. 그런데 베너먼은 아무런 대응도 하지 않고 있습니
다. 이는 우리가 앞으로도 계속 매주 100만 달러씩 내야 한다는
뜻입니다. 우리는 돼지고기 자조금 프로그램을 지지하지 않습
니다. 베너먼은 이 제도를 폐지해야 합니다." 하지만 결국 서로
의 합의로 이 의무 프로그램은 이후로도 계속 유지되고 있다.

면화에서 수박에 이르기까지 모든 종류의 상품에 자조금 프로그램이 시행되고 있는데, 축산업의 혜택이 전반적으로 불균등한 것은 사실이다. 자조금 프로그램을 통해 매년 적립되는 8억 5000만 달러의 기금 중 거의 절반이 미국낙농진흥&연구위원회(NDPRB)에 지급되고, 약 1억 달러가 양고기와 쇠고기, 돼지고기 자조금 프로그램에 투입된다.

한편 자조금 프로그램이 적용되는 대표적인 몇몇 식물성 식품으로는 아몬드, 버섯, 망고, 수수, 수박, 땅콩, 라즈베리, 팝콘, 블루베리, 감자, 대두 등이 있다. 단, 미국에서 재배되는 대두의 70퍼센트는 동물 사료로 사용되므로 대두는 사실상 산업형 축산업의 일부에 해당한다. 이외에 병아리콩과 토마토, 브로콜리 등 다른 모든 품목은 정부 프로그램이 아닌 민간 부문의 기금을 지원받는다. 몇몇 예외를 제외하면(한 예로 하스아보카도위원회의 예산은 5000억 달러가 넘는다) 각 부문의 프로그램은 예산이 너무 적어서 소비를 촉진하기 위한 마케팅 예산을 충분히 지원할 수 없다. 예컨대 미국망고협회, 버섯협회, 하이부시블루베리협회, 미국수박진흥협회의 예산을 모두 합쳐도 산업형 축산업 예산 규모의 1/4 수준이다.

그렇다면 미국 청과업계는 왜 자체적인 통합 자조금 프로그램을 운영하지 않는 것일까? 사실 2009년 1차 취급자와 수입업자에게 0.046퍼센트의 자조금을 부과함으로써 3000만 달러 규모의 기금을 조성하자는 제안이 있었지만 농민들이 결국 이를 거부했다. 여기에는 5억 달러도 더 되는 육류, 계란, 낙농협회의 기금 규모에 비하면 새 발의 피도 안 된다는 우려도 한몫했다.

자조 기금은 정치적으로 중립적이며 연구와 홍보, 교육 목적으로만 사용된다. 그러나 적절한 감독이 뒷받침되지 않으면 그 경계가 모호해질 수밖에 없다. 정부 정책에 영향력을 행사하기 위해 의심스러운 곳에 사용될 수도 있다. 예를 들어, 쇠고기 자조단체는 2021년 8월 〈월스트리트 저널〉에 전면광고를 실어 "미국의 모든 가축을 없애고 모든 미국인이 채식 식단을 따르더라도 줄어드는 온실가스 배출량은 고작 2퍼센트 정도이며, 전 세계적으로는 0.36퍼센트에 불과합니다"[7]라고 주장했다. 이들의 터무니없는 주장에 숨어 있는 의도는 분명하다. 기후 과학에 의문을 제기해서 축산업계에 유리한 여론을 조성함으로써 앞으로의 정부 활동을 압박하기 위한 것이다.

다음으로, 미국 휴메인 소사이어티(Humane Society)와 지역사회 개선을 위한 아이오와 시민단체와 독립 돼지 농장주 하비 딜렌버그(Harvey Dillenburg)가 농무부와 당시 장관이던 톰 빌색(Tom Vilsack, 바이든 행정부에서도 다시 농무부 장관을 맡았다)을 상대로 2012년 제기한 소송 사건을 생각해보자. 이들은 1986년부터 2001년까지 "돼지고기 또 다른 백색육"이라는 마케팅 슬로건을 내건 미국돼지고기생산자협의회가 관련 상표권을 미국양돈협회에 판매하는 방식으로 로비 자금의 일부를 조달해왔다고 지적했다. 뿐만 아니라 20년에 걸쳐 3500만 달러라는 엄청나게 부풀려진 금액과 이자를 미국양돈협회에서 지불하기로 동의하고 이를 농무부도 승인했다고 주장했다. 농업경제학자이자 양돈협회 컨설턴트인 스티브 마이어(Steve Meyer)가 후하게 평가한 이 슬로건의 가치보다 두 배 이상 많은 금액이다. 게다가 이 슬로건은 2011년 "돼지고기 : 활력을 불어넣다(Pork : Be Inspired)"라는 슬로건으로 대체됐다. 2018년 2월 워싱턴 D.C.의 한 연방지법은 "'또 다른 백색육' 슬로건을 포함한 상표는 쓸모없는 것으로 판명됐고, 실제 사용도 중단됐다. 따라서 그 가치는 미미하거나 산정하기가 쉽지 않다"고 진술하면서 기존 지불 과정에 문제가 있으므로 양돈협회는 돼지고기생산자협의회에 더 이상의 지불을 중단해야 한다고 판결했다. 그러나 2019년 8월 법원은 "자조기금을 오남용해 '돼지고기 가격'에 '영향을 주었다'는 징후는 없다"며 판결을 뒤집고 소송을 기각했다. 그럼에도 불구하고 자조 기금 운용 주체와 로비 활동 주체 사이의 밀월 관계는 누가 봐도 자명하다.

사실 자조금 프로그램의 예산은 산업형 축산업계의 총매출과 시장가치에 비하면 보잘것없는 수준이다. 비영리 축산업 동업자협회인 북미육류협회(NAMI)에 따르면, 적색육과 가금류 산업의 매출은 연간 1조 200억 달러에 이른다. 미국 국내총생산

(GDP)의 거의 6퍼센트에 해당하는 규모다. 최근 보고서에서 미국 과일 및 채소 시장 규모를 1047억 달러로 추정한 것과 비교하면 주목할 만한 수준이다. 그랜드뷰 리서치(Grand View Research, Inc.)는 최근 발간한 보고서에서 해산물을 포함한 세계 육류 시장의 규모가 2025년 7조 3000억 달러에 이를 것으로 예측했다. 식품 저널리스트 디나 생커(Deena Shanker)가 〈쿼츠〉에서 언급했듯, "이 같은 엄청난 규모는 곧 정치적 영향력을 의미한다."[8] 정치감시단체인 대응정치센터(CRP)에 따르면, 적색육 및 가금류 산업계는 2016년 정치 캠페인에 1100만 달러를 기부했고, 연방 정부 로비에도 800만 달러를 지출했다.

이 많은 돈이 어떻게 영향력으로 전환됐는지 알아보기 위해 아이오와의 양돈 산업을 살펴보자. 호크아이(Hawkeye State, 원주민 추장 블랙 호크에서 유래한 아이오와의 별칭 - 옮긴이)의 돼지 두수는 주민 수보다 일곱 배나 많으며, 8400만 명 분량의 폐기물을 배출한다. 이는 캘리포니아, 텍사스, 일리노이를 모두 합친 것보다 많은 양이다. 아이오와는 현재까지 미국에서 가장 큰 규모의 돼지고기 생산지로, 미국 전체 돼지의 1/3을 사육하고 있다. 이곳에서 가장 큰 농장으로 아이오와 셀렉트 팜(Iowa Select Farms)이 있다. 농장 소유주인 제프 핸슨(Jeff Hansen)은 아이오와 주지사 킴 레이놀즈(Kim Reynolds) 선거운동에 30만 달러를 지원한 것을 포함해 지역 정치인들에게 아낌없이 기부했다. 지역 월간지 〈복스

〈Vox〉〉는 COVID-19 팬데믹이 중서부를 휩쓸었을 때 레이놀즈 주지사가 "핸슨 같은 농장주들을 우선시해서 시설을 계속 개방하도록 해주는 바람에 출하 가축이 너무 많아져 수백만 달러의 손실을 유발했다"[9]고 대대적으로 폭로했다. 2020년 7월, 아이오와 셀렉트 팜 본사에서 COVID-19가 창궐했을 때도 레이놀즈 주지사는 겨우 32명에 불과한 본사 직원들을 검사하기 위해 신속대응팀을 즉각 파견했다.

2002년 프런트라인(Frontline, 미국의 탐사보도 프로그램 - 옮긴이)에서 소개한 심층 다큐멘터리 〈모던 미트(modern Meat)〉의 공동 제작자 중 한 사람인 스티브 존슨(Steve Johnson)은 "육류업계는 국회의원들에게 줄을 대고 영향력을 행사하기 위해 다수의 의원들에게 많은 돈을 뿌리는 전통적 방식(다수의 대기업들이 활용하던 방식) 대신에, 육류업계의 이익에 직접적으로 영향력을 행사할 수 있는 소수의 핵심 의원들과 규제기관을 표적으로 삼는다"[10]고 주장했다. 존슨은 산업형 축산업계가 의회에 어떻게 영향력을 행사하는지 보여주는 널리 알려진 사례를 소개했다. 이 사례는 1993년 '잭 인 더 박스'(Jack in the Box, 미국 햄버거 체인 브랜드 - 옮긴이) 햄버거 대장균 감염 사건 이후 벌어진 일련의 사건들과 관련이 있다.

732명이 미국 서부의 잭 인 더 박스 매장들에서 구입한 오염된 쇠고기 패티를 먹고 대장균에 감염됐다. 안타깝게도 피해자는 대부분 어린이들이었다. 농무부는 논란에 대응하기 위해 새로운 식품 안전 규정을 도입할 것을 제안했지만, "육류업계는 주요 세출 위원 중 한 사람에게 새 규칙 제정 과정을 멈출 수정안 발의를 설득하는 식으로 새 규정의 시행을 늦추려고 했다"고 존슨은 기술했다. 이때 선택된 의원은 업스테이트 뉴욕 출신의 공화당 하원 의원 제임스 월시(James Walsh)다. 월시는 1988년 이후 육류 및 식품업계로부터 선거운동 기부금 명목으로 6만 6000달러를 받았다. 월시는 새 식품 안전 규정을 연구하고 평가하려면 더 많은 시간이 필요하다는 구실을 대며 9개월이나 새 프로그램의 도입을 의도적으로 지연시켰다. 그동안 소위원회 보고서에 추가한 문구는 겨우 한 단락에 불과했다.

육류와 가금류 검사 업무를 관장하는 농무부 식품안전&검사 서비스(FSIS) 검사관들은 "쿡쿡 찔러보고 냄새를 맡는" 방식으로 일했다. 글자 그대로 고기를 만지고 냄새를 맡고 찔러보면서 오염된 부분과 신선한 부분을 구분했다. 많은 병원균과 미생물을 냄새와 육안으로 감지해낼 수 없다는 점을 감안하면 이런 방식으로는 사실상 오염된 고기를 구분하는 것이 불가능하다. 새로 제시된 검사 프로그램에 대해 업계에서 가장 심하게 반대한 것은 다진 쇠고기의 살모넬라균 기준치 초과량을 엄격하게 검사하겠다는 부분이었다. 업계에서는 이 검사 방식이 실제로 적용하기에 적절한 과학적 척도가 아니라고 주장하며 반대했다. 〈워싱턴 포스트(The Washington Post)〉는 월시가 추가한 내용의 초안은 사실 미국육류협회의 로비스트 필립 올슨(Philip Olssen)이 작성한 것이라고 보도했다.

수정안에 반대하는 소비자보호 운동가들과 신문 사설의 공개적 항의가 빗발치자 월시와 당시 농무부 장관이던 댄 글릭먼 (Dan Glickman)은 합의에 도달했다. 수정안을 폐기하고 살모넬라균 검사를 진행하는 대신에 육류업계가 공개 공청회에서 우려를 표명할 수 있도록 허용한다는 내용이었다. 1998년 정부는 마침내 '병원체 감소/위해요소 중점관리기준(PR/HACCP)'이라는 완전히 새롭게 설계한 육류 검사 시스템을 공개했다. 원래 미국 항공우주국(NASA)이 비행 중 우주비행사들을 보호하기 위한 목적으로 개발한 PR/HACCP 프로그램은 폭넓은 미생물 샘플링과 분석을 포함해 식품 안전을 보장하는 과학적 접근법이다. 건강을 염려하는 사람들은 반색했지만, 아직 산업형 축산업계가 수건을 던질 때는 아니었다.

재대결의 기회는 텍사스에 본사를 둔 육류 가공 회사 수프림 비프 프로세서(Supreme Beef Processors Inc.)를 통해 이루어졌다. 1999년 12월, 공장 중 하나가 8개월 동안 세 번이나 PR/HACCP의 살모넬라균 검사를 통과하지 못했다. 한 검사에서는 제품의 47퍼센트가 오염됐다는 결과가 나왔다. 당시 이 회사는 저렴하게 또는 무료로 학생들에게 점심을 제공하는 연방 지원 급식 프로그램인 미국 학교 점심 급식 프로그램(NSLP)에 수백만 파운드의 쇠고기를 판매하고 있었다. 식품안전&검사서비스는 PR/HACCP 규정에 따라 운영을 정지하라고 이 회사에 통보했다. 〈댈러스 옵저버(Dallas Observer)〉에서 밝힌 대로, "미국에서 시행된 지 일 년 된 살모넬라균 검사 기준을 충족시키지 못해 농무부로부터 폐쇄 위협을 받은 첫 번째 다진 쇠고기 가공 회사" 사례였다.[11] 수프림 비프 프로세서는 즉시 농무부를 연방지법에 제소했고, 이후 법원은 정부가 검사관들을 해임하지 못하도록 하는 일시적 금지명령(TRO)을 회사의 요구대로 승인했다. 회사는 소송에서 살모넬라균은 자연적으로 발생하는 것으로, 정부의 규제를 받아야 하는 '불순물'이 아니라고 주장했다. 또한 살모넬라균은 육류를 제대로 익히면 모두 죽기 때문에 심각한 위험을 초래하지 않는다는 점도 강조했다. 2000년, 판사는 육류가 공장에 도착한 시점에 이미 살모넬라균이 존재했으므로 수프림 비프는 책임이 없다고 판결했다. 이 획기적인 판결 이후 적색육과 가금류의 안전을 규제하는 농무부의 권한은 크게 위축됐다.

산업형 축산업계는 정치인들을 재정적으로 뒷받침하고 로비하는 것 외에도 비영리단체들과의 제휴와 연합 등의 형태로 그들의 마케팅 활동을 직간접적으로 지원한다. 예컨대 육우협회는 2011년 미국심장협회(AHA)와 신규 제휴 관계를 수립하고, 심장협회의 하트-체크 식품 인증 프로그램(Heart-Check Food

Certification Program)의 일환으로 뼈 없는 안심 프티 로스트와 안심 필렛, 안심 케밥을 하트 모양 도장처럼 표현했다. 심장협회 웹사이트에는 이런 설명이 있다. "이 프로그램에 참여하는 식품 제조 회사들은 프로그램 운영비를 심장협회에 제공합니다."[12] 또한 심장협회에는 프로그램 운영비를 충당하기 위해 연간 레시피당 수수료를 기반으로 산정하는 '하트-체크 레시피 인증 프로그램'도 있다. 2021년 4월 기준으로 미국육우목축협회는 20가지 레시피를 보유하고 있다. '상큼한 라임 그릴 쇠고기 우둔살 스테이크'에서 '달콤한 슬로피 조'(sloppy joes, 다진 쇠고기에 양파, 케첩 등을 첨가한 속을 햄버거 빵에 넣어 만든 샌드위치 - 옮긴이)에 이르기까지 이 모든 레시피를 심장협회에서 승인한다.

이 사례는 산업형 축산업이 비영리 부문의 손을 잡은 유일한 경우가 아니다. 2010년 제정된 '건강하고 굶주림 없는 아동보호법(Healthy Hunger-Free Kids Act)'을 생각해보자. 이 법은 학교에서 식물성 식품을 더 많이 제공하도록 요구한다. 하버드 공중보건 대학원에서 조사한 바에 따르면, 새로운 연방 기준이 수립된 이후 아이들이 점심시간에 채소를 16퍼센트, 과일을 23퍼센트 더 많이 섭취한 것으로 나타났다. 2010년 기준으로 5만 7000곳 이상의 구내식당과 학교 영양사들을 대변하는 전문가 집단인 학교영양협회(SNA)는 '건강하고 굶주림 없는 아동보호법'의 열렬한 지지자였다. 그런데 몇 년 지나 지도부가 교체되면서 오히려

이 법에 맞서 싸우기 시작했다.

환경워킹그룹(EWG) 변호사들은 2012년 학교영양협회의 기금이 절반 이상 회비와 후원 활동을 포함해 식품업계 회원들에게서 나왔다고 지적했다. 학교영양협회 웹사이트에도 2013년 협회 연차총회를 다양한 업종의 이해관계자들이 후원해주었으며, 그중에는 호멜 푸드 코퍼레이션(Hormel Foods Corporation)의 자회사인 제니-오 터키 스토어(Jennie-O Turkey Store)와 미국낙농협회 등이 있다고 나와 있다. 2014년에는 타이슨 푸드가 후원사로 합류했다. 학교 메뉴 개선을 목표로 활동하는 밸런스드(Balanced)의 창립자이자 상임이사인 오드리 산체스(Audrey Sanchez)는 식품업계를 포함한 외부 산업계의 지원에는 큰 위험이 따른다고 지적했다. 농무부 경제조사서비스(ERS)에 따르면, 2016년 기준으로 점심 급식 프로그램이 운영되는 공립 및 비영리 사립학교는 모두 10만 곳 이상이며, 136억 달러의 비용을 들여 매일 3000만 명 이상의 학생들에게 점심 급식을 제공했다.

2017년 초 학교영양협회는 "건강하고 맛있는 식사를 제공하기 위해 연방 영양 기준의 현실적 융통성을 촉구하며,"[13] 이의 완화를 요구하는 권고안을 농무부에 보내면서 또 한 번 언론의 일면을 장식했다. 영양협회는 그해 말에 권고안을 그대로 수용하기로 결정한 농무부에 찬사를 보냈고, 시행을 앞둔 2018년 말 다시 한 번 치하했다. "학교 영양 전문가들은 학생들의 식단을 개선하는 데 큰 진전을 이루었지만, 개정된 영양 기준에 따른 메뉴 변경의 속도와 정도는 일부 학생들이 받아들이기 버거운 수준이기도 했다."[14] 학교영양협회장 게이 앤더슨(Gay Anderson)이 어느 매체에 남긴 글이다. "우리는 학교와 학생들의 우려를 불식시킬 수 있는 해결책을 마련하는 데 기여한 퍼듀 장관께 감사를 표한다." (다행히 미국심장협회는 이 결정을 신랄하게 비판했다)

산업형 축산업계가 법을 활용하는 방법

산업형 축산업계는 불편한 입법을 철회하기 위해 다른 이들과 협력하는 것 외에 반대자들의 비판을 방해하고 위협하기 위한 새로운 법률을 제정하고 활용하는 데에도 매우 적극적이었다. 이를테면 〈오프라 윈프리 쇼(The Oprah Winfrey Show)〉에 출연한 하워드 라이먼(Howard Lyman)이 약 25년 전에 어렵게 깨달은 사실 같은 것 말이다. 오프라 윈프리와 산업형 축산업계의 '적과의 춤'은 그녀의 토크쇼에서 식품 안전과 관련된 방송을 내보낸 1996년 4월 시작됐다. 방송 내용 중에는 그 무렵 영국의 소를 대량 희생시키는 바람에 광우병이라는 별명으로 잘 알려진 소해면상뇌증에 대한 논의도 있었다. 윈프리는 농무부의 윌리엄 휴스턴(William Houston)과 육우목축협회의 게리 베버(Gerry Weber), 몬태나에서 4대째 목장을 운영하며 채식주의자로 변모한 하워드 라이머(Howard Laimer)를 초대해 현재는 미국에서 금지된 '렌더링'(rendering, 소의 신체를 분쇄해 사료로 활용하는 방식)을 포함해 육우업계의 여러 가지 쟁점들을 논의했다. 이때 라이먼은 미국에서는 광우병 사례가 보고된 적이 없지만 이는 오로지 시간 문제일 뿐이라고 주장했다. 그러자 윈프리는 즉각 이렇게 말했다. "햄버거를 먹고 싶은 마음이 사라져버렸어요! 난 안 먹을래요!"[15] 이 방송은 당시 버지니아 공대 교수로 가축 시장 관련 소식지를 발행하던 웨인 퍼셀(Wayne Purcell)이 소 가격에 "중대하고 매우 심각한 충격"[16]을 미쳤다고 표현한 대로 시장에 큰 영향을 주었다.

아만 바테자(Aman Batheja)가 〈텍사스 트리뷴(The Texas Tribune)〉에 이런 내용을 노골적으로 폭로하자 산업형 축산업계 관계자들과 그들에게 최고의 응원단장이라 할 수 있는 텍사스 농무장관 릭 페리(Rick Perry)는 크게 분노했다. 며칠 지나지 않아 페리 장관은 텍사스 법무장관 댄 모랄레스(Dan Morales)에게 서한을 보내 주 정부 차원에서 '식품비방금지법'(식품경시금지법으로도 알려져 있으며, 비공식적으로는 '채식주의자의 비방법'이라고도 불린다)을 근거로 윈프리와 라이먼에게 법적 조치를 취하라고 촉구했다. 채식을 옹호하고 과도한 육류 소비의 유해한 결과를 폭로하려는 사람들이 흔히 이런 식으로 육류업계를 비난한다는 이유에서였다. 주마다 차이는 있지만, 이런 법률은 허위 주장으로 인해 농업계가 손해를 보는 일을 막기 위한 것이다. 여러 장점이 있는 법률이지만 실제로는 기업들이 식품 안전을 공개적으로 성토하는 사람들을 방해하고 위협하는 수단으로 활용되는 경우가 많다. 이 법률은 현재도 미국 13개 주(앨라배마, 애리조나, 콜로라도, 플로리다, 조지아, 아이다호, 루이지애나, 미시시피, 노스다코타, 오하이오, 오클라호마, 사우스다코타, 텍사스)에서 기업의 이익을 옹호하고 있다.*

1997년 12월, 텍사스의 한 육우단체는 식품비방금지법에 의거해 쇠고기를 비방했다는 혐의로 1030만 달러를 배상하라며 윈프리와 라이먼을 연방지법에 고소했다. 두 사람은 특히 당시 스튜디오에 있던 청중에게 쇠고기의 안전성에 대한 '무서운' 분위기를 조성하기 위해 '폭도의 심리(lynch mob mentality)'를 유발했다는 혐의도 받았다. 재판을 준비하기 위해 윈프리는 엄청난 인기를 구가하는 자신의 프로그램 녹화 장소를 시카고 스튜디오에서 텍사스주 아마릴로의 소극장으로 옮겼다. 이 지역의 사람들은 양분됐다. 17만 명에 이르는 거주민들의 상당수는 유명인을 향한 엄청난 사랑을 드러냈지만, 축산업이 이 지역에서 가장 많은 일자리를 제공하므로 적극 보호해야 한다고 생각하는 사람도 많았다. 후자에 속하는 사람들 중 일부는 "텍사스에서 유일하게 미친 암소는 오프라!"라는 자극적인 슬로건이 적힌 범퍼

---

* 오프라 윈프리와 하워드 라이먼에게는 아쉬운 일이지만, '부패 가능한 음식에 대한 거짓비방금지법'이라는 이름으로 알려진 식품비방금지법의 텍사스 버전이 1995년 이미 의회를 통과한 상태였다.

스티커와 윈프리의 얼굴에 빨간 줄을 그어놓은 티셔츠를 판매했다.

윈프리는 이 소송건에 대해 공개적으로 논의하는 것이 법적으로 금지된 상태였다. "우리는 여기 아마릴로에 와 있습니다. 여러분 모두 잘 아는 바로 그 이유로요." 그녀는 자신의 토크쇼에서 이렇게 재치 있게 얼버무렸다. 재판이 시작된 지 다섯 달이 지났다. 배심원단은 여섯 시간의 심사숙고 끝에 두 사람이 업계를 비방할 목적을 갖고 의도적으로 그릇된 증거를 퍼뜨렸다는 증거를 찾을 수 없었다며 만장일치로 윈프리와 라이먼의 손을 들어주었다. 법원을 나서던 윈프리는 소리쳤다. "언론의 자유는 그냥 살아 있는 게 아니라 아주 환상적입니다!" 그리고 이렇게 덧붙였다. "나는 여전히 햄버거를 입에 대지 않습니다."[17]

그때까지 식품 비방 소송으로 책임져야 했던 사람은 없었지만, 대중의 이목을 끈 이 공개적인 소송 사례는 산업형 축산업을 상대로 입을 잘못 놀렸다가는 어마어마한 법적 가격표가 붙을 수도 있음을 비판가들에게 깊이 각인시켰다. ABC뉴스의 모회사 월트디즈니(Walt Disney Co.)의 사례를 보자. 2012년 이 방송사는 다진 쇠고기의 '분홍 점액질'(pink slime, 산업형 축산업계는 '고운 질감의 쇠고기'라고 표현했다)에 대해 폭로했다. 육류 가공 회사인 비프 프로덕트(Beef Products Inc.)는 월트디즈니의 앵커 다이앤 소이어(Diane Sawyer)와 기자 짐 아빌라(Jim Avila)를 상대로 2012년 19억 달러 규모의 소송을 제기했다. 소비자들에게 먹을 만큼 안전하지 않다는 잘못된 인식을 심어주는 바람에 매출이 급감했다는 이유에서였다. 사우스다코타주 식품비방금지법에 따르면 법규를 위반한 사람은 손해액의 세 배를 배상해야 한다. ABC뉴스는 60억 달러의 배상금을 지불해야 할 수도 있었다. 이 뉴스가 방송을 탄 후 5년 만에 월트디즈니는 1억 7700만 달러 이상 배상하는 데 합의했다. 비슷한 유형의 기업 소송 사례들 중에서 가장 큰 규모였다.

잠재적 비판가들을 침묵시킬 수 있는 것은 식품비방금지법뿐만이 아니다. 식품 저널리스트이며 〈뉴욕 타임스〉 칼럼니스트인 마크 비트먼(Mark Bittman)이 만든 용어인 '애그-개그(Ag-gag)'법은 소유주의 동의 없이 농장에서 어떤 일이 일어나는지 숨어서 촬영하거나 사진 찍는 행위를 금지하는 주법을 가리킨다. 산업형 축산 단체들은 이 법을 '농장보호법'이라고 부른다. 애그-개그법은 불법 행위를 폭로하기 위해 제임스 본드의 비밀 작전 같은 '잠복 수사'를 벌이던 사회운동가와 언론인들에게 맞서기 위해 1990년대 제정됐다. 이런 일이 진행되는 과정은 대략 이렇다. 사회운동가가 관심 시설에 접근할 목적으로 위장취업을 신청한다. 주로 지원서의 정보를 날조하는 방식으로 이뤄진다. 시설 내부로 들어간 운동가는 카메라를 숨겨놓은 옷을 입는다. 그리고 그곳에서 일하다가 비윤리적이거나 불법적인 무언가를 포착하면 대중에게 공개한다. 미국의 동물권 옹호단체인 페타 (PETA)는 1981년 이 같은 방법으로 메릴랜드 의료 연구소에서 붉은털원숭이들을 해부하는 동영상을 확보했다. 페타 웹사이트 에 게재된 것처럼, "전례 없는 조사를 통해 잔인한 동물 실험에 대해 미국 최초의 체포와 형사 유죄 선고가 이어졌고, 실험실에 서 학대받은 동물들을 미국 최초로 압수했으며, 실험실에서 이 용된 동물들을 보호하기 위한 미국 최초의 대법원 승소 판결이 이루어졌다."[18]

1992년에는 ABC뉴스의 두 프로듀서가 대형 식품 체인점 푸 드 라이언(Food Lion) 직원들의 부적절한 식품 취급 행동을 몰래 촬영했다. 이들은 그중에서도 특히 쥐가 갉아먹은 치즈, 표백제 에 담근 생선, 상한 육류, 파리가 들끓는 통에 담아 옮긴 농산물 등을 판매한 혐의를 폭로했다. 이 같은 내용의 영상이 TV에 보 도된 후 이 회사 주가는 일주일 사이에 무려 13억 달러나 폭락 했다. 푸드 라이언은 혐의를 부인했지만, 비방이나 명예훼손 등 을 주장하지는 않았다. 대신에 두 프로듀서가 취업 지원서에 허 위 내용을 기록하고 불법으로 침입해 회사 내부 정보를 폭로했 다고 주장했다. 그리고 이를 근거로 ABC뉴스에 24억 7000만 달러의 손해배상을 청구했다. 이 이야기가 방송을 탄 지 5년 후, 배심원단은 푸드 라이언에 550만 달러 규모의 승소를 판결했 지만, 나중에 판사가 그 액수를 31만 5000달러로 줄였다. 이후

항소법원은 프로듀서들의 침입에 따른 손해배상액 1달러와 당시 고용주이던 푸드 라이언에 대한 충성 의무 위반에 대해 1달러 등 총 2달러를 제외하고 31만 5000달러의 판결 전체를 기각했다.

상황이 이런데도 불구하고 여러 주에서 사회운동가들이 육류업계의 운영 과정을 몰래 촬영하는 것을 불법으로 규정하는 애그-개그법을 통과시키기 시작했다. 미국동물학대방지협회(ASPCA) 농장 동물 복지 책임자인 데이지 프룬드(Daisy Freund)는 결과적으로 "당신이 산업형 농장에서 직접 가축을 키우지 않는데도 저 문 너머를 본 적이 있다면 그건 행운입니다"[19]라고 말했다. 1990년 캔자스주는 기업의 명예를 훼손할 목적으로 "사진, 비디오카메라 또는 기타 수단을 이용해 사진을 촬영하기 위해 사육 시설에 들어가는 것"을 법률로 금지했다. 일 년 후, 몬태나주에서도 "금지 행위를 할 목적으로 사육 시설에 들어가는 것, 불법적 비방을 목적으로 사진과 비디오카메라 및 기타 방법으로 영상을 촬영하기 위해 사육 시설에 들어가는 것, 출입이 금지된 것을 알면서도 사육 시설에 들어가는 것"[20]을 법률로 금지하는 애그-개그법을 통과시켰다.

2000년대 초, 소셜미디어 팔로워를 대량 보유하고 있어 어느 때보다 영상을 유포하기 쉬워진 머시 포 애니멀(Mercy for Animals), 휴메인 소사이어티, 애니멀 아웃룩(Animal Outlook, 과거에는 '컴패션

오버 킬링Compassion Over Killing'이라는 이름으로 불렸다) 같은 동물보호 단체들은 점점 더 적극적으로 비밀 조사를 벌였다. 꽤 효과도 있었다. 최악의 범법자들 중 일부는 문을 닫았고, 동물학대범들은 기소됐다. 불안감을 느낀 산업형 축산업계는 연이어 새로운 애그-개그법 제정을 시도했고, 상당한 성공을 거뒀다.

2002년 보수적인 성향의 미국입법교류협회(ALEC)는 동물 및 생태 테러 방지법(The Animal and Ecological Terrorism Act)이라는 '이상적 법안'을 고안하고 애그-개그법을 전국으로 확산시키려는 노력의 일환으로 이 법안을 전국 로비스트들과 국회의원들에게 배포했다. "시설 또는 그 소유주의 명예를 훼손하기 위해"[21] 사육장에서 영상이나 사진 촬영을 금지하는 것 외에도 범법자들을 '테러리스트 등록부'에 등록하도록 했다. 이런 활동에 '테러리즘'이라는 용어를 쓴 게 터무니없어 보일 수도 있지만, 더 터무니없는 선례도 있다. 1990년대 후반 들어 향상된 동물권과 환경운동 등 이른바 '녹색 공포'(green scare, 환경운동에 대항하는 미국 정부의 법적 대응을 의미함 - 옮긴이)를 쟁점으로 미국에서는 소비용 육류를 생산하는 기업의 운영을 방해하는 것과 관련된 범죄에 대한 처벌을 강화하는 동물기업보호법(AEPA)을 통과시켰다. 2006년에는 이 법을 개정해 법무부의 동물권 운동가 기소 권한을 확대한 동물기업테러방지법(AETA)을 제정했다.

이보다 최근인 2012년 미주리주에서는 동물 학대의 증거를

24시간 이내 사법기관에 넘기도록 규정한 애그-개그법을 통과시켰다. 산업형 축산업계는 이를 '신속 보고' 차원에서 유익한 조치로 평가했지만, 이는 사실상 학대자를 기소하는 데 필요한 학대, 방치, 유기의 패턴을 보여주는 증거 수집을 방해하도록 고안된 일종의 연막에 불과하다. 이런 증거를 수집하는 데는 사실상 많은 시간이 소요되기 때문이다. 아이다호주도 2014년 애그-개그법을 통과시켰지만 아이다호 지방법원은 일 년 후에 이 법을 위헌으로 판결했다. 2017년 텍사스주는 드론으로 공장식 농장을 사진 촬영하는 행위를 금지했다.

2019년 아이오와주는 사업에 해를 끼칠 의도로 농산 시설에 접근하기 위해 기만 행위를 하는 것을 금지하는 법률을 통과시켰다. 2020년 아이오와 남부지법이 이 법의 효력을 잠정 중단시키는 '예비 금지 명령'을 내렸지만, 그해가 저물기도 전에 농장 소유주의 동의 없이 '식품 운영 시설'[22]에 침입하는 것을 금지하는 또 다른 애그-개그법을 통과시켰다. 2021년에는 농장에서 무단으로 샘플을 채취하는 것 외에 카메라나 감시 장비를 사용하는 것을 금지하는 또 하나의 애그-개그법이 아이오와주에서 통과됐다. 이외에도 이미 통과됐거나 아직 계류 중인 애그-개그법이 많이 존재하며, 이런 움직임은 앞으로도 계속될 것으로 보인다.

농업보조금, 누구를 위한 제도인가

산업형 축산업에 혜택을 주는 자조금 및 법적 노력은 세금의 직접적인 지원을 받지 않지만, 한 가지 중요 프로그램만큼은 다르다. 바로 농업보조금(farm subsidies) 제도다. 이것은 포괄적 의미에서 선별된 농민들과 농업에 정부가 제공하는 재정적 지원을 포함한 각종 지원을 말한다. 원래의 목적은 대공황기에 취약한 농민들을 돕기 위한 것이었다.

1933년 정부는 가격 안정을 위해 농업조정법(AAA)을 통과시켰다. 아울러 정부는 농가의 잉여 농산물을 구매해서 이후 농업 생산이 원활하지 못한 해에 활용했다. 토지의 일부를 경작하지 않거나 방목하지 않는 데 동의한 농민들은 정부로부터 일정 금액을 지원받기도 했다. 기금을 마련하기 위해 의회는 도축장과 제분소, 조면 공장 같은 가공업체들에 새로운 세금을 부과했다 (이 규정은 훗날 한 집단을 지원하기 위해 다른 집단에 세금을 부과하는 것이 불법이라는 이유로 위헌 판결을 받았다. 그리하여 수정 농업조정법은 가공세 없이 통과됐다).

그 전제는 기본적으로 수요와 공급의 경제학에 있었다. 즉, 소비자들이 구입할 수 있는 농작물과 가축이 줄어들면 자연히 가격이 오를 수밖에 없다. 그리고 이 예상은 적중했다. 이후 농산물 가격이 점차 상승하면서 1935년 농가 수입은 1932년보다 50퍼센트 늘어났다. 대공황기에 농민들을 지원하기 위해 만들어진 법률은 이후 수십 년이 지나면서 다국적 기업들을 독점적으로 지원하는 수십억 달러 규모의 기구로 탈바꿈했다.

미국 의회는 농업조정법을 계속 수정하면서 농작물 보험 같은 새로운 보조금을 추가했다. 농작물 보험은 자연재해나 가격 하락 등으로 수확량이 줄어들거나 수입이 감소할 경우 그 손해를 정부가 보조해줌으로써 근본적으로 수입을 일정하게 유지하도록 돕는 제도다. 이 제도에 따라 정부는 안정적인 생산 수준을 장려하기 위해 가격의 높고 낮음에 상관없이 농민들에게 보조금을 직접 지급했다. 그런 이유로 이 보조금은 '농가에 자유를(freedom to farm)' 지불금이라고도 불렸다. 이 제도를 포함한 여러 프로그램들이 운용하는 자금의 규모는 결코 작지 않았다. 1995~2005년 정부는 연평균 160억 달러를 보조금 형태로 농민들에게 지급했다. 직접 자금을 지원하는 것은 2014년 폐지됐지만, 이렇게 절감된 액수 중 일부는 농작물 보험 프로그램에 추가됐다. 몬태나주립대학교 농경제학 교수 빈센트 H. 스미스(Vincent H. Smith)는 이를 두고, "농업보조금을 보호하기 위한 전형적인 미끼 상술의 하나"[23]라고 표현했다.

농민들을 파산에서 보호하고 식량 부족에 대비하는 것이 가치 있는 목표라는 데는 대다수의 사람들이 동의하지만, 많은 정치 비평가들이 이런 보조금들의 총체적 효율성에 의문을 제기한다. 무엇보다 큰 문제는, 이런 보조금이 자조금 프로그램과 마찬가지로 산업형 축산업계에 불균등하게 배분된다는 사실이다.

시대별 인구 통계를 살펴보면 그 이유를 이해할 수 있다. 농무부 농업역사기록관의 인구 조사에 따르면, 농업 조정법이 처음 만들어진 1930년대 미국 인구의 25퍼센트에 가까운 3000만 명이 630만 곳의 농장과 목장을 운영했다. 농민들은 평균 소득이 비농민들의 절반에도 미치지 못할 정도로 상대적으로 가난했다. 그러나 역사가 폴 프리드먼(Paul Freedman)이 설명한 대로, 2007년에는 전체 인구의 1퍼센트 미만인 320만 명의 농민이 205만 곳의 농장을 운영했다. 이들의 농장은 대부분 가족농이 아닌 산업형 축산 농가에 속한다. 그 결과, 최고의 부자 농민과 지주들뿐 아니라 평균 소득보다 몇 배나 많은 소득을 거두는 초대형 농장들이 농업 보조금을 85퍼센트 이상 독식했다.

로버트 팔버그(Robert Paarlberg)는 저서《식품 정치학(Food Politics)》에 이렇게 적었다. "그들에게는 더 이상 보조금은 필요치 않다. 그럼에도 불구하고 보조금 지불 대상을 손보려는 시도는 상업 농가를 대변하는 이들의 로비로 늘 좌절된다."[24] 한 예로 팔버그는 2008년 조지 W. 부시(George W. Bush) 대통령이 20만 달러 이상 벌어들인 농민에게 보조금 지불을 일부 제한하려고 시도한 사실을 언급했다. "상원에서는 상한을 75만 달러로 설정해야 한다고 의결했고, 하원은 아예 상한을 없애야 한다고 주장했다."

이런 농장들은 대체로 과일과 채소를 생산하는 게 아니다. 2008~2012년 채소와 과일 재배 농가에 지급된 보조금은 채 1퍼센트도 안 된다. 보조금의 초점은 옥수수와 대두, 밀, 면화, 쌀 등에 맞춰져 있다. 그런데 이 작물들은 상당 부분 동물 사료로 사용된다. 1995~2010년 1700억 달러의 정부 재정이 이들 품목에 지출됐다.

2018년, 도널드 트럼프(Donald Trump) 행정부는 보복관세를 부과한 중국, 멕시코 등의 국가들과 무역 분쟁에 휘말린 농민들을 대상으로 120억 달러의 긴급지원책을 실시하겠다고 발표했다. 1차 지원 대상은 농업 생산자들로, 지원 규모는 47억 달러에 이르렀다. 대두 농가들이 그중 거의 대부분인 36억 달러를 지원받았다. 두 번째는 양돈 농가들로, 이들에 대한 지원액은 2억 9000만 달러였다. 농무부는 2019년 농민들을 대상으로 한 무역 관련 추가 지원금으로 160억 달러를 집행하겠다고 발표했다. 2018년 지원금까지 합치면 2년 사이에 마련한 지원금의 규모는 총 280억 달러에 달한다. 2020년에는 COVID-19의 여파로 전년보다 두 배 이상 많은 465억 달러로 사상 최고액을 기록했다. 한 농부가 미국 공영 라디오에 출연해 "트럼프의 돈은 우리가 부르기 나름이에요"[25]라고 말할 정도였다.

물론 이 돈은 농민들뿐만 아니라 육류 생산자를 포함해 농작물을 구입하는 회사들에도 이익이 됐다. 게오프 뎀비키(Geoff Dembicki)는 저서《새로운 공화국(New Republic)》에서 이 돈을 "공장식 농업 모델에 지급하는 사실상의 보조금"[26]이라고 표현했다. 대니얼 이모프도 저서《푸드 파이터 : 차세대 식품 및 농업 관련법에 대한 시민 지침서(Food Fight : The Citizen's Guide to the Next Food and Farm Bill)》에서 이와 비슷한 이야기를 했다. "타이슨은 (중략) 1996년 농업법이 제정된 이후 10년간 연간 거의 3억 달러를 절감했는데, 그 이유는 닭 사료를 매우 저렴하게 구입할 수 있었기 때문이다. 세계 최대의 돼지고기 생산업체인 스미스필드 역시 거의 비슷한 금액을 절감했다. 종합하면, 1996년 농업법이 시행된 이후 10년간 4대 돼지고기 생산업체들이 사료비로 절감한 비용은 거의 90억 달러에 달한다. 4대 닭고기 생산업체들은 110억 달러 이상을 절감했다."[27]

결과적으로 이런 비용 절감이 없었더라면 미국 가정에서 육류를 구입하는 데 더 많은 금액을 지출했을 것이라는 생각이 드는 것도 사실이다. 하지만 이건 나의 오산이었다. 적어도 직접적인 연관성은 없다. 수치는 다를 수 있지만, 퍼듀대학 농업경제학 교수 제이슨 러스크(Jason Lusk)는 보조금이 없을 경우 육류 가격 상승폭은 0.55퍼센트 정도에 그칠 것이라고 추정했다. 미국기업연구소(AEI) 연구원들 역시 2017년 발간한 보고서에서 "보조금이 소매가와 식품 소비에 미치는 영향은 확실히 미미하다"[28]라고 결론지었다.

왜일까? 동물 사료로 많이 쓰이는 옥수수와 대두 같은 작물을 구입하는 데 드는 비용이 육류 소매가에서 차지하는 비중은 지극히 일부이기 때문이다. 러스크가 언급한 대로, "이런 정책은 비효율적이고 퇴행적이며 과잉 규제를 촉발할 수도 있는 반면, 식품 가격에 미치는 영향은 미미하다."[29] 사실, 모든 보조금은 산업형 축산업계에서 필요로 하는 (육류 소비에 영향을 미치는) 모든 비용들, 즉 높은 임금과 멋진 마케팅, 로비 등에 소요되는 비용을 충당함으로써 그들의 주머니만 살찌우는 듯하다.

뿐만 아니라 산업형 축산업은 농가의 잉여 농산물을 정부에서 구매하는, 대공황기로부터 이어져온 관행의 혜택도 받는다. 예컨대 닭고기 소매가가 급락했던 2008년 정부는 4200만 달러 상당의 재고를 구입해 각종 식품 공급 프로그램과 자선단체 등에 기부했다. 2010년과 2011년 각각 3000만 달러와 4200만 달러 상당의 닭고기를 구입한 것도 이와 비슷한 맥락이다. 2018년에는 6000만 달러를, 그리고 2020년에는 3000만 달러를 추가로 지출하겠다고 공표했다. 심지어 축산업계는 농무부에 특별한 수요가 없는데도 그 안에서 고객을 찾아내기도 한다. "육류와 유제품 생산을 지원하는 데 그치는 게 아니라 육류와 유제품의 과잉 생산까지 지원하느라 많은 돈이 유출되고 있습니다."[30] 생물다양성센터(Center for Biological Diversity) 인구 및 지속가능성 부

문 책임자인 스테파니 펠드스타인(Stephanie Feldstein)이 〈기즈모도
(Gizmodo)〉(글로벌 IT 전문 매체 - 옮긴이)와의 인터뷰에서 한 말이다.
실제로 농무부의 2021년 자료에 따르면, 미국 육류 생산업체들
은 이 시점을 기준으로 21억 파운드(95만 톤)의 닭고기와 칠면조
고기, 돼지고기, 쇠고기를 냉장 보관하고 있었다.

고혈압·비만에는 고기를 먹어라?

농무부는 미국의 농업을 발전시키고 건강한 식생활을 장려하
는 근본적으로 상충된 두 가지 역할을 수행한다. 이 두 가지 목
표는 농무부의 (전통적으로 산업형 축산업계의 입장을 두둔하는) '국민
식생활 지침'에서 두드러지게 충돌한다. 식생활 지침은 말 그대
로 건강한 식생활을 위해 지켜야 할 지침을 정리해놓은 것이다.
2011년 상징적인 식품 피라미드 모형으로 대체한 '마이플레이
트(MyPlate)'도 이런 권고 사항을 기반으로 한다. 국민 식생활 지
침은 1980년부터 농무부의 영양정책&증진센터(CNPP)와 보건
복지부가 공동으로 5년마다 발행하고 있다. 가장 최근에 발표
된 국민 식생활 지침은 2020년에 만들어진 것으로, 건강한 식생
활을 위해 접시의 절반을 과일과 채소로 채우라고 권고한다. 우
리가 이미 살펴보았듯 이런 내용은 해당 기관이 실제로 돈을 지
출하는 방식과 너무도 큰 괴리가 있다. 더욱이 2020년 국민 식
생활 지침에서는 "긍정적인 건강 효과가 기대되는 식습관의 공

통된 특징은 적색육과 가공육의 소비가 적다는 것"[31]이라고 언급하면서도 적색육이나 가공육을 적게 먹으라고 명확하게 권고하지는 않았다. 대신 다음과 같이 에둘러서 표현했다. "첨가당, 포화지방, 나트륨 함량이 높은 식품과 음료를 제한함으로써 식품업계는 농무부의 영양 지침에 근거하여 전국 학교의 아침과 점심 급식에 풍부한 재량권을 발휘할 수 있다."

이 내용은 미국 학교 아침&점심 급식 프로그램(NSBLP)을 관할하는 농무부 식품영양서비스(FNS)에서 제안한 2020년 제안서에 실제로 반영됐다(이는 전임 대통령이 시행한 학교 영양 규정을 뒤집으려는 트럼프 대통령의 잇따른 시도 중 하나였다). "'융통성'과 '유연화' 같은 언어로 가려져 있지만 실제로 이 규정이 통과될 경우 학교 급식팀은 과일과 채소, 통곡물을 더 줄여도 무방한 면책권을 얻게 될 것이며, 심지어 감독이나 책임에서 더 자유로워지므로 일부러 그렇게 할 수도 있을 겁니다." 밸런스드의 상임이사 오드리 산체스의 말이다. "변경된 규정을 활용해 더 건강한 메뉴로 전환하는 급식팀도 아주 드물게 있을 수 있지만, 그건 극단적인 기댓값에 불과하죠."[32]

더 구체적으로 들여다보자. 새 규정은 2019년 봄에 조용히 공표된 임시 변경 규정을 더욱 공고히 했다. 그 내용을 간략히 살펴보자. 새로운 규정에 따르면 녹말이 들어간 식물성 밀가루로 조리한 파스타는 채소로 간주됐다. 또한 적색 또는 주황색 채소의 최소 요구량을 낮추고, 학교에서 매일 채소로서 감자를 제공하도록 했다. 여기에는 감자튀김도 포함됐다. 게다가 학교는 일품요리 메뉴를 더 자주 판매할 권한도 얻었다. 그런데 학교에서 볼 수 있는 일품요리 메뉴는 대부분 피자와 버거, 핫도그, 치킨너깃, 감자튀김 같은 고칼로리·고지방·고염도 음식이다. 이런 메뉴는 이익률이 높아 학교에 많은 수익을 안겨주었다. 결국 학교가 학생의 건강을 볼모로 이런 음식들을 더 많이 팔아도 된다는 잘못된 유인을 제공한 셈이다.

매리언 네슬(Marion Nestle)의 말을 빌리면, 식생활 지침 자문위원회(DGAC)는 이해관계가 있는 기업들과 재정적으로 연관된 사람들로 구성되기 때문에 별 도움이 되지 않는다. 그녀는 저서 《불편한 진실: 식품 회사들이 우리의 식습관을 왜곡하는 방법(Unsavory Truth: How Food Companies Skew the Science of What We Eat)》에서 식생활 지침 자문위원회는 늘 그래 왔듯이 가장 최근의 연구 결과를 종합해서 보고서를 작성하고, 과학적 사실을 토대로 식생활 지침을 마련한다고 설명했다. 그러나 2005년 조지 W. 부시의 '산업 친화적 행정부'는 이런 과정을 변경했다. 자문위원회는 계속해서 과학적 사실을 검토하고 종합하겠다고 했지만, 실제로 지침을 작성하는 주체는 정부 기관이다. 결국 이 지침은 과학자들의 손에서 정부 기관의 정치적 피지명인의 손에 들어간 셈이다.[33] 뿐만 아니라 식품 회사를 대상으로 자문, 연구 활동을 하거나 직접적으로 관여하는 위원회 위원 후보자들에게 특별 면제권을 부여함으로써 위원 역할을 병행할 수 있게끔 했다. 실제로 많은 이들이 이런 식으로 일하고 있다.

네슬은 자문위원회 위원들이 이해 충돌에 대해 설명해야 하는데도 불구하고 정부가 이런 공개적 설명을 요구하지 않기 때문에 일반적으로 공개하는 일이 없다고 지적했다. 다행히 우리는 정보공개법(FOIA)에 근거해 요청서를 제출하고 논문에서 위원들의 공개 진술 등을 검토함으로써 그들의 실체를 밝혀낼 수 있다. 이렇게 해서 네슬이 밝혀낸 내용은 다음과 같다. "내가 식생활 지침 자문위원회에 속해 있던 1995년에는 11명의 위원 중 식품 회사 관계자가 3명뿐이었지만 그 균형은 곧 뒤집혔다. 2000년에는 11명 중 7명, 2005년에는 13명 중 11명, 2010년에는 13명 중 9명으로 늘어났다." 조금 더 구체적으로 설명하면, 2000년 자문위원회 위원들은 육류협회 2곳, 낙농협회 4곳, 낙농회사 5곳, 계란협회 1곳과 관련 있었다. 2015년에는 위원회에서 14명 중 10명이 육류, 유제품, 가공식품 생산 회사와 관계됐고, 2020년에는 미국육우목축협회에서 지명한 2명을 포함해 절반 이상이 식품 산업 관련자들이었다. 네슬은 자신의 블로그에서 이렇게 비평했다. "내가 보기에는 전체적으로 위원 수가 과거보다 두 배 정도 늘어난 것만 제외하면 식생활 지침 자문위원회는 다른 해와 다를 게 없는 듯하다."[34]

덧붙여 하버드 공중보건대학원의 역학 및 영양학 교수 월터 월렛(Walter Willett)은 이런 이야기를 했다. "육류업계는 적색육과 관련해 시행된 수많은 연구들에 자금을 지원해왔습니다. 이를 테면 혈중 콜레스테롤과 혈압 같은 위험 인자들의 변화에 관한 것들이 있지요. 그러니 이런 연구들은 애당초 적색육 산업의 입 맛에 맞는 결과를 도출하도록 설계될 수밖에 없어요. 놀랄 일도 아니지요."[35]

한 예로 퍼듀대학 영양학 교수 웨인 캠벨(Wayne Campbell)과 동 료 연구원들이 시행한 연구를 살펴보자. 이 연구에서는 몇 개월 에 걸쳐 41명의 피실험자들을 대상으로 지중해식 식단에서 양 을 달리해 가공하지 않은 고단백 적색육을 섭취했을 때의 결과 를 측정했다. 연구원들은 미국임상영양저널(AJCN)에 발표된 결 과를 토대로 이렇게 결론지었다. "과체중이거나 비만인 성인들 은 심혈관 질환 위험 인자들을 개선하기 위해 지중해식 식단 을 선택할 때, 적색육으로는 고단백 비가공 쇠고기와 돼지고기 를 일반적인 미국 섭취량(70g/d 이하)만큼 섭취하게 된다. 우리의 연구 결과는 비가공 및 고단백 적색육 섭취가 심혈관 질환 발 병 위험을 증가시키지 않거나 이와 관련된 위험 인자들을 줄일 수 있다는 것을 보여주는 기존 관찰 및 실험 증거들을 뒷받침한 다."[36]

이와 상반된 주장을 뒷받침하는 산더미 같은 데이터와 주요

보건단체들의 의견을 고려하면 이런 결론은 그저 놀라울 뿐이다. 하지만 일부라도 연구 자금을 지원한 관계자들이 누구인지 알고 나면 고개가 끄덕여진다. 다들 짐작하겠지만, 쇠고기와 돼지고기 자조금이 대부분을 차지한다.

산업형 축산업계가 육류 섭취를 옹호하는 데 유리한 내용의 보고서를 작성한 캠벨과 동료들의 연구를 지원한 것은 이번이 처음은 아니다. 미국양돈협회에서 일부 자금을 지원한 2015년의 한 조사에서는, 혈압을 낮추려는 성인 고혈압 환자들은 "고단백 비가공 돼지고기를 포함하는 방향으로 단백질 선택권을 확장할 수 있다"[37]고 결론지었다. 일 년 뒤, 쇠고기와 돼지고기 자조금 모두로부터 연구비를 일부 지원받은 한 조사에서는 고단백 식단을 유지할 경우 과체중 및 비만인들의 수면 질이 개선됐다고 결론 내렸다.

캠벨과 동료 연구원들이 전부가 아니다. 북미육류협회로부터 연구비를 지원받은 2015년의 한 연구 사례를 보자. 이 연구는 식품 회사들이 "자사 제품과 서비스에 대해 공격적이고 과학적인 주장을 개발하고 제기할 수 있도록 돕는다"[38]는 명시적인 목표를 지닌 컨설팅 회사 뉴트리션 임팩트(Nutrition Impact LLC.) 소속 연구원 두 명과 노스다코타주립대학교 동물과학부 연구원 한 명이 공동으로 이끌었다. 연구의 결론은 이랬다. "런치미트(lunch meat, 우리나라엔 런천미트로 더 잘 알려져 있다 - 옮긴이) 소비자들이 영위하는 식단의 질적 수준은 연령과 성별을 불문하고 비소비자들과 유사하다. 이것은 런치미트가 성인과 아동 식단의 평균적인 질적 수준을 떨어뜨리지 않는다는 것을 보여준다."[39]

산업계가 재정적으로 지원을 했기 때문에 연구의 방법론에 결함이 있는 게 분명하다고 말하기는 어렵지만, 후원을 받은 연구는 그렇지 않은 경우보다 후원자들에게 유리한 결과를 도출할 가능성이 훨씬 높다는 사실도 연구를 통해 밝혀진 바 있다. 이렇게 생각하면 간단하다. 산업형 축산업계에서 그들의 식품을 덜 섭취하는 방향으로 사람들을 유도하는 내용을 연구하는 연구원들에게 계속해서 연구비를 대줄 리 없다.

《식품의 진실(The Truth about Food)》의 저자 데이비드 카츠(David Katz)는 이런 '유사 혼돈'(pseudo-confusion, 거짓 정보로 소비자들의 혼돈을 유도하는 전술 – 옮긴이)이 빈번히 나타나는 이유는 대형 식품 회사들과 제약 회사들 사이의 밀월 관계 때문이라고 설명했다. "나는 대형 식품 회사와 제약 회사 최고경영자들이 문 닫힌 중역회의실에서 시가를 피우며 거래를 성사시키는 음침한 모습을 자주 상상합니다. 식품 회사 최고경영자의 임무는 사람들을 아프게 하고 그로부터 이익을 얻는 것입니다. 그리고 제약 회사 최고경영자의 임무는 불필요한 질병을 치료해서 그로부터 이익을 얻는 것이고요. 그들은 활짝 웃으며 악수를 합니다. 바로 이런 이유로, 이들이 긴밀한 관계를 유지하면서 그런 일에 관여하고 있는 겁니다."[40]

산업형 축산업은 과학 연구에 흠집을 내가면서까지 자사 음식의 유익함을 옹호하려고 애쓴다. 한 예로, 2015년 세계보건기구 산하 국제암연구소는 가공육을 발암 물질로, 적색육을 발암가능 물질로 분류했다. 전 세계 전문가 22명은 이 경고를 공표하기 전에 800가지 이상의 연구 사례를 검토했다. 미국육유목축협회의 인간영양연구센터장 셜린 맥닐(Shalene McNeill)은 이 보고서에 대해 〈워싱턴 포스트〉에 다음과 같이 설명했다. "우리는 이 발표가 적색육과 모든 유형의 암 사이에 어떤 관계가 있는지 설명하지 못한다고 생각합니다."[41] 북미육류협회도 성명을 통해 이번 연구 결과는 "상식뿐 아니라 육류와 암 사이에 전혀 상관관계가 없음을 보여주는 수많은 연구 사례, 나아가 육류를 포함한 균형식이 건강에 유익한 여러 가지 이점을 보여주는 더 많은 연구 사례들을 모조리 반박하는 대단히 소란스러운 과민 반응"이라고 주장했다.[42]

2년 전, 하버드 공중보건대학원 역학 및 영양학 교수 프랭크 후(Frank Hu)가 주도한 연구에서 "적색육 섭취가 당뇨병 위험도를 높이는 데 기여한다는 강력한 증거"[43]를 발견했을 때도 맥닐은 건강한 균형 식단에서 고단백 쇠고기의 역할을 지지하며 "뛰어난 과학적 증거가 많다"고 반박했다.[44] 그로부터 4년 전인 2009년 미국 국립암연구소(NCI)가 연구 결과 가공육과 적색육을 많이 섭취하는 남성과 여성들이 적게 섭취하는 사람들에 비해 사망률과 암, 심장 질환 위험이 전반적으로 높은 것으로 나타났다고 발표했을 때도, 맥닐은 이 결과를 뒤흔들 방법을 찾았다. "이런 주제에 대한 역학적 연구 사례들이 흔히 그렇듯, 어느 한 가지 음식과 관련해서 확실한 결론을 내리기는 어렵습니다"[45]라는 주장을 펼친 것이다.

산업형 축산업계는 또한 공장식 농장이 가축과 환경에 미치는 영향에 대한 대중적 우려를 불식시키기 위해 교묘한 언어를 사용한다. 그들의 제품에 흔히 붙어 있는 단어들을 떠올려보라. 예컨대 '방목(free-range)'이라는 단어는 가축이 "야외에 접근할 수 있다"는 의미이지만, 이 야외의 접근성, 규모와 질, 기간을 정확히 규정하지 않은 것을 볼 때 그들이 상정한 상황은 사람들이 생각하는 것과 편차가 매우 클 것임을 쉽게 짐작할 수 있다. "인도적으로 키운(Humanely raised)"이라는 표현 역시 농무부에서 규정한 것이 아니므로 동물 복지와 관련해 어떠한 보증도 하지 못한다. 환경과 관련된 여러 가지 표현도 마찬가지다. 동물성 식품의 라벨에서 자주 보이는 무의미한 용어가 또 하나 있다. 바로 '지속가능하게 키운(sustainably raised)'이라는 표현이다. 지금까지 이 표현에 대한 공식적인 정의는 존재하지 않는다.

기후 변화와 관련해서도 이와 동일한 전술이 적용된다. 뉴욕대학 연구원들의 2021년 연구에 따르면, 전 세계 온실가스 배출량의 14.5퍼센트가 육류와 유제품으로 인해 발생한다는데, 축산업계는 이 관계를 모호하게 만들기 위해 부단히 노력해왔다. "미국 쇠고기 및 낙농 회사들은 폭넓은 기후 변화 반대 운동을 조직한 화석연료 산업계와 비슷하게 집단적으로 행동하는 것으로 보입니다."[46] 조사를 시행한 연구원들이 〈기후 변화(Climate Change)〉 저널에서 설명한 내용이다. 2009년 미국 의회에서 온실가스 배출을 제한하기 위한 탄소 배출권 거래제(cap-and-trade system)를 도입하는 미국 청정 에너지 및 안보법(ACESA) 초안을 준비할 때, 타이슨 푸드와 기타 육류 대기업들은 이 법안을 저지하기 위해 화석연료 산업계와 연합했고, 결국 성공을 거뒀다. 이외에 다른 전략으로, 육우 산업의 온실가스 배출량이 극히 미미하다거나 어류 남획으로 세계 어류 자원이 고갈되지는 않을 것이라는 작의적인 결론을 도출하기 위해 연구 자금을 지원하기도 했다.

게다가 동물성 식품 산업은 지난 수십 년간 위장술에 의존해왔다. 1970년대 〈네이처(Nature)〉의 한 기사에서 암과 많은 가공육에 들어 있는 질산염의 연관성을 암시하자 대중은 경악했다. 소비자보호 운동가이자 미래의 대통령 후보였던 랠프 네이더(Ralph Nader)는 가공육에 들어 있는 잠재적 유해 화학물질을 언급하며 농무부가 시민들을 볼모로 농업 관련 산업을 비호하고 있다고 비난했다. 심지어 그는 핫도그를 "미국에서 가장 치명적인 미사일"[47]이라고 표현한 적도 있다. 미국 식품의약국(FDA) 수석 독물학자였던 레오 프리드먼(Leo Freedman)은 1973년 〈뉴욕 타임스〉와의 인터뷰에서 가공육을 먹는 데 따르는 위험은 "아 주 적다"면서도 자신은 "니트로사민이 발암 물질이라고 확신한 다"[48]라고 말했다.

미국육류협회는 가공육 속의 화학물질이 인간에게 암을 유발 한다는 직접적 근거는 전혀 없다는 입장을 견지했다. 하지만 이 번에는 방향을 조금 틀었다. 가공육에 들어 있는 화학물질들이 식품으로 유발되는 질병의 하나인 보툴리눔 중독증을 줄이는 데 꼭 필요하다는 논리를 들이댄 것이다. 이들은 보존 식품에서 발생하는 보툴리눔 중독증은 대부분 질산염이 없는 육류가 아 니라 채소를 제대로 보관하지 못한 데 따른 결과라는 사실을 너 무 손쉽게 간과해버렸다.

1977년 중재에 나선 농무부와 식품의약국은 산업형 축산업 계에 3개월의 시간을 주면서 가공육 속의 첨가 화학물질이 해 를 일으키지 않는다는 것을 증명하거나 그러지 못하겠으면 그 성분을 대체하라고 요구했다. 그러나 축산업계의 압박 속에 식 품의약국은 더 많은 연구가 필요하다는 이유로 3개월의 최후 통첩을 여러 차례 연기했다. 이 연구 결과에는 온갖 드라마들이 함께했다.

1978년 〈워싱턴 포스트〉가 "베이컨이 독으로 선언된 날"[49]이라고 언급한 그날, 매사추세츠 공과대학의 동물성 식단 및 질병 부문 전문가 폴 M. 뉴번(Paul M. Newberne) 교수의 기념비적 연구가 발표됐다. 뉴번 교수는 1976~1978년 실험실에서 2000여 마리의 쥐에게 아질산염을 투여했다. 식품의약국의 의뢰로, 아질산염이 동물의 암을 유발한다는 주장을 검증하기 위해서였다. 그가 발견한 결과는 산업형 축산업계로선 극복하기 어려운 문제 같았다. 아질산염을 투여한 쥐는 10.2퍼센트가 림프암에 걸린 반면 아질산염을 먹이지 않은 쥐는 5.4퍼센트가 암에 걸렸다. 1978년 8월 11일, 식품의약국과 농무부는 공동 서명을 발표했다. "최근 식품의약국의 요청으로 매사추세츠 공대에서 발표한 연구 결과는, 아질산염이 피실험 동물의 림프계에 암을 유발한다는 것을 강력하게 시사합니다."[50] 이제 두 연방기관이 "식품에 첨가된 아질산염과 연관된 위험은 아질산염을 첨가하지 않았을 때 생길 수 있는 위험보다 크다"고 평가할 차례였다. 이는 아마도 허위 보툴리눔 중독증 논란을 언급하면서 나온 말일 터였다. 그런데 산업형 축산업계는 "식품에서 아질산염을 제거하면 경제적 파멸이 이어질 것"이라고 항변했다.

한편, 네이더 같은 소비자보호 운동가들은, "캐럴 포맨(Carol Foreman, 농무부 차관보)과 도널드 케네디(Donald Kennedy, 식품의약국 국장)는 법의 취지에 충실히 따라야 한다. 그러나 이들은 즉각적인 조치를 취하지 않음으로써 이를 위반했다"고 주장했다. 1980년

8월, 두 연방기관은 몇 번 오락가락한 끝에 아질산염이 암을 유발한다는 "근거가 부족하다"고 인정했다. 당시 식품의약국 신임 국장이던 제레 고얀(Jere Goyan) 박사는 "더욱 많은 사실을 알게 될 때까지 기다려야 하는 상황이라고 생각한다"며 "우리는 균형 잡힌 영양 식단을 유지해야 하며, 절임육에 대해 걱정하는 일은 없어야 한다"[51]고 언급했다. 그러나 1981년 로널드 레이건(Ronald Reagan) 대통령이 당선되고 나서 다른 사람도 아닌 미국육류협회 회장을 지낸 리처드 링(Richard Lyng)이 농무부 차관으로 지명되자 정부를 설득할 수 있을 거라는 희망마저 송두리째 무너져 버렸다. 그가 농무부 차관 역할을 누구보다 충실히 이행할 테니 말이다. 결국 금지 법안은 보류되고 이후로도 달라지는 건 없었다.

축산업계와 정부의 '협업'은 비단 영양 연구에 그치지 않았다. 온실가스 배출에 대한 감독이 강화되면서 축산업계는 환경 친화적 이미지를 구축하기 위해 애쓰고 있다. 2019년 발간된 농무부 농업연구서비스(ARS)의 한 연구 사례(식용 소를 키우는 것은 환경에 전혀 문제가 없다는 내용)를 접하면서, 〈쿼츠〉에서 본 기사가 떠올랐다. 내용을 보니 그 기사는 육우업계가 후원한 것이 분명했다. 농업연구서비스의 농업 엔지니어로서 분석팀을 이끌고 있는 앨런 로츠(Allen Rotz)는 기관 웹사이트의 연구 개요 편에 이렇게 설명했다. "우리는 자체 분석을 통해 온실가스 배출이 다른 신뢰할 수 있는 연구들에서 보이는 결과와 그렇게 다르지 않으며, 장기적 지구 온난화에 중대한 영향을 끼치는 요인이 아니라는 것을 발견했다."[52] 나중에 이 연구 또한 미국육우목축협회에서 자금을 일부 지원받았다는 사실을 알게 되었다. 사실 그리 놀랄 만한 일도 아니다.

물론 산업형 축산 회사들은 정부와 자신들의 이익을 대변하는 동업자 단체들과의 밀월 관계에서 이익을 얻는 한편 자체적인 마케팅 캠페인도 추진하고 있다. 이와 관련, 그린워싱(greenwhashing), 즉 회사가 실제와 달리 환경에 전혀 해를 끼치지 않는다는 허위 정보나 그릇된 인상을 유도하는 과정을 의미하는 단어는 매우 의미심장해 보인다. 세계 최대 규모의 쇠고기 신선육 및 돼지고기 가공 회사인 JBS와 필그림스 프라이드(Pilgrim's Pride, JBS가 대주주이다)가 연합해서 2021년 〈뉴욕 타임스〉에 게재한 전면광고를 보라.

농업은 기후 위기 해법의 한 부분이 될 수 있습니다.
탄소 배출이 '0(net-zero)'인 베이컨, 치킨윙, 스테이크.
충분히 가능합니다.[53]

이 회사들은 "2040년까지 0(zero)"을 달성할 것이라며, "기한을 한정한 과학 기반의 목표"를 수립했고 "향후 10년에 걸쳐 10억 달러의 자본을 투자해 이를 지원할 것"이라고 목소리를 높였다. 그러나 JBS의 2019년 연매출은 380억 달러이고, 약속은 구체적이지 않으며, 그 목표를 달성할 책임을 따질 주체도 JBS 자사뿐이다. 내가 이들의 선포에도 별다른 기대를 하지 않는 이유다. 이 글을 읽는 여러분도 그러는 게 나을 것이다. 내가 이렇게 회의적인 이유는 역시 전례가 있기 때문이다.

2020년 9월 JBS는 아마존 삼림 파괴와 관련해서 자체적인 대응에 나설 것을 약속한다고 발표했다. 문제는 간단하다. 이 발표는 2009년에 했던 것을 다시 언급한 데 지나지 않으며, 그때도 10년 동안 제대로 된 실천이 이뤄지지 않았다는 것이다. "산업형 쇠고기 부문은 큰 부담입니다." 그린피스(Greenpeace)의 삼림운동가 다니엘라 몬탈토(Daniela Montalto)의 말이다. "JBS를 포함한 세계적 쇠고기 가공 회사들은 언젠가 아마존을 구할 수 있을 것이라고 약속하면서도 오늘은 판타날(Pantanal, 세계 최대의 열대 습지)을 남벌하며 자신들의 지속가능성 서약을 가루로 만들고 있습니다."[54] 마이티 어스(Mighty Earth)의 부의장이며 라틴아메리카 담당 다국적 임원인 새러 레이크(Sarah Lake) 같은 환경운동가들이 "JBS는 거짓 약속을 반복하고 있습니다"[55]라며 새 2040 서약에 회의적인 태도를 보이는 것은 결코 놀랄 만한 일이 아니다. 내가 우려하는 것은 이 서약이 JBS가 환경을 의식하는 기업처럼 보이려는 아주 작은 시도의 하나에 불과할지도 모른다는 점이다.

산업형 축산업계의 홍보 전략은 매우 다양하며, 그 수법은 정치, 법, 교육 제도의 가장 근간에 자리 잡고 있다. 산업형 축산업계는 대중을 겨냥한 정통 마케팅 및 홍보 캠페인을 시행하는 것은 물론 전략적 로비에 나서거나 제휴 관계를 맺는 데 이르기까지 온갖 활동을 하면서 수요를 창출하고 있다. 그 과정에서 자신들에게 방해가 되는 잠재적 장애물들을 교묘하게 제거함으로써 어떤 제품이든 본격적으로 판매하기에 앞서 유리한 위치를 확보한다. 핵심은 분명하다. 산업형 축산업계는 우리가 고기로부터 벗어나지 못하도록 하기 위해 모든 방법을 동원하고 있다.

Chapter 9

육류의 역설

나는 붉은 고기를 먹지 않지만,
때때로 사람에게는 스테이크도 필요해요.

기네스 펠트로(Gwyneth Paltrow)

육식에 대한 갈망은 DNA에 존재한다

바이든 행정부가 육류를 금지했던 때를 기억하는가? 〈데일리 메일(The Daily Mail)〉에서 "바이든의 기후 계획으로 인해 어쩌면 당신은 햄버거를 한 달에 한 번만 먹어야 할 수도 있다"[1]고 숨 가쁘게 보도하면서 언론의 폭주가 시작됐다. 플로리다주 하원 의원 마저리 테일러 그린(Marjorie Taylor Greene)은 즉각 조 바이든(Joe Biden) 대통령을 "햄버거 도둑(hamburglar)"[2]이라고 불렀고, 극우 언론들은 육류를 없애려는 백악관의 노골적인 계획이라며 몰아붙였다. 〈폭스 뉴스(Fox News)〉 진행자 제시 워터스(Jesse watters)는 이렇게 비꼬았다. "바이든 대통령은 지구를 구하고 탄소 배출량을 50퍼센트 줄이겠다는 자신의 계획을 자랑스럽게 여겨왔습니다. 그러려면 미국인들은 적색육 소비를 무려 90퍼센트나 줄여야 합니다. 한 달에 햄버거를 하나밖에 먹을 수 없다는 뜻이지요."[3] 이에 도널드 트럼프 주니어(Donald Trump Jr.)는 트위터를 통해 당당하게 말했다. "어제 고기를 2킬로그램쯤 먹은 것 같다. 내가 고기를 멀리하는 일은 없을 것이다."[4] 콜로라도주 하원 의원 로렌 보버트(Lauren Boebert)는 "(바이든 대통령은) 내 부엌에서 나가라"[5]라고 요구했다. 텍사스주지사 그렉 애보트(Greg Abbot)도 트위터에서 이렇게 외쳤다. "텍사스에서는 아무 일도 일어나지 않을 겁니다!"[6]

그런데 문제가 있다. 사실 바이든 행정부는 미국인들의 육류 소비를 제한하기 위한 어떤 제안도 한 적 없다. 공화당을 격분하게 만든 최초의 보도를 한 〈데일리 메일〉은 바이든의 제안을, 바이든 자신 또는 행정부의 육류 금지와 아무런 관련도 없는 2020년에 발표된 어느 학술 논문과 연결 지었다. CNN에 따르면, 미시간대학과 툴레인대학 연구자들은 "미국인들이 쇠고기 소비를 연간 4파운드(약 1.8킬로그램)로 줄이는 등 여러 가지 방식으로 식단을 변경하면 온실가스 배출량에 어떤 영향이 있을지"[7] 추정했다. 이 논문에서 바이든은 이름조차 거론되지 않았을 뿐 아니라 이 논문이 발표된 시기는 그가 민주당 대통령 후보로 추대되었을 때와 전혀 관련이 없다.

이 에피소드는 여러 가지 사실을 시사한다. 미국인들, 특히 극우 보수주의자들이 햄버거를 정말로 좋아한다는 것도 그 중 하나다. 미국총기협회 회장이자 배우인 찰턴 헤스턴(Charlton Heston)이 정부를 향해 "내 차가운 시신의 손"에서 총을 빼내 가져가라고 말하는 모습이 연상될 정도다. 단, 바이든이 노린 것은 미국의 총만이 아니었다. 햄버거도 있었다.

낙태와 총기, 취소 문화(cancel culture, 생각이 다른 사람 계정의 팔로우를 취소하는 문화 - 옮긴이), 예방접종, 이민 등 온갖 뜨거운 문제로 분열되어버린 이 나라에서 육류가 또 다른 분열의 원인이 될까? 그럴 가능성이 충분해 보이는 근거가 몇 가지 있다. 2021년 초, 진보의 상징 알렉산드리아 오카시오-코르테즈(Alexandria Ocasio-Cortez) 의원이 1200만 명 이상의 팔로워들에게 돌아오는 사순절에 자신과 함께 채식에 동참해줄 것을 요청했다. 그리고 몇 개월 후, 부통령 카멀라 해리스(Kamala Harris)는 지인이며 완전채식주의자인 상원 의원 코리 부커(Corey Booker)의 권유로 완전채식주의 타코 가게에 들러 "오후 6시 전 채식" 계획을 실천하려고 노력하는 모습을 공개했다.

2021년 7월에는 브루클린 자치구의 에릭 애덤스(Eric Adams) 구청장이 자신이 완전채식주의자임을 공개적으로 선언하며 민주당 뉴욕 시장 후보로 지명됐다. 퓨리서치센터(Pew Research Center)의 자료에 따르면, 민주당원들은 공화당원에 비해 채식주의자나 완전채식주의자일 가능성이 두 배나 높다. 한 심리학 연구에서는 우파에 속하는 사람들이 육류를 소비하는 주된 이유를 다음 두 가지로 추정했다. "첫째 그들은 채식주의와 완전채식주의가 전통과 관습에 가하는 위협에 반발하며, 둘째 인간은 '우월하므로' 가축을 섭취할 자격이 충분하다고 느낀다."[8] 바꾸어 말하면, 보수주의자들은 단순히 진보주의자들과 동물보다 우위에 서기 위해 육류를 더 많이 먹는다는 뜻일까?

텍사스주 상원 의원 테드 크루즈(Ted Cruz)는 총신을 감싼 베이컨을 요리하는 영상을 올린 적이 있다. 보수주의 비평가 맷 코치(Matt Couch)는 저녁 식사 접시에 4파운드(약 1.8킬로그램)의 고기를 쌓아놓은 사진(덤으로 고기 속의 아스파라거스까지)을 트위터에 올렸다. 심리학 교수 조던 피터슨(Jordan Peterson)은 쇠고기와 물로 이뤄진 딸의 식단과 시간당 90달러짜리 육식주의 컨설팅 프로그램을 홍보해왔다. 2016년 라디오 진행자 알렉스 존스(Alex Jones)는 소시지와 스테이크가 담긴 접시를 내려다보며 군침을 흘리는 사진을 다음과 같은 문구와 함께 트위터에 올렸다. "약간의 붉은 고기로 위대한 미국을 찬양하며. 오바마 당신을 위하여!"[9] 오바마 대통령은 채식주의자도 아니고 육식을 줄이자는 편에 선 것도 아닌데 인터넷 신문 〈데일리 비스트(Daily Beast)〉는 이 사진에 대해 "그 의미는 분명하다. 오바마와 그의 족속들은 좌파에게 포위됐다고 믿는 보수주의자들이 애지중지하는 총과 남부동맹 깃발 같은 온갖 종류의 토템을 얻으러 온 것처럼 미국인들의 고기마저도 빼앗고 싶어 한다"[10]고 지적했다.

이런 정치적 대립에선 육류 가공업체들을 빼놓을 수 없다. 정치 자금과 기부금 추적 사이트인 오픈시크릿(OpenSecrets.org)에 따르면, 1990년 대통령 선거 이후 육류 가공 및 제품 관련 산업에서 연방 후보자들에게 제공한 기부금의 79퍼센트는 공화당에 집중됐다.[11] 2020년 축산업계는 공화당원들에게 1380만 달러를 기부한 데 비해 민주당원에게는 410만 달러를 기부했다. 트럼프에게 기부한 금액은 거의 200만 달러로, 바이든에게 기부한 43만 9000달러를 크게 넘어섰다. 유제품에서 가금류, 계란에 이르기까지 농업의 거의 모든 부문에서 이와 유사한 일이 벌어졌다. 육류업계의 연간 매출이 헝가리나 우크라이나의 국내 총생산보다 많은 점을 감안하면 이 정도 금액은 별거 아닌 것처럼 보일 수도 있다. 흥미롭게도 공화당이 육류업계의 압도적 지지를 받는 상황에서도 바이든 행정부는 농장 산업이 미국의 전체 탄소 배출량의 무려 10퍼센트를 차지하는데도 불구하고 "바이든의 환경 관련 목표들을 진척시키기 위해 꼭 필요하며, 대부분 보수적 성향을 띤 농촌 출신 의원들을 위협할 수도 있는 보다 엄격한 환경 규제에 관한 논의를 멀리해왔다"[12]고 정치 전문 인터넷 신문 〈폴리티코(Politico)〉는 2021년 4월 기사를 통해 밝혔다.

진보주의자들이 보수주의자들에 비해 채식이나 완전채식을 할 가능성이 높은 것은 분명하지만, 그럼에도 불구하고 좌파는 대부분 우파와 마찬가지로 육식을 한다. 갤럽(Gallup)의 조사 결과, 진보주의자의 11퍼센트가 채식주의자이고 완전채식주의자는 5피센트에 불과했다. 어느 면에서 보더라도 육식은 당파를 초월하며, 고기에 집착하는 미국인들의 심리는 그들의 DNA 속에 깊이 자리한 것처럼 보인다.

　2015년으로 돌아가보자. 랭커스터대학은 육류 소비 심리를 주제로 연구를 했다. 특히 사람들이 개와 고양이, 말, 새끼 돼지 등을 살갑게 껴안고 학대당하는 동물을 보면 가슴 아파하면서도 식당에 가서는 소고기와 돼지고기, 닭고기 등을 거리낌 없이 먹는 심리에 초점을 맞췄다. 연구에 따르면, 이런 합리화 현상은 연구원들이 '4N'이라고 부르는 네 가지 주요 범주로 구분된다. 〈시드니 모닝 헤럴드(The Sydney Morning Herald)〉는 이 네 가지 범주를 이렇게 소개했다. "육식은 자연스럽고(Natural, '인간은 육식동물이다'), 필요하며(Necessary, '고기에는 필수영양소가 있다'), 일반적이고(Normal, '나는 고기를 먹으며 자랐다'), 즐겁다(Nice, '맛있다')."[13] 흥미롭게도 네 가지 모두에 공감하는 사람은 남성일 가능성이 높았는데, "남성들은 소는 슬픔과 기쁨 같은 감정을 느낄 가능성이 낮다고 생각한다"고 한 연구원은 설명했다.

육식과 성(性), 육식은 남자다운가

　정치적 선호도로 육식주의자와 채식주의자의 차이를 완벽하게 설명할 수 없다면, 성별로는 가능할까? 제시 워터스가 진행하는 〈폭스 뉴스〉에서 페미니스트 완전채식주의자와 '유해한 남성미'에 대한 논쟁을 굳이 스테이크를 먹으면서 한 이유는 무엇일까? 스톡 이미지(stock image) 사이트에서 '샐러드 준비하기'

를 검색하면 대부분의 사진에 여성이 등장한다. 반면에 '고기 굽기'라고 입력하면 뒷마당에서 고깃덩이를 뒤집는 덩치 큰 남자들이 주로 보인다. 《고기를 끊지 못하는 사람들》의 저자 마르타 자라스카는 〈데일리 비스트〉와의 인터뷰에서 이렇게 말했다. "고기와 남성미의 관계는 인류가 사바나에서 부패한 얼룩말을 청소하던 이후 250만 년이나 계속돼왔습니다. 지난 수백 년 동안 남성은 여성이 고기에 다가가는 것을 제한했습니다. 실제로 많은 문화권에서 여성이 특정 육류를 먹는 것을 금기시하며 죽음의 형벌을 내리는 경우도 있습니다."[14]

2011년 대학을 졸업한 뒤 나는 데이트앱에 가입하고 일 년 동안 어색한 첫 번째 데이트들을 연이어 계속했다. 그렇게 일 년간 첫 번째 데이트를 45번이나 한 끝에 마침내 미래의 아내가 될 이사벨을 만났다. 그 많고 고통스러웠던 첫 번째 데이트 중 내게 영원히 기억될 영향을 끼친 사건이 있다.

식당에서 한창 잡담을 하고 있는데 웨이터가 주문을 받으러 왔다. 데이트 상대였던 레이철은 샐러드를, 나는 미디엄레어 스테이크를 주문했다. 레이철이 나를 물끄러미 바라보며 말했다. "채식주의자 아니었어요?" 말투가 거의 비난조였다. 나는 데이트앱의 자기소개란에 여러 가지를 언급했는데, 내 삶에서 그 무렵은 그 어느 때보다 채식주의를 향한 열망이 강하게 타오르던 때였다. 하지만 그 앱에는 어디에서도 '플렉시테리언'(flexitarian,

채식주의자이지만 가장 유연한 식습관을 가진 사람. 식물성 음식을 주로 섭취하지만 고기류도 함께 먹는다)을 선택할 수 없어서 나를 그냥 '채식주의자'라고 표현했다. 나는 아주 특별한 경우에는 고기도 먹는다고 그녀에게 열심히 설명했다. "지금처럼 말이에요!"라고 어셀프게. 사실 그 식당에는 맛있는 식물성 음식도 많이 있었지만, 그동안 첫 번째 데이트에서는 주로 고기 메뉴를 시켜왔던 터였다. 나는 결국 솔직히 털어놓았다. "남자답게 보이고 싶어서 고기를 시켰어요." 이 대목에서 목소리가 약간 삐걱거렸다.

레이철은 어색하게 미소를 짓더니 다시 핵심을 찔렀다. 그녀는 도축장에서 도살되기 전 마지막 몇 달간 사육장에 갇힌 채 살아야 했던 무기력한 소에게서 잘라낸 고기로 만든 스테이크를 먹는 것이 '남자다움'과 무슨 관련이 있는지 물었다. 대부분 그렇듯이 공장식 농장에서 자란 동물의 살을 먹는 것이 도대체 왜 남자답다는 것인가? 그러면 풀을 먹는 것은 여성적이고, 결국은 '약한 것인가?'라고 그녀는 되물었다. 줄기차게 이어지는 질문 폭탄에 나는 의자 밑으로 가라앉을 것만 같았다.

당연히 마지막 데이트가 된 이 데이트 이후 나는 고기와 성 역할의 관계에 대해 깊이 고민하게 되었다. 고기는 남성적이고 식물은 여성적이라는 관념은 어디서 온 것일까? 이런 궤변을 추앙하는 것은 비단 나뿐만이 아니다. 미성으로 유명한 가수 제임스 블런트(James Blunt)는 최근 한 팟캐스트에서 대학에 다닐

때 자신의 남성미에 자신이 없어서 닭고기와 쇠고기, 마요네즈만 먹으며 8주 동안 버티다가 비타민 C 결핍으로 괴혈병에 걸린 적이 있다고 고백했다. 이와 관련, 주목할 만한 연구 결과도 있다. 펜실베이니아대학 심리학 교수 폴 로진(Paul Rozin)의 연구팀은 학생들에게 어떤 음식이 가장 '남성적'이고 가장 '여성적'인지 물었다. 학생들은 스테이크와 햄버거, 쇠고기 칠리가 가장 남성적인 음식이고 복숭아와 초콜릿이 가장 여성적인 음식이라고 꼽았다. 로진과 동료들은 이 실험과 다른 몇몇 연구를 종합해서 "포유동물의 근육 고기가 남성미와 어느 정도 긍정적 관련성이 있다는 일관되고 통일된 근거가 있다"[15]고 결론지었다.

그렇다면 '남자답다'는 것은 정확히 어떤 의미일까? 전 헤비급 챔피언으로 지방을 줄여준다는 그릴 광고에 등장하는 조지 포먼(George Foreman)을 보면, 강하고 남자다워지려면 단백질을 많이 섭취해야 한다는 생각이 들기도 한다. 채소 위주의 식사를 하는 사람들은 이런 고전적인 질문을 자주 받는다. "단백질은 어떻게 섭취하나요?" 이런 생각은 육류와 유제품이 유일한 단백질 공급원이며 근육을 만들고 유지시키는 유일한 방법이라는 잘못된 통념에서 비롯된다. 식물성 식단을 유지해서는 스포츠 경기에서 뛰어난 능력을 발휘할 수 없을 거라는 의심은 MMA 챔피언 제임스 윌크스(James Wilks), 전 NFL 수비 라인맨 데이비드 카터(David Carter), 사이클 선수이며 올림픽 출전자인 도치 바

우슈(Dotsie Bausch), 울트라 마라토너 스콧 주렉(Scott Jurek), 테니스
의 전설 비너스 윌리엄스(Venus Williams), 미국 여자축구 국가대표
팀 공동주장 알렉스 모건(Alex Morgan), NBA 슈퍼스타 카이리 어
빙(Kyrie Irving) 등을 보면 해결될 것이다.

우리가 매일 사용하는 언어조차도 고기는 강하고 식물은 약
하다는 개념과 연결되어 있다. 체육관에서 운동을 하면 근육이
'발달한다(feefing)'고 표현한다. 집에서 소파에 누워 TV를 보면
'카우치 포테이토(couch potato)'가 될 거라고 한다. 신체적으로 강
인함을 표현할 때는 '육체미(beefcake, 건장한 체격)'라는 표현을 쓰
고, 무기력해 보이는 사람은 '식물인간(vegetable)'이라고 부른다.

스태튼 아일랜드에서 어린 시절을 보내면서 나는 수많은 바
비큐 파티에 참석했다. 공휴일은 불을 피우고 친구들을 초대하
기 위한 핑곗거리나 다름없었다. 우리 집에서 고기를 굽는다면
그릴 앞에 있는 사람은 당연히 우리 아버지였다. 친구 집이라면
당연히 친구 아버지가 그 주인공이었다. 어디를 가든 남성들은
항상 그릴 주변에 모여 있고, 여성들은 브라우니나 토핑, 음료
등을 준비했다.

이런 고정관념은 TV 광고를 통해 지속적으로 강화됐다. 숯
제조 회사인 킹스포드(Kingsford)가 2009년 방영한 광고에는 그릴
에 숯을 들이붓는 한 여성이 등장한다. 그런데 남편이 그 모습
을 발견하고는 재빨리 제지한다.

"여보, 이건 오븐이 아니야. 내가 부엌에 들어가 샐러드를 만들면 어떨 거 같아?"[16]

"그건 아닌 거 같아요." 하고 아내가 인정한다.

2010년 〈포브스(Forbes)〉 전속 기자였던 메건 캐설리(Meghan Casserly)는 그릴을 둘러싼 성 고정관념을 해체하려고 했다. 그녀는 일단 "그릴 구이는 재미있다"라는 문장으로 이야기를 시작했다. "부탄가스와 성냥, 숯, 그리고 무언가를 찌를 수 있는 작은 갈퀴도 있다. 위험할 수도 있지만, 그만큼 짜릿하다."

그릴 구이는 남성들과 어울린다는 말과 동의어였다. "그릴은 맥주를 든 채 그 주변으로 모이는 남성들에게 즐거움을 선사한다. 풋볼이 한창일 때의 대화면 TV와 마찬가지다."[17] 캐설리가 부연설명한 것처럼, 그릴 구이는 20세기 미국의 독특한 관습이다. 다른 나라에서 불을 피워 고기를 익히는 일은 주로 여성들의 몫이었다. 1950년대와 1960년대를 거치며 미국인들, 주로 백인들이 교외로 이주하면서 뒷마당 바비큐가 본격적으로 인기를 끌기 시작하고, 그와 더불어 주말에 가족과 즐거운 시간을 보내기 위해 그릴을 손보는 성실한 남성의 이미지가 탄생한 것이다.

성별과 육식의 관계에 대한 기념비적 저술로는 캐럴 J. 애덤스(Carol J. Adams)의 《육식의 성정치(The Sexual Politics of Meat)》를 꼽을 수 있다. 1990년 출간된 이 책은 우리가 먹는 음식, 즉 가축은 주로 가부장적 정치학에 의해 결정된다고 주장한다. 애덤스는 모든 끼니의 이면에는 '부재(absence)'가 있다고 강조했다. 지금 우리가 섭취하는 고기를 내준 동물의 죽음 말이다. 이 부재의 지시 대상(absent referent)은 "육식에 내재하는 폭력을 은폐하고", 우리가 먹는 고기가 "어떤 존재였던 것처럼 보이지 않도록 그 고기가 한때 동물이었다는 생각에서 벗어나도록 하는" 기능을 한다.[18] 이와 비슷하게 애덤스는 인간 사회에서는 여성의 존재를 그 존엄성에서 분리하는 동시에 신체의 일부로 격하한다고 주장했다. 여성에 대해 이야기하면서 팔, 허벅지, 가슴 등을 언급하는 것을 보면 메뉴를 고르는 것인지 아니면 여성의 신체 부위를 가리키는 것인지 알 수 없다. 여성의 신체 부위에 집착하는 가부장적 사회는 이와 비슷하게 육식에도 집착하는 모습을 보인다.

성별과 육식의 관계는 본질적으로 계층의 영향을 받았다. 인류가 다른 동물의 사체를 뜯어 먹으며 살아오는 동안 우리는 우리 자신을 가진 것과 못 가진 것으로 구분했다. 이 책의 서두에서도 언급했듯, 인류 역사의 거의 모든 기간 동안 고기는 희귀한 사치품이었고, 따라서 매우 인기가 높았다. 여기에는 소위희소성도 크게 작용했다. 희소한 것일수록(여기서는 고기를 말한다) 더 높이 평가하고 흔할수록 더 낮게 평가하는 심리학적 원리가 관련돼 있는 것이다. 기초경제학에서는 수요와 공급의 원리로 잘 알려져 있는데, 이와 비슷한 심리가 반쯤 남은 가젤 사체를 놓고 싸우던 원시 인류와 플레이스테이션 5를 갈망하는 십 대들에게 그대로 적용된다.

빵, 치즈, 버터, 차, 우유, 단단한 뿌리채소 등으로 이뤄진 1700년대 유럽 농장 노동자들의 전형적인 식단을 생각해보자. 저녁식사 접시라도 고기가 담겨 있는 경우는 매우 드물었다. 반면에 귀족들은 매일 3파운드(약 1.3킬로그램)의 육류와 생선을 먹어치웠다. 20세기 이전까지 거의 모든 사회에서는 음식이 그 사람의 사회경제적 계층을 상징했다. 그만큼 육류는 모든 이가 열망하는 대상이었다. 앞에서도 설명했듯, 적어도 미국에서는 산업형 축산업 덕분에 육류가 풍부해져 매우 저렴하게 공급됐다. 오늘날 사회적 지위를 상징하는 것에는 다른 화려한 것들이 많지만, 연구에 따르면 사회적 지위가 낮은 사람들은 여전히 부유층보다 육류를 더욱 강하게 원하는 경향을 보인다.

유진 챈(Eugene Chan) 박사와 나탈리나 즐라테프스카(Natalina Zlatevska) 박사는 피실험자들에게 고기 패티와 채소 패티를 보여주고 어느 것을 선호하는지 묻는 실험을 했다. 모든 경우에서 상대적으로 덜 부유한 사람들은 고기 패티를 강하게 선호했다. 즐라테프스카 박사는 계층 규범이 이런 결과에 영향을 미쳤다고 추측했다. "육식과 힘, 권력과 남성미 사이에는 상징적 연관성이 있다. 전통적으로 육류는 손님을 위해서 차리거나 축하 행사의 중심에 등장하는 상류층 음식이었다."[19]

육식과 종교, 종교적 축제일의 특별한 '고기' 음식

즐라테프스카 박사가 언급한 "축하 행사"라는 말은 육류 소비 심리와 관련해서 또 하나 중요한 요소를 환기시킨다. 바로 종교 다. 내가 어렸을 때 유대교는 우리 가족의 행동을 크게 강제하지 못했다. 유대교에는 613개의 미츠바(mitzvahs, 히브리어로 '계명') 가 있지만, 우리는 그중 대부분의 것들을 따르지 않았다. 우리는 "하늘의 경외로움이 우리에게 임하시니"(선조의 윤리 1:3) 야르물크(yarmulke, 유대인들이 머리에 쓰는 작은 원형 모자 - 옮긴이)를 머리에 쓰고 "하나님을 경외하지" 않았다. 우리는 매주 금요일 해 질 녘 직전부터 하나님의 천지창조를 기념하는 토요일 해 질 녘까지 25시간 동안 이어지는 관례인 안식일(Shabbat, 하나님이 그 일에서 손을 뗀 일곱째 날)도 지키지 않았다. 일 년 중 가장 성스러운 날인 속죄일(Yom Kippur, Day of Atonement)에도 사원에 가지 않았다. 돼지고기나 조개류를 자제하는 등 코셔(kosher, 히브리어로 섭취해도 좋다는 의미의 '인정')도 지키지 않았다. 나에게 베이컨과 치즈 버거는 주식으로 치면 급등주나 마찬가지였다.

반면, 우리는 음식과 가족이 중심 역할을 하는 종교적 축제일은 찬양했다. 로시 하샤나(Rosh Hashanah, 히브리어로 '유대교 신년제') 에는 '희망 찬 새해'를 향한 기대를 상징하는 의미로 사과 조각을 꿀에 절여서 먹었다. 하누카(Hanukkah, 히브리어로 '봉헌절') 때는 예루살렘 성전에서 하룻밤을 겨우 밝힐 기름으로 여드레를 밝

한 기적을 찬양하기 위해 기름에 튀긴 감자 라트케(유대인들의 전
통 요리. 감자전이나 프리터와 비슷하다)를 먹었다. 우리 가족에게 유월
절(Passover)만큼 음식과 유대교의 관계를 잘 보여주는 종교 의식
은 없었다.

우리 가족은 매년 뉴저지의 삼촌 집에서 종교 의식을 거행했
다. 삼촌은 야르물크가 담긴 바구니 주변을 돌며 의식을 시작했
다. 세데르(Seder, 유월절 밤 축제)를 거행하는 지침이 담긴 하가다
(Haggadah, 히브리어로 '이야기')가 접시에 올려졌다. 우리가 먹을 음
식들, 예를 들면 히브리인들이 이집트의 창고와 피라미드를 지
을 때 사용한 모르타르와 벽돌을 상징하는 견과류와 과일로 만
든 달고 끈적끈적한 잼인 하로셋에 살짝 담근 마로르(쓴 허브)와
차제렛(히브리인들이 이집트에서 겪은 노예 생활의 고통과 가혹함으로 잊지
말자는 상징적 의미의 허브) 같은 음식 옆을 삼촌이 지나칠 때마다
우리는 각자 의식에 참여하기 시작했다.

세데르 때 접시에 담긴 고기는 구운 양고기나 닭고기 한 조
각이 유일했다. 〈출애굽기〉에서 하나님은 고대 이집트인들에
게 열 가지 재앙을 내리면서 마지막 재앙(이집트인 장자의 죽음)에
서 스스로를 보호하기 위해 유대인들에게 어린 양의 피를 대문
에 뿌리게 했다. 하나님이 이 표시가 된 집들은 재앙에서 제외
시킬 것이라고 했다. 이런 의미에서 고기는 희생된 양을 기억하
라는 상징이다. 그래서 세데르 동안에는 고기를 먹거나 취급하

지 않는다. 숙모는 게필테 피시(송어나 잉어 따위를 잘게 다지고 달걀이나 양파를 섞어 만든 경단으로 끓인 수프), 마초볼 수프(유대인이 즐겨 먹는 효모가 들어가지 않은 빵이나 크래커를 으깨 계란, 기름 등을 넣어 만든 완자를 넣은 수프), 로스트 치킨, 감자 큐겔(고리 모양의 케이크), 치메스(당근, 건포도, 고구마로 만든 스튜) 등 유대교 전통음식을 내왔다. 식성이 까다로운 나는 세데르 음식을 거의 먹지 않았다. 대신 부모님에게 부탁해서 준비한 페퍼로니 피자 두 조각을 차에서 먹으며 끼니를 해결했다. 이 모든 관습에도 불구하고 나는 육류가 우리 가족의 신앙에 매우 중요하면서도 아주 특별한 사치품이라고 생각하며 자랐다.

나는 아주 짧은 기간이지만 히브리 학교를 다니면서 노아의 방주에 대해 배웠고, 내가 먹던 닭과 닭다리를 어떻게든 연결 지으려고 애썼다. 한번은 아버지에게 물었다. "하나님은 우리가 고기 먹는 걸 좋아하실까요?" 식사가 끝나자마자 아버지는 나를 데리고 비디오 가게로 가서 〈초보자를 위한 성경 : 창조 이야기〉라는 애니메이션 영화를 빌렸다. 창조 신화에 대해서는 이미 알고 있었지만, 영화를 다 보고 아버지와 이런저런 이야기를 하다 보니 아버지가 내가 놓친 미묘한 무언가를 강조하려는 것 같다는 생각이 들었다. 아버지는 내게 하나님은 세상을 창조하고 그 속의 모든 것을 만드셨을 뿐 아니라, 그 모든 일을 결국 인간을 위해 하셨다고 설명했다.

"동물도요?" 내가 물었다.

"그럼, 살아 있는 모든 것들이 인간을 위해 만들어졌지."

"왜요?"

"하나님은 우리가 알약 하나로 모든 것을 해결하도록 하실 수도 있었지만, 그보다는 세상 모든 것들이 서로 이어지기를 바라신 거야"라고 아버지는 설명했다.

"서로 이어진다는 게 무슨 말이죠?"

"음식에는 적게나마 영적인 요소들이 담겨 있단다. 그래서 음식을 먹으면 기운이 북돋아지는 것이지. 쇠고기를 먹으면 소의 기운을 북돋게 되고."

"말도 안 돼요." 내가 반박했다.

"하나님이 그렇게 말씀하셨으니 우리 논쟁은 여기서 끝이야." 아버지는 조용하지만 엄숙하게 말했다. "하나님의 말씀을 우리가 전부 이해하기는 어렵단다."

이런 태도가 비단 유대교 신앙에만 국한된 것은 아니다. 기독교인들은 전통적으로 부활절에는 양고기를 먹고 성탄절에는 햄을 먹는다. 이드 알 아드하(Eid Al-Adha, 아랍어로 '희생제')는 두 알히자(Dhu al-Hijjah, 아랍어로 '순례의 달')의 열 번째 날에 시작되어 나흘 동안 계속되는데, 그동안 이슬람교도들은 양을 잡아 가족과 친구, 가난한 사람들에게 나누어준다. 이것은 하나님의 명령에 순종하기 위해 아들을 기꺼이 희생시키겠다고 나선 아브라함을 찬양하기 위한 것이다. 물론 하나님은 아브라함의 굳은 의지를 알고 아들을 대신할 희생양을 보내셨다.

동물에 대한 인류의 지배는 성경에 매우 분명하게 기술되어 있다. 하나님은 천지를 창조한 후 흙으로 아담을 만들어 에덴동산에서 살게 했다. 이곳에서는 식물만 먹을 수 있었고, 폭력은 아예 존재하지 않았다. 하나님은 "내가 땅의 모든 곳에서 씨 맺는 모든 채소와 씨 맺는 모든 나무를 너희에게 주노니 그것들은 너희 식물이 되리라"라고 말씀하셨다. "내가 모든 푸른 풀을 들 짐승과 하늘의 모든 새와 땅의 기는 모든 것들, 살아 있는 모든 것들에게 먹이로 주노라." 하나님은 지구가 썩고 폭력적이 되자 창조 이전의 혼돈 상태로 되돌리기로 결정하고는 유일하게 남은 의로운 사람인 노아에게 방주를 만들고 세상을 뒤덮을 홍수로부터 모든 동물을 두 마리씩 보존하라고 명령했다. 그 후 하나님은 노아와 그 자손들에게 축복을 내리며 이렇게 말씀하셨다.

생육하고 번성하여 땅에 충만하라. 땅의 모든 짐승과 공중의 모든 새와 땅의 기는 모든 것과 바다의 모든 고기가 너희를 두려워하며 너희를 무서워하리니 이것들은 너희의 손에 붙였음이니라. 살아서 움직이는 모든 것이 너희에게 먹을것이 될 것이요, 푸른 채소와 같이 내가 모든 것을 너희에게 주었노라. (창세기 9장 3절)

하나님은 인간이 동물을 먹는 것을 허락했을 뿐 아니라 두루마리를 가득 채울 만큼의 규정도 제시했다. 하나님은 발굽이 갈라져 있고 되새김질(반추동물이 위장에서 입으로 넘어온 음식물을 다시 씹는 것)하는 동물들을 포함하여 사람들이 먹을 수 있는 동물들을 상세하게 언급했다. 소, 양, 염소, 사슴 등과 닭, 칠면조, 메추라기, 콘월암탉, 비둘기, 거위, 오리, 꿩 등과 지느러미와 비늘이 있는 해산물 등이 여기에 포함된다. 헷갈리지 않도록 하나님은 먹지 말아야 할 동물도 자세히 알려주었다. 돼지, 낙타, 토끼, 랍스터, 굴, 새우, 문어, 조개, 게, 모든 파충류와 양서류, 대부분의 곤충(특정 메뚜기 제외), 뒷다리의 좌골신경과 혈액을 포함한 동물의 특정 부위가 여기 포함된다. 또한 하나님은 동물을 도축할 때도 특정 절차(셰히타shechita로 알려져 있다)를 따르도록 강조했다. 그래야만 율법에 맞는 정결한 음식(코셔kosher)으로 인정받을 수 있다. 특히 숙련된 전문 도축가(쇼헤트shochet라고 불린다)가 흠집이나 찌그러짐, 결함 없는 날카로운 칼로 동물이 살아 있는 동안 목을 베어 모든 피를 흘려보내야 했다.

물론 세상의 모든 종교가 이처럼 육류 섭취와 얽혀 있는 것은 아니다. 제칠일 안식일 예수재림교는 에덴동산의 채식 식단을 모방하려고 애쓰는 기독교 종파의 하나다. 노아 시대 이후에 한층 타락한 음식 규칙을 뒤집은 베드로의 꿈과는 대조적으로, 예수재림교의 창시자인 엘렌 화이트(Ellen White)는 비록 하나님이 노아 이전의 더 엄격했던 기준으로 시계를 되돌리더라도 노아 이후이자 기독교 이전의 감성에 공감하는 시각을 지니고 있었다. 그는 특히 하나님의 백성은 모든 동물의 살, 특히 돼지의 살을 먹는 것을 금해야 한다고 했다. 대다수 예수재림교인들은 태어날 때부터 철저히 채식주의를 따르기 때문에 식물성 위주 식단을 계속 유지했을 때 건강에 미치는 장기적 영향을 분석하는 과학 연구의 대상이 되는 경우도 많다.

지구 반대편의 동아시아, 남아시아, 동남아시아에서 기원한 종교들 역시 육류 섭취에 대해 제각기 다른 입장을 보인다. 힌두교의 가장 오래된 경전인 《베다(Vedas)》는 동물을 포함해 모든 살아 있는 것들을 향한 비폭력 개념인 불살생(ahimsa, 산스크리트어로 '해를 입히지 않는다'는 의미)을 권장한다. 고대 인도의 종교인 자이나교에서는 채식이 의무인데, 그 제약 수준이 단순히 육류를 피하는 것보다 훨씬 엄격하다. 많은 자이나교도들이 계란과 꿀뿐만 아니라 땅속 채소도 기피한다. 땅속 식물의 구근도 싹을 틔울 능력이 있으므로 살아 있는 동물처럼 간주하기 때문이다.

그럼에도 불구하고 전 세계 수십억 인구에게 종교는 축제 기간에 먹는 특별한 음식이라는 명분으로 육류의 지위를 높이는 수단이었다. 부활절 브런치, 세데르, 이드 알 아드하 등이 바로 그 대표적인 예다. 이는 마치 육류를 우리가 갈망하는 보상처럼 치환하는 효과가 있다. 이와 관련, 자라스카는 아이들에게 올바르게 행동했을 때만 특정한 과자를 먹을 수 있게 해준 실험을 언급했다. "피실험군 아이들은 그냥 과자를 제공받은 대조군 아이들에 비해 곧바로 그 과자를 갈망하기 시작했습니다"라고 그녀는 설명했다. 조지아대학의 연구에서도 아이들이 그다지 좋아하지 않는 것일지라도 매우 다정한 태도를 취하며 주면 그 간식을 즐겁게 먹는 것으로 나타났다. 성탄절, 추수감사절, 독립기념일 같은 주요 명절의 특별한 음식들이 육식과 관련 깊다는 점을 생각해보면, 우리가 육식을 즐기고 갈망하게 된 것은 그리 놀라운 일이 아니다.

육류의 '역설'에 손쉬운 해답은 없다

정치적 선호도, 성 규범, 계층, 종교 등이 육류를 선호하는 우리의 취향에 확실히 중요한 역할을 한 게 사실이지만, 우리의 육류 중독 현상을 더 간단하게 설명할 수 있으며 심리학보다 유전학을 기반으로 하는 설명도 있다. 몇 년 전, 코넬대학 연구원들은 어떤 사람들은 식물성 식단을 잘 받아들이는데 왜 어떤 사람들은 유독 힘들어하는지 의문을 가졌다. 과학자들은 사람들로 하여금 "오메가-3와 오메가-6 지방산을 효율적으로 처리해 초기 뇌 발달에 필수적인 화합물로 전환"[20]하도록 돕는 유전적 변이를 발견했다. '채식주의 대립형질(vegetarian allele)'이라고 불리는 이 변이는 수천 년 동안 고기는 거의 없이 과일과 채소, 곡류만으로 생존을 유지해온 인도 같은 나라의 사람들에게 널리 퍼져 있다. 전체적으로 남아시아인의 70퍼센트, 아프리카인의 53퍼센트, 동아시아인의 29퍼센트, 그리고 유럽인의 17퍼센트가 채식주의 대립형질을 보유하고 있다. 미국에서는 연구 대상의 18퍼센트만 채식주의 대립형질을 보유하고 있었는데, 이는 대다수 미국인이 북유럽 가계와 연관되어 있어서 고기를 많이 먹고 "우유를 오랫동안 마셔온 역사"가 있기 때문인 것으로 보인다고 연구원들은 말했다. 즉, 매우 오랫동안 고기와 유제품을 먹는 과정에서 일부 인구의 신체가 이에 적응한 것이다. 반대로, 주로 식물성 식단에 의존해온 사람들은 견과류와 씨앗, 아보카도 등의 식물성 식품에서 발견되는 오메가-3와 오메가-6 지방산을 더 효율적으로 처리하는 신체를 갖고 있다.

정리하자면, '육류의 역설'에 대한 손쉬운 해답은 없다. 건강에 해가 될 수 있고, 인도적이지도 않고, 환경적으로 지속가능하지도 않은데 사람들이 계속해서 육류를 많이 섭취하는 이유는 여기에 있다. 정치 이념, 성별, 사회경제적 지위, 종교적 신념, DNA 등 이유가 무엇이든 대다수 사람들이 매일 고기를 먹는다. 게다가 이는 당장 걷어차버리기 어려운 습관이기도 하다. 나는 이 모든 내용을 오랜 시간에 걸쳐 어렵게 배웠다. 2021년, 리듀스테리언재단 소속 연구 분과인 리듀스테리언연구소에서 여러 동료 연구원들과 협업해 사람들에게 육류를 완전히 끊는 것과 섭취량을 줄이도록 설득하는 것 중 어떤 전략이 더 효과적인지 연구한 결과를 〈환경심리학 저널(Journal of Environmental Psychology)〉에 발표했다. 먼저 우리는 수천 명의 사람들에게 식단에서 육류를 완전히 없애거나 육류 섭취를 상당히 줄이는 것을 권장하는 내용이 담긴 논평을 읽게 했다. 5개월 후 다시 점검했을 때, 육류를 식단에서 완전히 제외시키라고 권유받은 피실험자들은 평소 식습관에 별다른 변화가 없었다고 보고했다. 반면에 육류 섭취를 줄이도록 권유받은 사람들은 5개월 뒤 전체적으로 육류 섭취량이 7~10퍼센트 정도 감소했다. 하지만 이 연구의 표본을 전국을 대표하도록 확대하자 이 효과는 곧 사라졌다.*

우리의 연구뿐 아니라 비슷한 여러 연구 사례에서 주장하는 결론은 단순하다. 즉, 고기를 포기하기는 쉽지 않으며, 이것을 즉시 실천하라는 말을 듣는 것조차 즐겁지 않다. 이 책의 3부에서 살펴보겠지만, 지속가능하고 건강하며 인도적인 미래의 열쇠는 우리 식단에서 육류를 완전히 없애기보다 새로운 개념으로 접근하는 일일 것이다.

---

* 데이터를 심도 있게 분석한 결과, 우리는 하나의 패턴을 발견했다. 다시 말해 젊고, 진보적이고, 교육 수준이 높고, 많이 부유하지 않은 사람들, 즉 실험 대상으로 했던 인구집단과 비슷한 성향을 가진 사람들에게서는 그 효과가 발견됐다.

제3부

미래의 육류

지구에 남아 있는 것들을 소중하게 여기고
그 재생을 북돋우는 것만이
우리의 생존에 거는 무엇보다 소중한 희망이다.

웬델 베리(Wendell Berry)

자연방목, 인간과 동물은 함께 행복할 수 있을까

조지아 남부 깊숙한 지역에 자리한, 100여 명 남짓한 주민들이 살아가는 작은 마을인 블러프턴으로 향하는 중이다. 이곳에서 나는 미식가들에게 전설로 불리는 윌 해리스(Will Harris)를 만나려 한다. 4대째 농부로 살고 있는 윌은 6세대에 걸쳐 만들어진 150년 역사를 자랑하는 1250에이커(약 5제곱킬로미터) 면적의 가족 농장인 화이트오크 목장(White Oak Pastures)을 소유하고 있다. 이 농장은 미국뿐 아니라 어쩌면 전 세계에서 가장 환경친화적이며 인도주의적인 농장으로, 오늘날 농장의 지배적인 형태인 공장식 농장과는 극명한 대조를 이룬다. 나는 몇 주 전에 윌에게 미리 연락했는데, 그는 내가 농장을 둘러볼 수 있도록 친절하게 허락해주었다.

나는 동이 트기도 전에 일어나 윌의 사무실로 향했다. 한 남자가 흐릿한 아침 햇살을 뒤로한 채 픽업트럭에서 내려 나에게 다가왔다. "브라이언, 맞죠?" 그가 손을 내밀며 남부 특유의 억양으로 물었다. "제가 윌이에요."[1]

사무실에 들어서자 그의 외모가 제대로 눈에 들어왔다. 희끗희끗한 콧수염과 쌍을 이루는 염소 턱수염, 네모난 안경, 하얀 카우보이모자에 청바지, 갈색 부츠, 황갈색 긴소매 셔츠와 초록색 조끼를 걸친 건장한 중년 남자였다. 윌의 등 뒤에 있는 목재 가구는 온통 이상한 물건들로 가득 차 있었다. 뭔지 모를 책들에서 흑백사진, 10여 병의 술과 네다섯 정의 총까지 온갖 것들이 있었다. 살면서 이렇게 많은 총이 한데 있는 것을 보는 것은 처음이라고 말하자 윌은 장난스럽게 웃으며 대답했다. "사람들이 총에 대해 뭐라고 하는지 알죠? 총은 골프채와 비슷해요. 너무 많이 가질 수는 없죠."

화려한 수상 경력을 자랑하는 이 농장에 머무르는 동안, 윌이 이 농장에서 가장 매력적인 존재라는 것을 깨달았다. 섣부른 짓을 할 사람은 분명 아니었다. 에너지와 매력이 흘러넘쳤다. 윌은 타고난 리더이며 거친 수다쟁이였다. 그는 사무실 구석에 있는 긴 탁자로 나를 부르더니 옆에 앉으라고 권했다. 그러다 분위기가 조금 바뀌었다. 윌은 농장을 견학시켜주다가 내가 왜 이곳에 왔는지 의심스럽다고 퉁명스럽게 말했다. 내가 지난 몇 년 동안 동물성 제품 줄이기 운동을 해왔다는 사실을 윌은 이미 알고 있었다. 나는 그의 농장이 공장식 농장이 아니라는 것을 잘 안다며, 그와 그의 농장 운영 방식을 공정하게 살펴볼 것이라고 최선을 다해 납득시켰다.

내 대답이 흡족한 듯 윌은 자기 가족과 농장에 대한 기본적인 내용을 알려주었다. 그러면서 근처에 있는 물건들의 유래에 대해서도 설명해주었다. 윌은 확실히 뛰어난 이야기꾼이었다. 이게 그의 첫 번째 시연은 아닌 듯했다. 그는 남북전쟁 당시 남부군 기병 대장이던 증조할아버지 제임스 에버렛 해리스(James Everett Harris)가 어떻게 손에 넣었는지 불분명한 북부연합군 포병 장교의 검을 집어 들더니, 1866년 증조할아버지가 블러프턴에 정착한 이후 자신의 집안이 이 농장과 함께하게 됐다며 자랑스럽게 설명했다. 제임스의 손자이며 윌의 아버지인 윌 벨 해리스(Will Bell Harris)는 전통적 농업 방식이 사라지고 "상품화, 산업화, 집중화가 대세로 부상하던" 제2차 세계대전 이후 이 농장을 산업형 육우 농장으로 바꿨다.

그 후 20여 년이 흐르면서 "산업적으로 또 금전적으로 매우 성공적으로 농장을 운영했음에도 불구하고" 윌은 증조할아버지가 살아 계시다면 더 흡족하게 생각했을 게 분명한 방향으로 농장을 점차 탈바꿈시켰다. 이른바 "동물 복지, 재생가능한 토지 관리, 작은 공동체 마을의 부흥 등 하나가 없으면 다른 둘도 불가능한 총체적 방식"을 꿈꾼 것이다. 과거에는 가축의 고기를 얼마나 많이, 또 얼마나 싸게 생산할 것인지에 관심을 기울였지만, 이제 이런 생각은 더 이상 안중에 없다. 대신에 자칭 "복합적 생활 단위"라는 것을 개선하기 위한 농업 전략만 구상하고 있다.

월은 자신의 의도를 뒷받침하기 위해 친구 게이브 브라운 (Gabe Brown)이 집필한《흙, 생명을 담다(Dirt to Soil)》라는 제목의 책을 내게 보여주면서 그가 "농업을 향한 전체론적 접근"이라고 표현한 재생농업의 원리를 설명해주었다. 재생농업의 요점 중 하나는 무엇보다 토양의 유기물을 늘리는 농법으로 토양을 더 건강하게 만드는 것이다. 이를 실현하기 위한 주요 농법 중 하나는 회전식 방목(rotational grazing, 주기적으로 방목지를 순환하며 가축을 먹이는 방식)으로, 한때 야생에서 많은 수가 몰려 살았던 방목 가축들의 자연적 무리를 최대한 모방하는 것이다. 과도한 방목은 뿌리를 약화시켜 결국 식물을 사멸시키지만, 윤작은 식물이 쉬면서 재생하도록 돕는다. 월은 이것이 매우 중요하다고 강조했다. 또한 가축의 배설물이 토양에 영양소를 공급해서 전체적으로 생산성을 향상시킨다. 월은 토지를 재생시키는 한 가지 방식인 이 과정을 "가축 효과"라고 불렀다.

재생농업은 다른 이점보다도 토양의 동식물 다양성을 늘릴 뿐 아니라 토양의 보습 능력을 향상시키며, 탄소를 더 깊은 곳으로 격리해서 기후 변화를 완화하는 데 도움을 준다는 면에서 특히 유용하다고 월은 강조했다. 그 효과를 설명하기 위해 월은 자신의 농장을 독자적으로 분석해서 얻은 몇 가지 데이터를 소개해주었다. 이를 위해 월은 나에게 흙이 들어 있는 병 두 개를 보여주었다. 하나는 짙은 검정색으로 촉감이 곱고 영양소와 수분이 풍부한 반면, 다른 하나는 우중충한 연갈색으로 바위처럼 단단하고 생명의 흔적이라고는 찾아볼 수 없었다. 윌은 하나는 가축 효과로 만들어진 토양이며 다른 하나는 가축 효과를 배제시킨 토양이라고 설명했다. 짙은 검정색 토양은 아주 매혹적이었다. 나는 윌이 설명한 것들이 실제로 효과를 나타내고 있다는 사실에 흥분했다.

나중에 알게 된 내용이지만, 재생 축산업을 긍정적으로 보는 과학자들도 일부 존재한다. 자연방목 소들이 모두 재생 활동과 관련된 것은 아니지만, 평생 풀을 먹는 소는 실제로 탄소 격리(carbon sequestration, 이산화탄소를 토양의 탄산염이나 유기물 등 담체擔體에 고정해 지하 및 지상의 특정 공간에 저장하는 과정 ─ 옮긴이)를 증가시키는 데 도움을 준다. 또 풀을 뜯을 때 풀이 더 깊이 뿌리 내리도록 함으로써 다른 방법들에 비해 탄소를 더 많이 포집하도록 한다.

그러나 소는 환경적으로 부담되는 게 사실이다. 특히 대기 중으로 내뿜는 메탄 가스가 그렇다. 메탄 가스는 탄소보다 수명이 짧은 온실가스이지만 위력은 훨씬 강하다. 자연방목 소는 공장식 농장에서 자라는 소들보다 성장 속도가 느려서 수명이 길다. 따라서 대기로 배출하는 메탄 가스의 양도 훨씬 많다. 이 모든 요소들을 감안할 때, 자연방목 소들이 기후 변화에 미치는 영향이 궁극적으로 긍정인지 부정인지는 명확히 말하기가 쉽지 않다.

월의 사무실에서 나와 그의 픽업트럭(뒷좌석에 권총 몇 개가 널브러져 있었다)을 타고, 지평선 위로 쏟아지는 따사로운 햇살을 받으며 농장으로 달렸다. 마을을 가로질러 달리고 있는데, 월이 블러프턴은 미국에서 가장 가난한 도시 중 하나라는 말을 꺼냈다. 그러면서 한때 번성했던 농업 경제를 망친 주범으로 산업형 축산업의 집중화를 비난했다. 지금 월은 마치 전원의 록펠러 같은 존재로, 블러프턴에서 '우체국을 제외한' 거의 전부를 소유하고 있다. 그의 농장이 가까워지자 그 아름다움과 광대함에 압도됐다. 끝없이 펼쳐진 푸른 하늘 아래 내가 상상할 수 있는 가장 에메랄드빛에 가까운 풀밭과 비옥한 검은 흙이 한 편의 그림처럼 다가왔다.

이어지는 몇 시간 동안 우리는 농장 여기저기를 돌아다녔다. 나는 그곳에서 지금껏 내가 본 것 중 가장 행복한 동물들을 만났다. 진창에서 신나게 뒹구는 돼지들, 무리를 지어 자유로이 여기저기를 쪼고 다니는 닭들, 탁 트인 목초지를 바라보며 되새김질하는 소들. 월은 공장식 농장과 달리 이곳의 가축들은 비정상적으로 빠르거나 느리게 자라는 일이 없다고 말했다. 이곳의 가축들은 생의 마지막 순간까지 야외 목초지에서 풀을 뜯으며 평생 자유롭게 배회한다. "가축별로 본능적인 행동을 표현"할 수 있다. 도축되기 5개월 전부터 사육장에서 옥수수를 먹여 살을 찌우는 공장식 농장의 소들과 달리 이곳의 소들은 오로지 풀만 먹는다. 닭은 옥수수, 콩, 보리 같은 곡물뿐 아니라 목초지의 벌레와 유충을 파먹고, 돼지는 방목하는 양계장에서 나온 깨진 계란과 유기농 채소 농장에서 재배한 채소를 먹는다. 이런 채소는 물론 합성 살충제나 비료를 전혀 사용하지 않고 기른 것이다. 화이트 오크 목장은 동물 복지인증(AAP), 인도주의 인증(CH), 글로벌 동물 파트너십(GAP)을 모두 획득했다. 이 모두는 그 범위가 매우 넓지만 동물들이 산업형 농장에서보다 훨씬 나은 삶을 살았음을 인증해주는 제3자 검증 프로그램들이다. 나는 이 동물들이 얼마나 만족스러운 삶을 사는지 두 눈으로 직접 확인할 수 있었다.

뒤이어 윌은 대부분 조지아 출신인 친절한 직원들을 소개해주었다. 놀랍게도 그중에는 아이비리그 출신도 여러 명 있었다. 이들은 이 농장의 철학에 이끌려 이곳까지 오게 됐다고 했다. 윌은 이 지역 농장들의 평균 직원 수보다 두 배나 많은 165명의 직원들을 둔 카운티 최대의 민간 고용주라는 사실을 내게 자랑하듯 말했다. 모든 면에서 이곳은 지구상에서 가장 행복한 농장인 것 같았다.

하지만 이런 첫인상은 다음에 찾아갈 무시무시한 곳을 돌아보고 나면 크게 뒤바뀔 게 분명했다. 소를 도살하는 과정을 보기 위해 농장 도축장을 둘러보고 나면 말이다. 윌은 내가 곧 보게 될 도축장이, 저명한 자폐 권리 운동가이자 콜로라도주립대학에서 동물학을 가르치며 농장의 동물 복지를 개선하기 위해 힘쓰고 있는 템플 그랜딘(Temple Grandin) 교수의 의견을 토대로 만들어졌다고 설명했다. 그랜딘 교수는 동물 복지를 극대화하고 가축의 스트레스를 최소화하도록 도축장을 설계했다.

안으로 들어서자 여기저기 핏자국이 보였다. 앞으로 벌어질 일들을 생각하며 구역질을 참으려고 안간힘을 썼다. 앞서 나는 윌에게 도축에 대해 어떻게 생각하느냐고 물었는데, 그는 가장 인도적으로 생명을 빼앗는 방식이긴 하지만 "도축 장면이나 죽어가는 무언가를 바라보며 즐기는 사람은 그 사람 자체에 문제가 있다고 생각합니다. 도축은 관람하는 경기가 아니에요"라고 대답했다.

몇 분 흐른 뒤 윌은 내게 곧 참혹한 시간이 시작될 것이라고 경고했다. 나는 그에게 있는 그대로 설명해달라고 부탁했다. 덜거덕거리는 소리가 들려 바라보니 소가 커다란 눈을 휘둥그레 뜬 채 서 있었다. 그때 "털컥" 하는 큰 소리가 들렸다. 나사못이 소의 두개골과 뇌를 관통하며 의식을 잃게 만드는 소리였다. 그 자리에 쓰러진 소를 기계가 공중으로 들어올렸다. 한 직원이 큰 칼을 들더니 소의 배를 갈랐다. 땅으로 피가 쏟아졌다. 내장을 제거하고, 발굽을 잘라 통에 던져 넣고는 소의 피부를 벗기기 시작했다. 이것은 나중에 멋진 가죽으로 변신한다. 이윽고 소의 사체는 여러 부위의 고기로 나뉘었다. 도살이라는 순간은 늘 소름 끼치지만, 이 소는 공장식 농장의 소들과 달리 지금까지 아주 행복하게 살았다는 사실을 씁쓸하면서도 다행스러운 위안거리로 삼았다.

화이트오크 목장의 고기가 '우수 육류(better meat)'의 표준으로 불리는 경우도 더러 있다. 우수 육류의 의미는 묻는 사람에 따라 크게 다르지만, 우수 육류 옹호자들의 입장에서 보면 일반적으로 공장식 농장의 육류에 비해 더욱 지속가능하고(또는 재생 가능하고), 더 온정적이며, 더 많은 일자리를 창출하고, 더 건강하며, 섭취하기에 더 안전하고, 나아가 더 맛있다는 의미다. 하지만 우수 육류가 실제로 공장식 농장의 육류와 경쟁할 수 있을까?

자연방목이 현실화되려면

우수 육류는 너무 비싸서 부자들만 즐길 수 있다고 비판하는 이들도 많다. 우수 육류의 정확한 가격은 생산 방식과 부위의 질에 따라 크게 다르지만, 몇몇 질 좋은 쇠고기를 예로 들어 생각해보자. 농무부의 자료에 따르면, 2021년 3월 기준으로 자연방목 립아이 스테이크의 파운드당 평균 소매가는 22.61달러였다. 반면에 보통 쇠고기는 8.26달러였다. 부위에 상관없이 자연방목 쇠고기는 공장식 농장에서 생산되는 상품성 품종에 비해 두세 배 이상 비싸다. 이 글을 쓰고 있는 현재, 화이트오크 목장의 '자연방목 쇠고기 옆구리살' 10온스 스테이크는 14.99달러인데 비해 월마트의 '타이슨 앵거스 초이스 등급 옆구리살' 10온스 스테이크는 5.20달러로 거의 3분의 1 가격이다.

우수 육류가 더 비싼 이유는 당연히 쇠고기 생산자들의 이윤과 관련 있다. 자연방목 가축은 산업형으로 사육된 가축에 비해 도축 가능한 체중에 도달하기까지는 일 년 정도 더 걸린다. 당연히 더 많은 먹이와 관리와 노동력이 필요하다. 이렇게 일 년을 더 키워도 도축 시점에 자연방목 소는 곡물을 먹인 소보다 더 작은 것이 보통이다. 그만큼 마리당 판매할 수 있는 고기양도 적다. 따라서 다른 부위도 비슷한 정도의 가격 차이를 보인다.

우수 육류 옹호자들은 높은 가격에도 불구하고 분명히 틈새시장이 있다고 주장한다. 미디어 시장조사기관 닐슨(Nielsen)의 자료에 따르면, 자연방목 쇠고기 신선육의 소매 판매는 2012년 1700만 달러에서 2016년 2억 7200달러로 증가했다. 또 다른 시장조사기관 스핀스(SPINS)의 보고서에 따르면, 자연방목 육류 판매는 2017년 1억 8100만 달러에서 2019년 2억 5400만 달러로 늘었다. 그러나 신선육 소매와 포장 식품, 식품 서비스 등을 포함한 전체 자연방목 시장을 감안하더라도 그 규모는 10억 달러 남짓으로 미국의 쇠고기 시장 전체 규모인 1050억 달러의 1퍼센트도 채 되지 않는다.

재생농업 브랜드 육류는 아직 너무 생소해서 신뢰할 만한 시장 데이터가 부족하지만 자연방목 육류보다 상당히 작은 규모인 것은 분명하다. 윌 자신도 인정하듯, "땅과 가축, 지역공동체, 환경 등에 충분한 관심이 있든 없든"[2] 더 나은 농법으로 생산된 육류에 더 많은 비용을 지불할지 결정하는 사람은 결국 소비자들이다. 캘리포니아대학 데이비스 캠퍼스 농경제학 교수 대니얼 섬너(Daniel Sumner)의 설명처럼, 이 비용을 줄일 수 있는 유일한 방법은 보조금이나 규제처럼 "일정한 집단행동이나 정부의 프로그램"[3]뿐이다. 그래야 농민들이 자신들의 상품을 조금 더 저렴하게 판매할 수 있고, 따라서 모든 농민들이 공평한 경쟁의 장에 놓일 수 있을 것이다.

회의론자들이 우수 육류가 얼마나 보편화될 것인가 하는 물음에 의문을 제기하는 또 다른 이유는, 가격 균형을 이루더라도 현재의 소비 수준을 만족시킬 만한 충분한 생산을 담보하는 토지를 확보하기가 어렵기 때문이다. 프로젝트 드로다운(Project Drawdown, 기후 해결책을 모색하는 비영리단체 – 옮긴이)의 상임이사 조너선 폴리(Jonathan Foley)는 "미국의 사육장에서 쇠고기를 생산하는 방식을 방목으로 전환할 수 있는 손쉬운 방법은 없다"[4]며, 매튜 하이에크(Matthew Hayek)와 레이철 가렛(Rachael Garrett)의 연구를 인용해서 "현재의 목초지 자원은 쇠고기 공급량의 27퍼센트만 감당할 수 있을 뿐"[5]이라고 기술했다. 그러나 많은 우수 육류 옹호자들은 이런 의견에 의문을 표한다. 특히 재생농업 부문 관계자들이 그렇다. 비영리 농장 및 교육 센터인 스톤 반스 센터(Stone Barns Center)가 2017년 작성한 보고서에 따르면, 미국 토지 자원을 분석한 결과 "현재 사육장에서 사용되는 곡물을 생산하는 1760만 에이커의 토지를 목초지로 전환하면 3300만 두의 소를 키울 땅을 확보할 수 있다. 이것은 목표치인 3660만 두에 매우 근접한 수치"[6]다. 이 수치는 현재 매년 곡물로 사육해서 소비되는 소와 거의 비슷한 수준이다. 약간의 편차를 보완하기 위해 두 저자는 현재 농무부 자연 보존 프로그램에 등록된 토지의 일부와 유휴 초지를 방목지로 활용하는 등 몇 가지 대안도 제시했다.

이에 대한 반응으로, 우수 육류에 회의적인 사람들은 미국에서 자연방목 쇠고기 생산을 늘리는 것이 이론적으로 가능하더라도 그 외에 해결해야 할 장애물이 너무 많다고 주장한다. 예를 들어, 2020년 8월의 보고서에서는 농민과 농장주들이 재생농업을 받아들이기 어려운 이유로 불충분한 인식과 지식 또는 변화를 꺼리는 이들의 입장, 최근 몇 년 사이 급격하게 상승한 농지 가격, 재생농업의 불확실한 지침과 신뢰성 낮은 기술 지원, 금융 자본 및 인센티브 부족, 현재의 확고한 농업 공급망, 주요 이해관계자들의 인식 부족, 재생농업에 대한 확고한 독립 연구와 과학 정보의 부족, 우호적이지 않은 정치 환경 등을 꼽았다. 물론 이 보고서에서는 이런 장벽들을 극복하기 위한 주요 수단과 기회들을 제시했지만, 쉽지 않은 것만큼은 분명하다. 내 생각에 우수 육류를 먹는다는 것은 육류를 덜 먹는다는 의미이기도 하다. 동물성 단백질을 너무 많이 섭취함으로써 초래되는 건강 문제들을 고려하면 이것이 꼭 나쁘다고는 할 수 없다.

우수 육류에 대한 약속과 더불어 제기되는 또 하나의 문제가 있다. 재생 방목 방식으로 생산됐더라도 옹호자들이 주장하는 것처럼 친환경적이지 않을 수 있다는 점이다. 옥스퍼드대학 식품기후연구네트워크(FCRN)에서 발간한 보고서 〈방목과 혼돈 (Grazed and Confused)〉에서 동료 및 비동료 연구원들이 검토한 문헌을 재검토해 다음과 같은 사실을 발견했다. "(소, 양, 염소 등) 방목 반추동물이 토양의 탄소 격리에 기여하는 수준은 낮고, 일시적이며, 가역적이다. 오히려 이 동물들은 온실가스를 훨씬 많이 배출한다."[7] 앞에서도 보았듯 재생농업 옹호자들은 이와 다른 근거를 내세우고 있다.

이 분야는 너무 초창기라서 활용 가능한 실증연구 사례가 매우 부족한 게 사실이다. 전반적으로 파악하는 것 자체가 어렵다는 뜻이다. 게다가 닭과 돼지 같은 단위동물(위가 하나인 동물로, 여기서는 반추동물과 상대적 개념으로 사용된다 - 옮긴이)은 벌레나 애벌레, 씨앗 등을 제외하고 풀을 먹지 못하므로 이들의 먹이는 대부분 곡물이 바탕을 이룬다. 식품 역사가 제임스 맥윌리엄스(James

McWilliams)는 〈뉴욕 타임스〉 기고문에서 현재 사육되는 수만큼의 닭과 돼지를 방목지로 옮기더라도 그 사료는 여전히 산업형 농업에서 나올 가능성이 크므로[8] "결국 영양소 순환의 이점이 훼손될 것이다"라고 밝혔다.*

재생농업의 개척자 중 한 사람인 조엘 샐러틴(Joel Salatin)은 맥윌리엄스의 견해에 대한 직접적인 반응을 담은 기고문을 기후변화 미디어 〈그리스트(Grist)〉에 실었다. "사료를 재배하는 데 필요한 토지 기반은 (중략) 감금된 환경에서 살아가는 동물들을 부양하는 데 필요한 기반과 크게 다를 바 없다."[9] 따라서 우리는 재생농업의 모든 장점을 살려 그것을 지지해야 한다. '닥터 브로너 비누'로 유명한 데이비드 브로너(David Bronner)는 재생농업에 관해 양질의 정보를 제공하는 자사 웹사이트를 통해 "단위동물의 허점"[10]이 재생농업 방식으로 키운 저렴하고 우수한 품질의 사료로 메워질 수 있을지 지켜봐야 할 것이라고 지적했다. 농민이자 작가인 사이먼 페얼리(Simon Fairlie)는 이 허점을 메우는 것보다 사료용으로 특별한 곡물을 재배할 필요가 없는 가축을 사육하는 데 주력해야 한다고 반박했다. 따라서 소와 돼지가

---

* 세이버리 인스티튜트(Savory Institute)가 지적하듯, "하나의 유기체가 살고 성장하는 데 필요한 것들을 섭취할 때, 그 유기체는 환경으로부터 영양소를 취해 필요에 따라 유익한 방향으로 변화시킨다. 그 유기체 또는 배설물이 다른 유기체의 먹이 공급원이 될 때, 그 영양소는 다음 단계로 순환된다. 이렇게 영양소는 체계를 따라 순환하고 재순환한다."

최선이라고 그는 강조했다. 소는 다른 식물들이 잘 자라지 않는 곳에서도 풀을 뜯고 살아가며, 돼지는 우리가 남긴 음식물 쓰레기도 잘 먹어치우기 때문이다.

우수 육류가 과연 건강에 도움이 되는가 하는 질문에 대해서도 비슷한 의문이 제기되어왔다. 저널리스트 타마르 하스펠 (Tamar Haspel)이 〈워싱턴 포스트〉에서 밝힌 것처럼, 자연방목 쇠고기는 산업형 육류에 비해 지방이 적고 일부 비타민과 미네랄, 오메가-3 함량이 많지만, 유의미할 정도로 많지는 않으며 그 가치의 근거도 모호하다. 하스펠이 인터뷰한 한 연구원은 "우수 육류가 건강에 더 이롭다는 평판 덕에 사람들이 실제보다 더 좋을 거라고 믿게 되고, 이것이 과소비로 이어질 수 있다"[11]고 우려했다.

재생농업 회의론자들은 환경 목표를 달성하기 위해 방목 가축을 농장으로 옮기는 것보다는 기존 목초지를 황야로 전환하는 것이 더 현명한 방법이라고 지적한다. 이 아이디어를 지지하는 영국의 환경운동가 조지 몬비오(George Monbiot)는 〈가디언 (Guardian)〉과의 인터뷰에서 이렇게 말했다. "이 방식은 서식지의 치명적 감소와 야생동물의 다양성 및 개체 수 회복에 유익하다. 뿐만 아니라 이렇게 회복된 숲과 습지, 초원은 가장 발달된 방목 형태보다 많은 양의 탄소를 흡수할 것이다."[12]

재생농업이 내세우는 여러 가지 이점을 바라보면서 다른 대안 모델을 제안하려는 사람들은 농민들이 재생농업을 위해 가축과 '제휴'하거나(가축들이 풀을 뜯고 거름을 뿌리면서 마지막까지 살아갈 수 있도록 함), 완전채식주의 농법(가축의 분뇨를 사용하지 않음)에 의존하면서도 토양을 재생시킬 수 있기를 기대한다. 후자의 모델은 내가 2019년 방문한 이스턴 오리건의 우드리프 팜(Woodleaf Farm)에서 찾아볼 수 있다. 남편인 칼 로사토(Carl Rosato)와 공동으로 농장을 설립한 완전채식주의자 농부 헬렌 애트호(Helen Atthowe)는 "완전채식주의 농법이 유기질 토양과 유기 물질, 영양 공급에 매우 좋은 방법인 것을 사람들이 잘 알면서도 활용하지 않는 데 놀라울 뿐"[13]이라고 말했다. 이런 대안적 시스템에 회의적인 사람들은 헬렌의 주장에도 불구하고 수익성이 낮아서 규모를 확장할 수 없다거나 그저 생태학적으로 적용하기 어렵다고 반박한다. 뉴멕시코주립대학교 지속가능 농업과학센터(SASC) 조교수 찰스 마틴(Charles Martin)이 "완전채식주의 농법의 이점은 경제적으로나 질적으로 그 어느 측면에서도 입증되지 않았다"[14]고 설명한 지 13년이 지난 지금도 우리가 처한 현실은 그다지 달라진 게 없는 것 같다. 즉, 우리에게 주어진 대안이 현실화될 조짐은 여전히 보이지 않는다.

결국 우수 육류에 대한 찬반은 '생명의 박탈을 허용할 것인가?'[15]라는 도덕적 문제로 귀결된다. 동물의 죽음을 완전히 거부하는 사람들은 도축이라는 명백한 목적을 가진 채 사육되는 동물은 아예 태어나지 않는 편이 낫다고 주장하며, 우수 육류에도 단호한 태도를 취할 것이다. 반면 우수 육류를 옹호하는 사람들은 동물을 도축하는 것은 정당한 일일 뿐 아니라, 마지막 순간까지 자연스러운 삶을 살게 했다면 도덕적으로 문제가 없다고 주장할 것이다.

식용 동물을 기르는 것은 곧 죽음과 직결되어 있는 과정임을 받아들이더라도, 동물의 행복을 추구하는 농장에서조차 동물이 여전히 고통받고 있다는 현실을 부정할 순 없다. 윌 해리스는 농장의 가축들에게 더 나은 삶을 선사하기 위해 남들과는 다른 길을 가고 있다. 화이트오크 목장은 송아지를 어미에게서 떼어놓고 어린 소의 뿔을 자르고 거세하는 것 같은 관행을 따르지 않고 있지만, 이른바 인도주의적 농장이라고 불리는 많은 곳들에도 이런 관행은 여전히 남아 있다. 방목 암탉은 대개 놀라운 속도로 턱없이 큰 덩치까지 자라는 품종이며, 산란계에서 태어난 수탉은 농장에 아무런 도움이 되지 않으므로 탄생과 동시에 죽임을 당하는 게 일반적이다. 인도주의라는 가치에 대해 엄격하게 규정된 기준 같은 것은 존재하지 않는다. 인간에게 사육되는 동물들도 살아갈 가치가 있다는 우리의 생각과 달리 현실은 매우 잔인한 관행을 용납한다.

또 하나 우려스러운 것은, 우수 육류가 존재한다는 이유만으로 소비자들이 육류 생산이 과거보다 윤리적으로 변했다고 생각할 수 있다는 것이다. 소비자들이 슈퍼마켓에서 우수 육류를 구입한다고 해서 식당에서나 여행 중에, 또는 다른 집에 초대받았을 때 전통 방식으로 생산된 육류를 더 적게 먹으리라고 기대해서는 안 된다. 자칭 '인도주의적 잡식가'라고 부르는 사람들조차 더러 전통적인 방식으로 사육된 육류를 섭취하고 있음을 고백한다.

또한 일부 동물권 운동가들은 식용으로 길러지는 동물에 대한 인도주의적 대우는 결코 있을 수 없다고 주장한다. 법률학자 애나 찰턴(Anna Charlton)과 개리 프랜시온(Gary Francione)은 "동물은 재산이고 사람들은 일반적으로 동물의 이해관계를 비용 효율 범위에서만 고려하므로 모든 경우에 '인도주의적' 대우가 현실적 표준이 되리라는 기대는 환상일 뿐"[16]이라고 기술했다. 나는 화이트오크 농장이 그 반증이라고 믿지만, '인도주의 농장들'에서조차 학대 사례를 너무 많이 봐온 것도 사실이다.

결론은 이렇다. 우수 육류는 가능할지라도 현실화하기는 결코 쉽지 않다. 당신이 구입하는 모든 고기가 환경친화적이자 인도적으로 생산된 것임을 확인하려면 굳은 의지와 경계심이 필요하다. 비동물성 육류와 우수 육류 중 무엇이 더 이상적이든, 후자를 옹호하는 사람들은 압도적으로 다수의 사람들이 여전히 고기를 먹고 싶어 하며, 따라서 좋든 싫든 산업형 육류보다 나은 방식으로 육류를 생산해야 한다고 주장한다.

그렇다면 다음 장에서 살펴보겠지만, 육류를 반드시 동물에게서 얻어야만 할까?

식물 2.0

이길 수 없다면 차라리 한편이 되어라.

정치 격언

고기를 꼭 동물에게서 얻어야 할까

나는 지금 맛있는 버거를 먹고 있다. 두툼하고, 육즙이 많고, 독특한 감칠맛이 일품이다. 그런데 이 버거는 동물의 살이 아니라 식물로 만든 것이다. 이것은 당신 아버지가 즐기는 채식 버거가 아니다. 슈퍼마켓의 냉동 코너에서 볼 수 있는 눅눅한 콩고기 버거도 아니다. 지금 나는 로스앤젤레스에 본사가 있으며 다진 쇠고기부터 돼지고기와 소시지에 이르기까지 모든 식품을 식물성 버전으로 생산하는 회사인 비욘드 미트(Beyond Meat) 본사에 있다.

내 앞에 앉아 있는 사람은 2009년 비욘드 미트를 창업한 이선 브라운(Ethan Brown)이다. 망토를 두른 소가 그려진 티셔츠와 모자를 착용한 외모만큼이나 이선은 채식주의와 관련된 거의 모든 편견과 대비되는 사람이다. 라인 배커(Linebacker, 미식축구 포지션 - 옮긴이) 같은 커다란 덩치에 NBA 포인트가드도 부럽지 않은 키, 영화 예고편 내레이션에서 흔히 듣는 묵직한 음성을 가진 탓이다. 그는 워싱턴 D.C.에서 자랐지만 가족 소유의 젖소 농장에서 아버지와 많은 시간을 보냈다고 자신을 소개했다. 어렸을 때는 고기를 많이 먹었고, 가장 좋아하는 샌드위치는 로이 로저스(Roy Rogers)에서 판매하는 '더블 R 바 버거(Double R Bar Burger, 녹인 아메리칸 치즈와 그을린 햄 조각을 얹은 햄버거)'였다고 했다. 십 대 시절 수의사가 되고 싶어 고민하다가 자신이 먹는 동물과 자신의 관계를 생각하기 시작했다. 또 이십 대 말에는 기후변화를 해결하는 데 도움이 되는 수소연료전지 기술을 연구하다가 갑작스레 한 가지 의문에 꽂혀 해답을 찾기 시작했다. "고기를 꼭 동물에게서 얻어야 할까?" 이 질문의 해답을 찾던 그는 육류의 성분에서 시작해 몇몇 흥미로운 해법을 찾아내기 시작했다. 그의 설명을 들어보자.

"육류는 기본적으로 다섯 가지, 즉 아미노산과 지질, 미량 무기질(미네랄), 비타민, 물로 구성됩니다. 이 모든 성분은 동물이 아니더라도 얻어낼 수 있으며, 동물에게만 국한된 것도 아닙니다. 동물이 기본적으로 하는 일은 소화계와 근육계를 활용해 식물과 물을 근육이나 살로 바꾸는 것입니다. 우리가 하는 일도 이와 동일한 원천에서 출발합니다. 모든 식물성 요소에서 출발하고, 물에서 출발합니다. 다만 소화계와 근육계 대신에 우리만의 계(system, 가열, 냉각, 압착 등)를 이용하여 (중략) 동물성 단백질이나 육류의 청사진과는 달리, 그런 구조적 핵심 요소들을 조합해 본질적으로 식물로부터 직접 육류를 만들어냅니다."[1]

전통적인 동물성 식품을 식물성으로 대체하겠다는 이선의 열정에는 공감하지만, 식물을 육류로 바꾼다는 표현은 과장이라고 생각한다. 비욘드 미트는 식물성 단백질이 육류 단백질과 흡사한 맛을 내도록 만들지만, 이 회사의 첨단기술로도 풀을 소화시켜서 실제 동물 체세포로 바꾸지는 못한다. 만약 그렇게 할 수 있다면, 완두콩 단백질에 알레르기가 있지만 동물 고기에는 알레르기가 없는 사람도 완두콩 단백질을 원료로 사용하는 비욘드 미트의 제품을 먹을 수 있을 것이다. 하지만 현실은 아직 그런 수준에 이르지 못했다. 비욘드 미트에서 사용하는 성분에 알레르기가 있는 사람은 비욘드 미트의 제품에도 알레르기 반응이 나타나기 마련이다. 모양과 맛, 냄새가 아무리 육류와 비슷하더라도 말이다. 물론 여기에 문제가 있다고 지적하려는 것은 아니다.

내가 식물성 육류에 대한 이론적 설명을 요구하자 이선은 이렇게 말했다.

"나는 한꺼번에 네 가지 해법을 추구하는 것이 최선이라고 생각했습니다. 이 모든 해법들은 사람의 건강과 관련되어 있지요. 심장병, 당뇨병, 암 등은 특히 아프리카계 미국인과 라틴계 인구 중에서 발병 비율이 높아요. 그리고 기후를 생각해보면, 가축이 기후에 얼마나 영향을 끼치는지에 대해서는 논란의 여지가 있지만 가축이 실제로 지구 온난화의 중대한 기여자라는 데는 모두 동의하리라 생각합니다. 나는 천연자원과 물의 양, 땅 등에 대해서도 생각합니다. 동물 복지도 빼놓을 수 없지요. 이 네 가지 모두에 초점을 맞추고 네 가지 모두를 동시에 진전시키는 것이 이 문제의 해법을 찾아내는 방법이고, 우리 회사가 특별한 이유입니다."

식물성 식단을 옹호하는 사람들은 모든 인류가 식물성 식단을 채택한다면 인류의 건강과 동물 복지, 환경 모두 획기적으로 개선될 것이라고 오랫동안 주장해왔다. 게다가 이런 내용을 주장해온 것이 비욘드 미트만은 아니다. 하지만 비욘드 미트는 2021년 7월 기준으로 회사가치가 90억 달러로 평가될 정도로 인기가 높아지고 있으며, KFC나 맥도날드와 제휴하면서 영향력이 점점 더 커지고 있다는 점에서 특히 주목할 만하다.

환경적 이점과 관련해 이선은 비욘드 미트가 의뢰하고 미시간대학에서 시행한 연구 사례를 인용했다. 이 연구에 따르면, 비욘드 미트 제품들은 99퍼센트의 물과 93퍼센트의 토지, 거의 절반 정도의 에너지를 덜 소모할 뿐 아니라 산업용 고기로 만들어진 버거에 비해 온실가스 배출량도 90퍼센트나 적다. "나를 무척 들뜨게 하는 것은, 당신이 접시 한가운데 놓인 단백질을 바꾸는 것만으로도 매우 큰 변화를 이끌 수 있다는 사실입니다." 그가 설명했다. "고기 버거든 비욘드 버거든 아무거나 괜찮다고 말하면 안 돼요. 그럴 때는 비욘드 버거를 선택하세요. 홀

륭한 맛을 즐기고, 좋은 기분도 느껴보세요. 비욘드 버거는 당신의 건강에 좋고, 이 모든 목표들까지 진전시키니까요. 무척 흥미진진한 일이죠."

이선과의 대화, 그리고 식물성 육류에 대한 기대로 고무된 나는 비욘드 미트의 제품 생산 과정을 살펴보기 위해 견학에 나섰다. 여기서 내가 발견한 것들은 하워드 모스코비츠같은 사람들의 맛 최적화 연구를 연상시켰다. 모스코비츠는 독창적인 기법을 활용해 식품의 단맛과 짠맛 및 기타 기능들의 이상적 수준을 연구한 선구자다. 비욘드 미트 사람들은 모두 자사 음식을 최대한 맛있고 사람들의 입에 익숙하게 만들려고 노력하고 있다. 식물로 육류를 대체하려는 이들은 대중의 도덕적 감성에 의존하는 것만으로는 부족하다는 것을 잘 알고 있다. 즉, 우리의 미뢰까지 설득할 수 있어야 한다.

비욘드 미트에서 제일 먼저 만난 사람은 분석연구실의 과학자 파커 리(Parker Lee)였다. 그의 팀이 맡은 임무는 제품의 물성과 지방 결합, 일반 특성을 이해하는 것이다. 그들은 비욘드 미트 제품을 동물성 육류와 완전히 똑같지는 않더라도 최대한 가깝게 만들기 위해 노력하고 있다. 그가 내게 처음 보여준 것은 '전자 입(the e-mouth)'이라는 기계였다. 이것은 인간의 입을 전자식으로 시뮬레이션해서 동물성 육류와 식물성 육류를 씹는데 필요한 힘을 비교하는 물성분석기다. "전자 입을 통해 우리가 기준치에 얼마나 근접했고, 다른 물성이나 다른 첨가물, 재료의 다른 조직 구조 등이 우리의 조성 기법으로 얼마나 개선됐는지 알 수 있습니다. 단순히 이것보다 저것이 질기다고 말하는 수준이 아니라 실질적인 과학 데이터를 얻을 수 있지요"[2]라고 리는 설명했다.

리는 비욘드 버거를 이 기계에 넣은 뒤 비디오게임 같은 소리를 내는 버튼을 몇 개 눌렀다. 잠시 후 강철봉이 햄버거를 누르자 여기에 가해지는 힘이 화면에 표시됐다. 햄버거 속 지방이 기계 옆으로 흘러내리는 것을 보며 리가 내게 말했다. "햄버거를 넣고 지방이 얼마나 많이 나오는지 계량할 수 있는 다른 검사 장비도 있습니다. 이 과정은 우리 제품의 물성과 조성 방식, 나아가 조리 시간을 개선하는 데 아주 중요합니다." 그리고 이렇게 덧붙였다. "우리는 소비자가 동물성 고기를 먹는 것과 같은 느낌을 받도록 하기 위해 모든 것을 최적화하고 있습니다."

다음으로 그는 팀원들이 식물성 육류와 동물성 육류의 조직 구조를 시각화해서 볼 수 있도록 돕는 다용도 고성능 전자현미경인 '육류 현미경'을 보여주었다. 육류의 종류에 따라 바뀌는 화면을 가리키며 그가 내게 설명했다. "보시다시피 단백질 조직은 흰색이고 지방 조직은 더 짙은 색으로 나타납니다. 화면을 보면 우리가 동물성 육류의 조직 구조를 매우 유사하게 복제했음을 알 수 있습니다. 우리는 이를 더 개선하기 위해 노력하고 있습니다."

이어서 화학팀 책임자인 대니얼 라이언(Daniel Ryan)을 만났다. 그가 주로 하는 일은 동물성 육류의 풍미를 파악하고 그 지식을 활용해 동물성 육류의 맛을 최대한 모방하는 것이다. 그는 자칭 '전자 코 장비(e-nose machine)'라고 부르는 '기체 색층분석 및 질량 분광기(GCMS)'를 이용해 동물성 육류의 풍미와 향을 이루는 성분을 파악해서 어떤 것들이 중요하고 식물계에서 그것을 어떻게 찾아내 식물성 육류에 적용할 것인지를 연구한다.[3] 이 과정이 어떻게 진행되는지 보여주기 위해 라이언은 쇠고기 스테이크의 육즙을 피펫으로 빨아들여 유리병 안에 부었다. 그러고는 이 병을 전자 코 장비 안에 넣자 이 장치가 액체를 74도로 가열해서 아로마 화합물을 분석했다. 그런 다음 라이언은 식물에서 추출한 액체가 들어 있는 유리병 두 개를 나에게 건네주었다. 그 향을 명확히 설명하기는 어렵다. 하나는 기름진 향이 강하고 다른 하나는 모피 냄새를 닮은 듯했지만, 어쨌든 전체적으로는 일반적인 햄버거의 향과 꽤 비슷했다.

견학의 마지막 정류장은 비욘드 미트 제품의 색상과 형태를 담당하는 줄리 우센스키(Julie Uspensky) 연구원과의 만남이었다. 그녀는 비트를 잔뜩 올려놓은 도마 옆에 서 있었는데, 도마 주변을 딸기와 블루베리, 라즈베리가 들어 있는 비커들이 둘러싸고 있었다. 우센스키와 그녀의 팀은 식물성 육류를 동물성 육류처럼 보이게 하는 모든 시각적 단서를 복제하기 위해 노력하고 있다.[4] 그녀의 설명을 들어보자. "우리는 철저히 소비자 지향적입니다. 그래서 항상 클린 라벨(clean label, 합성첨가물이 없고 간결하고 깨끗한 공정임을 입증하는 라벨 - 옮긴이) 기준을 준수하려 노력합니다. 과일과 채소, 식용 꽃 같은 천연 원료에서 색상을 추출하는 것은 그 때문입니다." 색상을 어떤 방법으로 추출하는지 내가 물었다. "육류의 피 같은 색깔을 내기 위해서는 주로 비트를 사용합니다. 비트를 잘게 썰고 뒤섞어 필터 프레스로 비트의 전분과 섬유질, 껍질을 제거하고 농축합니다. 이때 수분을 제거하는 등 아주 기본적인 공정들을 수행할 수 있습니다."

비욘드 미트는 육류를 만들기 위해 식물을 동물 속으로 순환시키는 전통적 방식이 아니라 식물에서 직접 육류를 생산하는 많은 혁신 기업들 중 하나다. 이런 방식으로 육류의 개념을 새롭게 정의한다면, 공장식 농장과 이와 관련된 수많은 문제들을 역사의 쓰레기통에 던져버릴 수 있을까?

이름 논쟁, 식물성 육류를 '고기'라고 부를 수 있는가

그런데 표현과 관련해 당장 해결해야 할 문제가 한 가지 있다. 소 사육자들과 관련 산업 집단들은 비욘드 미트 같은 회사들이 자사 제품에 '육류(meat, 고기)'라는 표현을 사용해서는 안된다고 주장한다. '비욘드 미트'('육류를 넘어선'이란 의미 - 옮긴이)

라는 회사명에는 분명 육류와 다르다는 의미가 내포되어 있지만, 목축협회들과 관련 단체들은 그냥 무시하기에는 너무 유사해 보이므로 '육류(고기)'라는 상표를 쓸 수 있는 대상에서 식물성 제품을 제외해달라고 의회에 로비하고 있다. 유제품 업계에서도 콩과 아몬드, 귀리 및 기타 식물성 우유 제조 회사들이 자사 제품에 '우유(milk)'라는 단어를 사용하지 못하도록 하기 위해 이와 비슷한 노력을 기울이고 있다. 2019년 4월, 유럽연합 의회는 채식 버거에 '채식 디스크(veggie disc)', 채식 소시지에 '채소 단백질 튜브(vegetable Protein tubes)' 같은 대체 상표를 붙여 판매하도록 하자는 법안을 상정했다. 이 법안은 2020년 10월 부결됐지만 비유제품에 '요거트 스타일(yogurt-style)'이나 '유사 크림(cream imitation)' 같은 용어를 사용하는 것을 금지하는 법안이 통과되면서, 완전채식주의 대체품에 '우유'와 '버터' 같은 용어를 사용하는 것을 제한하는 기존 법률이 더욱 확대 적용되고 있다. 이외에도 채식주의 제품의 이름을 규제하는 법안들이 미주리와 아칸소 등 미국 여러 지역에서 통과됐다. 이 글을 쓰는 지금도 동물법적보호기금(ALDF)과 미국자유인권협회(ACLU) 같은 사회운동단체들의 저항은 계속되고 있다. 재미있는 것은, 미국의 대형 육가공 회사들이 딱히 어느 한쪽 편을 들지 않고 있다는 점이다. 아마 그들도 식물성 제품에 투자하고 있기 때문일 것이다. 산업형 축산 회사들은 돈만 벌면 그만이므로 무엇을 팔든 신경

쓰지 않는 듯하지만, 수십 년 동안 식용 가축을 길러온 목축업자들은 경제적 및 문화적 이유들로 인해 이런 변화를 받아들이는 것을 부담스러워하는 게 사실이다.

식물성 육류를 무엇이라고 부르든 간에 가격은 여전히 중요한 걸림돌로 남는다. 실제로 비욘드 버거 제품은 동물 고기로 만든 제품들보다 비싸다. 임파서블 푸드(Impossible Foods)가 만들어 버거킹을 비롯한 많은 레스토랑에서 판매하는 임파서블 버거는 동물성 버거보다 3달러나 비싸다. 칼스 주니어(Carl's Jr.) 일부 매장에서 판매하는 비욘드 버거 역시 3달러 정도 비싸다. 그러나 이 회사들도 지속적으로 생산 규모를 늘리고 유연화하면 가격을 상당히 낮출 수 있을 것이다. 실제로 2021년 1월 임파서블 푸드는 식당에 제품을 판매하는 식품 유통업체들에 공급하는 제품의 가격을 평균 15퍼센트 인하했다. 다음 달에는 식료품점들을 대상으로 한 판매 가격을 20퍼센트 인하했다. 그로부터 얼마 지나지 않아 비욘드 미트도 역사상 가장 공격적인 판촉성 소매가를 제시했다.

식물성 육류는 정말 더 건강한 먹거리인가

식물성 육류 가격이 동물성 육류와 비슷해진다 하더라도 식물성 육류를 선택하기에는 여전히 의문이 남는다. 식물성 육류가 과연 몸에 더 좋을까? 식물성 육류가 소금과 포화지방으로 가득한 경우도 더러 있다. '핫 이탈리안 비욘드 소시지'를 예로 들어보자. 이 제품에는 분리 완두콩 단백질, 정제 코코넛 오일, 해바라기 오일, 천연 향료, 쌀 단백질, 파바콩 단백질, 감자 전분, 소금, 과일즙, 채소즙, 사과 섬유질, 메틸셀룰로오스, 감귤 추출물, 알긴산 칼슘 등 온갖 성분들이 포함돼 있다. 영양 정보를 보면, 조리된 소시지 한 토막에 500밀리그램의 나트륨과 5그램의 포화지방이 들어 있으며, 이것은 각각 하루 권장치의 21퍼센트와 25퍼센트에 이르는 양이다.

농무부 장관을 지낸 댄 글릭먼(Dan Glickman)은 비욘드 미트 제품에 대해 이렇게 말했다. "당신에게 반드시 좋을 거라고 자신할 수는 없어요. 우리도 잘 모르거든요."[5] 임파서블 버거의 나트륨 함량은 패티당 370밀리그램으로 비욘드 소시지보다 적지만 포화지방은 8그램으로 더 많다. 식품 저널리스트 로렌 윅스(Lauren Wicks)의 글을 보자. "식당 메뉴판에서 임파서블 버거를 보는 것은 채식주의자에게 신이 내린 은총처럼 느껴질 수도 있지만, 이 버거 역시 건강한 성인이 평범한 치즈 버거를 대할 때와 동일한 즐거움으로 받아들여야 한다. 물론 괜찮은 경우도 있겠지만, 임파서블 버거 또한 건강에 도움이 되는 음식으로 간주해서는 안 된다."[6]

2021년 5월 비욘드 미트가 포화지방을 35퍼센트 줄인 저지방 패티를 출시한 것은 이 같은 논란에 대응하려는 시도일 수도 있다. 임파서블 푸드는 2019년 12월 포화지방을 43퍼센트 줄여 버거를 개선했다. 그러나 여기에도 몇 가지 문제가 따른다. 임파서블 푸드와 비욘드 미트의 제품들이 과거 보카(Boca)나 가데인(Gardein)처럼 채식주의자들을 표적으로 했던 브랜드들이 결코 이루지 못했던 방식으로 도약할 수 있었던 비결은 영양학적 요소 때문이 아니다. 실제로 맛이 좋았기 때문이다. 혁신적인 대체육 제품이 갖는 가장 중요한 의미는 고집스러운 육식주의자들마저 실제 가축에 의존하지 않더라도 충분히 만족스럽고 맛있는 음식을 먹을 수 있다고 납득시킬 가능성에 있다. 맛을 포기하면서 더 건강한 식품을 만드는 방식으로는 소비자들의 행동을 변화시킬 수 없다. 소비자들이 실제로 건강한 식단을 바라는지에 대해서는 논란이 있지만 임파서블 푸드나 비욘드 미트 제품을 구매하는 소비자들은 그런 편이라고 볼 수 있으므로, 이 회사들은 자사의 목표 고객을 고려해 적절한 균형을 찾아야 한다.

여기서 불가피하게 등장하는 의문이 또 하나 있다. 이 제품들의 영양을 정확히 무엇과 비교해야 할까? 물론 모든 사람들이 식물성 식품만 먹으면 더 건강해질지도 모르지만, 대중이 식물성이든 아니든 모든 육류를 과일과 채소로 전환하리라고 기대하는 것은 비현실적이다. 웬디스 메뉴에 있는 샐러드가 가장 잘 나가는 음식이 아니라고 해서 누가 놀라겠는가? 맥도날드에서 과일을 제공하는 건 다행스러운 일이지만 그렇다고 해서 과일을 먹으러 맥도날드에 가는 사람은 없다. 기름지고 맛있는 햄버거를 먹기 위해 가는 것일 뿐. 이미 여러 차례 살펴보았듯 사람들이 좋아하는 지방과 소금, 설탕 등을 많이 먹으면 건강에 해롭다. 그럼에도 불구하고 이왕 육류를 섭취할 거라면 동물 대신 식물에서 얻는 것이 환경적, 윤리적 측면은 말할 것도 없고 영양학적으로 더 낫다는 주장은 여전하다.

비욘드 미트는 유명 브랜드 돼지고기 소시지에 비해 포화지방이 38퍼센트 적고 "호르몬과 아질산염, 질산염, 대두 또는 글루텐 같은 것은" 전혀 없다고 강조한다. 실제로 이 주장을 뒷받침하기 위해 스탠퍼드대학 의대 연구원들이 2020년 시행한 연구에서 동물성 육류를 섭취한 피실험자들과 비교했을 때 식물성 육류를 섭취한 피실험자들의 TMAP(심혈관질환 위험과 관련된 분자) 수치가 더 낮은 것으로 확인됐다. 양배추만큼 건강에 유익하지는 않을지라도 식물성 육류가 여러 측면에서 동물성 육류보다 건강에 도움이 될 수 있음을 보여주는 유용한 근거들은 꽤 많다.

식물성 육류에 회의적인 사람들은 이런 제품들이 보기보다 환경친화적이지 않다는 점도 지적한다. 실제로 식물성 육류의 일부 성분은 단일재배(토양의 생물 다양성을 해칠 수 있는 단일 작물만 재배하는 농법)로 얻어진다. 단일재배는 매우 효율적이지만, 한 가지 작물만 경작하다 보면 식물에 치명적인 질병을 초래하거나 토양의 영양소가 고갈되는 등 다양한 문제를 유발할 수 있다. 식품 전문 저술가 알리시아 케네디(Alicia Kennedy)는 〈인 디즈 타임스(In These Times)〉와의 인터뷰에서 이렇게 설명했다. "여기에 문제가 있습니다. 단순히 쇠고기에서 벗어나는 것만으로는 기후 변화, 생물 다양성 상실, 자원 고갈 등 우리가 직면한 광범위한 생태학적 위기에 충분히 대처하기 어렵습니다. 임파서블 푸드의 버거는 대두, 비욘드 미트의 버거는 완두콩 단백질로 만들어집니다. 이 버거를 저렴하게 대량 생산하기 위해 이 회사들은 다양한 작물보다는 단일재배에 치중하는 식물성 식품 체계를 고집합니다. 작물의 다양화는 토양과 건강한 자연뿐 아니라 소규모 농가들을 위해서도 꼭 필요합니다. 작물의 다양화는 또한 탄소를 격리하고, 영양소의 순환을 효율화하고, 토양이 더 많은 물을 저장하도록 돕습니다. 그리고 이 모두가 더해질 때 농장은 기후 위기에 탄력적으로 대응할 수 있게 됩니다. 대두와 완두콩에 의존하는 임파서블 푸드와 비욘드 미트는 유해한 생산 체계를 더욱 부추기고 있는 셈입니다."[7]

이에 대해 식물성 육류 옹호자들은 산업형 육류 의존도를 줄임으로써 얻는 긍정적 효과가 단일재배로 인한 부정적 효과를 압도한다고 주장한다. 게다가 공장식 농장들은 비용을 절감하려고 이미 단일재배에 의존하고 있는데, 이런 관행은 가축이 아닌 사람을 먹일 목적으로 농작물을 재배하면 손쉽게 해결할 수 있다고 반박한다. 바꾸어 말해, 동물을 활용하지 않고도 식물성 육류의 환경 발자국(environmental footprint, 인간의 의식주를 유지하는 데 필요한 자원 소모 비용을 토지 면적으로 환산한 지수 – 옮긴이)을 개선할 수 있다는 것이다.

식물성 육류에 유전자 변형 농산물(GMO)을 사용한다는 보고에 대한 우려는 또 어떤가? 2019년 임파서블 푸드의 창업자이며 최고경영자인 팻 브라운(Pat Brown, 이선과는 무관한 인물)은 GMO 대두 단백질 사용을 옹호하는 내용의 기사를 게재함으로써 이 같은 논란에 직접 해명했다. 팻은 GMO*에 대해 과학적으로 아무런 문제도 발견되지 않았다는 사실을 내세우며, 식물성 버거가 대체 대상인 동물성 버거보다 건강에 유익하고 환경 친화적이라고 주장했다. 이 주장은 재생농업의 시각에서는 수긍하기 어려운 내용이다.

GMO 지지자들을 포함한 일부 식물성 육류 옹호자들은 임파서블 푸드가 이런 논쟁과 자사 브랜드가 연루되지 않도록 더 적극적으로 움직였어야 한다고 지적한다. 임파서블 푸드는 어

---

* GMO가 매우 보편적으로 사용되고 있는 것은 엄연한 사실이다. 미국 식품의약국 웹사이트에도 이런 설명이 붙어 있다. "당신은 GMO 작물에서 나온 성분으로 만든 식품과 식제품을 먹고 있을 가능성이 매우 높습니다. 많은 GMO 작물들이 옥수수 전분, 옥수수 시럽, 옥수수 기름, 콩기름, 카놀라유 또는 백설탕 등 미국인들이 먹는 성분을 만드는 데 사용됩니다. GMO는 우리가 먹는 식품에도 많이 들어 있지만, 미국에서 재배되는 GMO 작물은 대부분 동물성 식품과 관련하여 사용됩니다."

떤 원료를 사용하느냐에 따라 기존 농업 방식을 뒤흔들 수 있을 정도로 규모가 큰 회사다. 따라서 지금 당장은 임파서블 버거를 애타게 찾는 미국인들을 만족시킬 만큼의 비GMO 대두가 부족할 수도 있지만, 장기적으로 모든 대두를 비GMO로 전환하기까지만 일시적으로 GMO 대두를 허용하겠다고 팻 브라운이 직접 선포했더라면 어땠을까 하는 아쉬움이 든다. 그 한마디가 농민들에게는 임파서블 푸드와의 유익한 계약을 포기하지 않기 위해서라도 기존 농법을 바꿔야 하는 압박으로 작용했을 수도 있었을 것이다.

임파서블 푸드와 비욘드 미트 같은 회사들이 정말 훌륭한 제품을 내놓는다면 우리 부모님처럼 '진짜'만 찾는 사람들은 어떻게 반응할까? 실례로 2019년의 한 연구에 따르면, 식물성 육류를 먹을 것이냐는 질문에 987명의 참가자 중 25.3퍼센트가 '전혀 그렇지 않다'고 응답했다. 물론 이 수치는 얼마든지 바뀔 수 있다. 식물성식품협회(PBFA)와 좋은식품연구소(GFI)가 시장조사 업체 스핀스(SPINS)에 의뢰한 연구 결과에 따르면, 미국의 식물성 육류 소매 판매는 2019년 9억 6200만 달러에서 2020년 45퍼센트 늘어난 14억 달러를 기록했다. 이는 일반 육류보다 두 배나 빠른 성장률이다. 그러나 이처럼 빠른 성장세에도 불구하고 식물성 육류가 전체 육류 소매 판매에서 차지하는 비중은 고작 1.5퍼센트에 불과하다. 게다가 이 수치는 거래량이 아니라 매출에 관한 것이다. 일반적으로 식물성 육류는 동물성 육류보다 비싸므로 식물성 육류의 실제 거래량은 이 비율보다 훨씬 적을 것이다. 저널리스트 라리사 짐베로프(Larissa Zimberoff)는 저서《기술적 식품(Technically Food)》에서 "매일같이 헤드라인을 장식하는 기사들 때문에 식물성 육류가 실제로는 시장에서 아주 작은 부분을 차지하고 있는데도 동물성 육류가 차지하는 부분이 점점 적어지고 있다고 생각하기 쉽다. COVID-19 팬데믹 기간 동안 쇼핑 행태가 바뀌면서 슈퍼마켓에서 식물성 육류가 놀랄 만큼 주목을 받았지만, 동물성 육류와 경쟁하려면 아직 엄청난 노력이 필요하다"[8]고 기술했다.

시장 통계치로 1.5퍼센트는 매우 낮은 수치이고, 식용으로 사육되는 가축의 수에 미치는 영향력이 여전히 미미하더라도 전통적 육류의 수요를 낮추는 데 기여하고 있는 것은 분명하다. 더 중요한 것은, 이 수치가 사람들이 식물성 육류를 더 즐길 수 있고 기존 육류보다 더 좋아할 수도 있다는 가능성을 입증한다는 점이다. 산업형 농장에서 사육되는 가축의 고기와 비교해서 식물성 육류가 지닌 환경적 및 윤리적 이점을 감안하면, 특히 더 많은 사람들이 기후 변화와 만성질환, 동물들의 불필요한 고통 등에 대해 무언가 행동할 필요가 있다는 것을 인식한다면 이 1.5퍼센트가 점점 늘어나는 모습도 충분히 기대할 수 있을 것이다.

몇 년 전, 비욘드 미트는 기업공개(IPO)를 단행했다. 시작 가격은 25달러였지만 수익성 면에서 특별한 변화가 없었음에도 불구하고 주가는 한 달 만에 네 배나 급등하면서 2019년 7월 239달러로 정점을 찍고 2021년 4월 130달러에 안착했다. 임파서블 푸드는 이 글을 쓰고 있는 시점까지는 기업공개에 나서지 않았지만 세레나 윌리엄스(Serena Williams)와 케이티 페리(Katy Perry) 같은 유명인들의 지지를 등에 업고 2019년 5월 3억 달러, 2020년 8월 2억 달러의 자금을 확보했다. 이 모두는 동물 대체육이 결국 성공하리라는 낙관론이 확대되고 있다는 의미로 해석된다. 이선 브라운과 팻 브라운을 구스타브 F. 스위프트와 제시 딕슨 주얼, 필립 아머 같은 미국 식품 제조 역사의 전설들에 견주는 것도 터무니없는 일은 아닌 듯하다. 이선과 팻은 비록 뛰어나긴 했지만 참혹한 방향으로 축산업을 발전시킨 식품 생산 및 유통계의 혁신적인 인사들과는 궤적을 달리하지만, 그럼에도 불구하고 그들의 야망과 흥분과 혁명가적 열정을 많이 닮았다.

지금까지 살펴보았듯 육류를 향한 선호와 열망, 의지력, 나아가 영양학적 요구까지 모든 게 사람에 따라 다르기 마련이다. 식물성 단백질을 얻기 위해 동물성 단백질을 기꺼이 포기하는 것을 상상하는 것도 쉽지 않다. 현재 식물성 육류를 소비하는 1.5퍼센트의 점유율은 당연히 더 늘어날 테지만, 내 경험에 비추어보면 뚫기 어려운 천장이 존재하는 것도 분명한 사실이다.

여기서 또 하나 의문을 제기한다. 대다수 소비자들이 원하는 것이 '진짜 육류'라면, 자기 소유의 소를 먹는 방법도 있지 않을까?

Chapter 12

도축 없는 육류

내가 제일 좋아하는 동물은 스테이크예요.

프랜 리보비츠(Fran Lebowitz)

실험실에서 고기를 기른다

지금 내 손바닥 위에는 100달러짜리 치킨 너깃 한 조각이 놓여 있다. 금가루를 뿌리거나, 트러플 오일을 들이붓거나, 알마스 벨루가 캐비어로 장식한 것은 아니다. 이 너깃은 어쩌면 오늘 지금까지도 살아 있을지 모를 '완전한(intact)' 닭으로 만들어졌다.

2019년 3월 초, 나는 샌프란시스코에 본사를 둔 식품 제조 회사 잇 저스트(Eat Just)를 방문했다. 조시 테트릭(Josh Tetrick)과 조시 발크(Josh Balk)가 2011년 창업한 10억 달러도 더 되는 규모의 이 회사는 완두콩으로 만든 마요네즈에서 녹두로 만든 계란에 이르기까지 온갖 식물성 식품을 생산하는 것으로 알려져 있다.

잇 저스트는 지난 몇 년 동안 신제품 개발에 박차를 가해왔다. 바로 세포배양육(cell-cultured meat)이다. 시험관육(in-vitro meat), 실험실육(lab-grown meat), 합성육(synthetic meat), 배양육(cultured meat), 세포기반육(cell-based meat), 재배육(cultivated meat), 청정육(clean meat) 등으로도 불리는 세포배양육은 도축된 가축이 아니라 동물의 세포에서 자란 실제 고기다. 사회학자 닐 스티븐스(Neil Stephens)

가 명명한 "아직 정의되지 않은 존재론적 객체"[1]라는 말은 어쩌면 우리가 지금부터 논하려는 대상에 대한 가장 적절한 표현일 수도 있다.

이보다 앞서 잇 저스트의 또 다른 연구실을 견학시켜준 세포 농업팀(Cellular Agriculture) 부책임자 비토르 에스피리토 산투(Vítor Espírito Santo)는 세포배양육을 만드는 공정은 복잡하지만 원리는 아주 단순하다고 말했다. 동물의 줄기세포는 당, 아미노산, 지방, 단백질, 산소, 물 등 영양분이 가득한 혼합물에서 자란다. 이 세포들이 증식해 서로 결합하면서 작은 근육 섬유로 성장한다. 그리고 이 섬유들이 뭉쳐져 칠면조 소시지에서 돼지고기 핫도그에 이르기까지 우리가 조리하는 전통 육류와 흡사한 식제품이 만들어진다.

비토르는 세포배양육이 항생제와 합성 호르몬이 들어 있거나 살모넬라균, 캄필로박터균, 대장균 등에 오염됐을 수도 있는 산업형 육류보다 훨씬 위생적이고 통제된 환경에서 만들어진다고 설명했다. 또한 환경에 끼치는 해악도 세포배양육이 훨씬 적다고 덧붙였다. 실제로 2011년 한 연구에서는 세포배양육이 토지 사용량의 99퍼센트, 물 사용량의 90퍼센트, 온실가스 배출량의 96퍼센트를 줄일 수 있다고 추정했다. 같은 해 옥스퍼드대학과 암스테르담대학의 공동 연구에서도 세포배양육을 생산하는 데는 돼지고기와 양고기, 쇠고기를 생산하는 데 소모되는 에너지의 7~45퍼센트만 있으면 되고, 닭을 사육할 때보다 토지와 물이 덜 필요하다고 밝혔다. 비토르는 마지막으로 세포배양육은 나쁜 지방을 좋은 지방으로 바꾸는 등 맛과 영양소의 미세조정이 가능하며, 무엇보다 피가 쏟아지는 일이 없다고 강조했다.

세포배양육은 그저 참신한 아이디어가 아니라 이미 수십 년 가까이 존재해온 개념이다. 1930년으로 거슬러 올라가 영국의 인도 담당 장관이던 버컨헤드 백작, 프레드릭 에드워드 스미스(Frederick Edward Smith)는 저서 《서기 2030년 세계(The World in 2030 A.D.)》에 이렇게 적었다. "고기를 먹기 위해 더 이상 황소를 기르는 무지막지하게 오래 걸리는 일을 할 필요가 없을 것이다. 육질이 부드러운 '한쪽 모체'를 선택해서 원하는 크기, 원하는 육즙을 지닌 고깃덩어리로 키우면 된다. '모체'에 화학적 영양소만 충분히 공급된다면 이 고깃덩어리는 무한정, 어쩌면 끝도 없이 성장할 것이다."[2]

그로부터 일 년 후, 윈스턴 처칠(Winston Churchill)은 〈스트랜드 매거진(The Strand Magazine)〉에 기고한 칼럼에서 "적절한 수단으로 동물 부위를 구분하여 키움으로써 가슴살과 날개를 먹기 위해 닭 전체를 키워야 하는 불합리한 현실을 극복하고"[3] 식용 부위만 따로 키우는 것이 50년 안에 가능해질 것이라고 예견했다. 처칠은 사람들이 닭가슴살과 닭다리, 허벅지살 등을 먹을 때 흔히 버려지는 깃털, 뼈, 모래주머니 등의 폐기물에 대해 이야기한 것이다. "새로운 식품은 애당초 천연 식품과 구분하는 게 거의 불가능할 것"이라고 그는 덧붙였다.

나는 스미스와 처칠의 생각이 옳은지 확인하고 싶었다. 내게 미래식을 준비해준 제품 개발 담당 부사장 크리스 존스(Chris Jones)는 세포배양육 치킨 너깃을 먹어본 사람보다 달에 다녀온 사람이 더 많을 거라고 했다. 이 얼마나 의미심장한 순간인지 되새기며 나는 세포배양육 너깃을 조심스레 뒤집어보고 한쪽을 들어 올려 열심히 관찰했다. 아무리 봐도 닭고기와 다를 게 없었다. 냄새를 맡아봤다. 냄새도 역시 닭고기였다. 마지막으로 살짝 한 입 베어물었다. 씹는 순간, 내 입에서는 조리사가 기대했던 바로 그 말이 튀어나왔다. "이건 그냥 닭고기인데!"

세포배양육, 식물화의 혁명을 일으킬 것인가

놀랍다. 새싹을 틔우기 시작한 세포농업 부문의 가능성은 그야말로 무궁무진해 보인다. 그런데 세포배양육이 공장식 축산과 그와 관련된 온갖 문제들을 끝내버릴 실제적인 대안이 될 수 있을까? 영국의 억만장자이며 《소의 법칙(Moo's Law)》의 저자인 짐 멜런(Jim Mellon)은 세포배양육을 "농업 파괴 운동(the agro Luddites)"[4]이라고 혹평했다. 세포배양육 회의론자들은 창조의 대가가 너무 커서 현재로선 생산을 늘려 산업형 육류에 대적하기가 불가능할 정도라고 단언한다.

임파서블 푸드의 팻 브라운도 이런 회의론자들 중 한 사람이다. 인터뷰 자리에서 식물성 육류 대신 세포배양육 분야에 진출하지 않는 이유를 묻자 그는 이렇게 답했다. "대답은 간단합니다. 그건 지금껏 등장한 가장 어리석은 발상 중 하나이기 때문입니다. 무엇보다 그런 식으로 해서 더 좋은 결과를 얻을 수 있을 거라는 생각 자체가 잘못된 것입니다. 설령 가능하더라도 기껏해야 소가 지닌 한계를 벗어날 수 없습니다. 게다가 경제적으로 전혀 타산이 맞지 않습니다. 적은 돈을 들여 줄기세포로부터 동물 조직을 복제해서 성장시킬 수 있다면 의료계에 혁명이 일어날 겁니다. 잘 생각해보세요. 절대 있을 수 없는 일입니다."[5] 물론 세포배양육이 성공적인 결과를 낳는다면 임파서블 푸드에 심각한 경쟁자가 될 것이므로 팻의 입장이 약간 편향됐을 수도 있다. 그렇지만 그의 말에도 일리는 있다.

세포배양육 옹호자들도 세포주와 세포 배양 환경, 배양육을 성장시키는 데 필요한 막대한 생물반응기, 최첨단 시설, 숙련된 노동자 등을 갖추기 위해서는 많은 비용이 들기 때문에 저렴하게 대량 생산 체제를 구축하기는 어려운 게 사실이라고 인정한다. 하지만 그들은 최근 몇 년 사이에 개선된 상황을 근거로 앞으로는 더 나아질 것이라는 낙관론을 편다.

모사 미트(Mosa Meat)의 과학 담당 최고책임자 마크 포스트(Mark Post)가 2013년 최초의 세포배양육 햄버거를 만들었을 때

는 32만 5000달러라는 어마어마한 가격표가 붙었지만, 2015년
에는 4만 4000달러로 줄었고, 그의 주장대로라면 현재는 버
거 하나당 11달러(또는 파운드당 37달러)를 살짝 웃도는 수준도 고
려해볼 만하다. 비슷한 사례로, 수만 달러의 생산비가 들던 멤
피스 미트(Memphis Meat)의 세포배양육 치킨 한 접시도 현재는
100달러 미만에 생산 가능하다. 결과적으로, 세포배양육은 빅맥
에 비해 아직까지는 비싼 편이지만 가까운 장래에 생산 방식이
더욱 효율화되면서 비용이 계속 감소할 것으로 보인다.

물론 세포배양육 회사들은 지금까지 버거와 너깃, 패티 등 다
양한 다짐육 제품들을 생산해왔으며, 스테이크 고기나 돼지 허
리고기 같은 훨씬 복잡한 부위는 아직 실험 단계에 불과하다.
이미 상용화에 근접한 식물성 스테이크 고기와는 사정이 다르
다. 쇠고기 소비의 40퍼센트와 닭고기 소비의 대부분을 '통 부
위(고깃덩이)'가 차지한다는 점도 세포배양육의 시장성을 점치는
데 있어 큰 어려움 중 하나다.

세포배양육을 둘러싼 논란들

세포배양육이 경제적으로 실현 가능하더라도 과연 소비자
들이 사서 먹을지 의심하는 회의론자들도 있다. 급진적인 신
기술에 의지해 실험실에서 만든 육류를 먹는 장면을 떠올리
면 섬뜩하고 혐오스럽게 느껴질 수도 있다. 이른바 '프랑켄

푸드(frankenfood)'는 천연 식품이 아니라는 고정관념 때문이다. 2019년의 한 연구에 따르면, 미국에서 세포배양육을 구입하는 데 '매우 호의적'이거나 '극히 호의적'일 것이라고 응답한 비율은 채 30퍼센트에도 미치지 못했다. 세포배양육을 지지하는 사람들은 강화 시리얼과 땅콩버터, 맥주, 토마토 소스 등 모든 가공식품도 공장에서 대량 생산하기 이전에는 실험실에서 시작됐다고 강조하면서 이 같은 논란에 맞선다. 이런 식품들의 시작이 어땠는지를 두고 소비자들이 불평하는 모습은 찾아보기 어렵다. 마찬가지로 세포배양육에 대해서도 식품이 시장에 등장하고 나면 사람들이 그 기원에 신경 쓰지 않을 것이라고 이들은 주장한다. 게다가 전통적 육류와 맛의 차이가 없다면, 얼마 지나지 않아 사람들은 산업형 도축업자들이 생산한 육류가 생물반응기에서 나온 것보다 혐오스럽다고 느낄 수도 있다.

세포배양육을 향한 흔한 비판의 하나로, 식물성 육류가 그랬던 것처럼 재생농업에서 얻을 수 있는 더 좋은 육류를 둘러싼 논의 자체를 희석시킨다는 지적이 있다. 그러나 소규모 농장을 운영하는 것이 환경에 보다 유익하다는 근거는 명확하지 않다. 공장식 농장 체제가 존재하는 가장 큰 이유는 육류를 향한 우리의 갈망이 워낙 크기 때문이다. 인도주의적으로 사육된 가축들로 전 세계 수십억 인구를 감당하는 것은 불가능하다. 세포배양육 옹호자들은 합성육을 채택함으로써 산업형 육류의 수요를 줄일 수 있다고, 아니 궁극적으로는 없앨 수 있다고 주장한다. 물론 이로 인해 전통적 육류를 고집하는 사람들 사이에서 '더 나은' 전통적 육류를 향한 수요가 확대될 수도 있다.

세포배양육이 재생농업과 더불어 성장할 수 있다고 하더라도 일부 환경운동가들은 이를 '환경친화적'이라고 간주하기에는 시기상조라고 말한다. 한 예로 지속가능 농업 트러스트(Sustainable Farming Trust)의 정책이사 리처드 영(Richard Young)은 세포배양육을 황철석(fool's gold, 금처럼 보이는 이황화철광물 - 옮긴이)[6]에 비유하면서 필요 에너지량의 관점에서 아직 완전히 무르익지 않은 기술이라고 언급했다. 그의 말도 틀리지 않다.

2019년 옥스퍼드대학이 세포배양육을 분석한 결과, 단기적으로 기후 변화를 완화하는 데 도움이 되더라도 장기적으로는 산업형 육류보다 기후 변화를 더 가속화할 수도 있다고 지적했다. 그런데 이 연구의 공저자들은 이 모델에서 미심쩍은 두 가지 가정을 전제했다. 첫째는 세포배양육이 현재와 동일한 동력 생산 방식, 즉 화석연료를 이용해 계속 생산될 것이며, 둘째는 이 방식이 이어지는 1000년 동안 계속되리라는 가정이다.

이 두 가정에 의문을 제기하는 사람들은 미래에 세포배양육을 생산하는 데 있어 지금처럼 비효율적인 에너지 사용 방식이 적용될 가능성은 매우 낮다고 지적한다. 저널리스트이며《죽음 없는 육식의 탄생(Billion Dollar Burger)》의 저자인 체이스 퍼디(Chase

Purdy)는 〈쿼츠〉에 기고한 글에서 어떤 세포배양육 회사도 아직 완전히 가동되는 생산시설을 갖추고 있지 않다면서 "세포배양육을 대량 생산하는 데 얼마나 많은 에너지가 필요할지는 누구도 모르는 것이 현실이다"[7]라고 지적했다. 결론적으로, 세포배양육이 현재 전 세계 담수 소비량의 20~33퍼센트, 농경지 사용 면적의 80퍼센트, 세계 온실가스 배출량의 14.5~18퍼센트를 차지하는 것으로 추정되는 산업용 육류보다 더 심각하게 환경을 파괴할 것으로 보기는 어렵다.

비슷한 맥락으로, 일부 환경운동가들과 건강 옹호론자들은 세포배양육이 사람과 지구에 유해한 '생물학적 합성물질'[8]을 방출하지는 않을지 우려한다. 민간 환경단체 '지구의 친구들(Friends of the Earth)'의 식품 및 기술 부문 수석운동가인 다나 펄스(Dana Perls)는 한 보고서에서 이렇게 설명했다. "이 신제품과 관련된 논의를 주도하는 회사들은 동물성 식품을 합성 식품으로 대체함으로써 산업형 공장식 축산업이 환경에 끼치는 악영향을 최소화할 수 있다고 주장합니다. 그러나 이런 인공 물질은 에너지와 물의 사용은 물론이고 설탕과 메탄 같은 원료와 화학물질 등 많은 자원을 소모합니다. 이 새로운 동물 대체식품에 '청정육,' '비동물성,' '식물성,' '기후 친화적' 등 온갖 수식어를 붙여 홍보하지만 그 근거는 의심스럽습니다."[9]

또한 펄스는 나중에야 그 악명이 만천하에 드러난 살충제

DDT의 도입 사례처럼, 당장의 시급한 (사실은 그리 심각하지는 않은) 문제를 해결하겠다며 장기적인 영향을 생각지 않고 무모하게 제품을 출시한 역사적 사례들을 거론했다. 많은 세포배양육 옹호자들이 추가적인 안전 규정을 마련하면 상황이 더 나아질 것이라는 견해에 동의하면서도, 과학적으로 정확하지 않고(예를 들어 세포배양육은 반드시 유전공학이나 합성생물학에 의존하는 건 아니다) 지나치게 과장된 일부 표현에 대해서는 이의를 제기한다. 세포배양육이 대규모로 생산되지는 않았지만, 적어도 우리는 이것이 블롭(The Blob, 무엇이든 흡수하는 우주에서 온 젤리 괴물 – 옮긴이)처럼 무한정 계속 복제해서 세상을 황폐화시키는 일은 없을 거라고 자신 있게 말할 수 있을 정도의 이론적, 경험적 지식을 확보하고 있다.

세상의 모든 신기술에는 위험이 따르기 마련이며, 잠재적 유해성은 그것이 얼마나 우려스럽든 간에 잠재적 이점과 견주어 판단해야 한다. 여기서 《문명과 식량(The Big Ratchet)》의 저자 루스 디프리스(Ruth DeFries)의 말이 떠오른다. "인간이 개발한 모든 기술적 해법은 천재적이면서도 또 다른 종류의 문제들로 이어집니다. 우리가 하는 일은 우리의 기술을 면밀히 살펴보고 반작용을 최소화할 해법을 구상하는 것입니다."[10] 체르노빌과 후쿠시마 같은 재앙에도 불구하고 많은 사람들이 화석연료 의존도를 낮출 방편으로 여전히 원자력 에너지 개발을 지지하고 있는 것은 이 문제와 관련, 시사하는 바가 크다.

세포배양육 옹호자들은, 세포배양육 회사 설립자들이 사명감에 불타는 성향을 보이는 경우가 많아서 자체 기술을 무책임하게 사용할 가능성이 낮다는 점에도 주목한다. 하지만 이런 장밋빛 감성만으로는 기술이 홀로 조용히 존재할 리 없다고 주장하는 많은 세포배양육 비판자들의 우려를 잠재우기 어렵다.

이들은 대규모 이윤을 추구하는 회사들이 혁신적인 식품 기술을 손에 넣은 이후의 상황을 우려한다. 이들은 산업형 축산 회사들이 언젠가 세포배양육 기술을 확보하면 우리의 건강과 환경을 볼모로 자신들의 지갑을 살찌우려고 적극 나설 것이라고 지적한다. 몬산토와 GMO를 둘러싼 논쟁처럼, 아무리 선의를 가지고 개발한 신기술이라 하더라도 이 같은 염려에서 벗어나기 어려운 게 현실이다. 실제로 타이슨과 카길(Cargill) 같은 일부 산업형 육류 생산 회사들이 현재 세포배양육 회사에 투자자로 나선 것처럼, 이런 우려는 이미 현실화되고 있다. 반면 세포배양육 옹호자들은 기업들의 적극적인 참여를 바라고 있다. 일레인 왓슨(Elaine Watson)은 〈푸드 내비게이터(Food Navigator)〉에서 "육류 회사는 세포농업 부문의 전문가는 아니지만 육류의 취급과 포장, 유통, 판매, 마케팅 등의 인프라를 이미 구축하고 있다는 점에서 명백한 파트너입니다"[11]라고 주장했다.

한편, 소비자 옹호 단체들은 기술 자체보다 기술의 사용과 관련된 투명성이 부족하다는 점을 우려한다. 즉, 이 회사들이 적용하는 프로세스가 독점적이어서 소비자들이 회사를 전적으로 믿어야 할 수밖에 없다는 것이다. 그러나 지적재산의 상당수가 특허로 보호되는 것은 맞지만, 세포배양육 식품은 농무부와 식품의약국 모두의 규제를 받으므로 시장에 출시되기 전에 반드시 다양한 감독 절차를 거칠 것이다.

뿐만 아니라, 세포배양 어류 회사 핀리스 푸드(Finless Foods)의 최고경영자 마이크 셀든(Mike Selden)의 연구실을 방문했을 때 그가 내게 설명해준 것처럼, 공장식 농장들이 내부에서 일어나는 일을 알리는 것을 금지하는 법을 제정하도록 유도해 철저히 보호받고 있다는 점을 감안하면 세포배양육이 다른 대안보다 덜 투명하다는 주장은 성립하기 어렵다. 사실, 내가 이 회사들의 초청을 받아 여러 시설을 둘러보았다는 사실만으로도 매우 큰 의미가 있다. 공장식 농장에서는 이런 일 자체가 쉽지 않으니 말이다.

세포배양육이 식품업계에 커다란 통합의 바람을 일으킬 것이라는 합리적 우려도 존재한다. 점점 성장하는 세포배양육 시장은 가까운 미래에 매우 값비싼 도전으로 자리매김할 것이다. 이 부문에 종사하는 회사들이 지금은 비교적 소규모이지만 미래에 대기업들의 먹잇감이 될지도 모른다. 식물성 육류 부문에서 선례를 찾아볼 수 있다.

2021년 4월 세계 최대 규모의 쇠고기 및 돼지고기 신선육 가공 회사인 JBS는 유럽에서 세 번째 규모의 식물성 식품 회사인 비베라(Vivera)를 인수하는 데 합의했다. 저널리스트 찰리 미첼(Charlie Mitchell)은 〈배플러(The Baffler)〉에 "대량 생산과 독점적 폭정을 갈망하는 공룡 육류 회사들을 모방하는 것은 세상에서 가장 추한 사업의 이미지를 '신산업'에 덮어씌우려는 것"[12]이라며 이 같은 움직임에 반대 의사를 분명히 밝혔다.

《AI 시대, 본능의 미래(Sex Robots and Vegan Meat)》의 저자 제니 클리먼(Jenny Kleeman)도 〈가디언〉에 기고한 글에서 거대 육류 회사들이 세포배양육 부문에 끼칠 영향을 우려했다. "이런 일이 실제로 일어난다면 우리는 우리의 기본적인 욕구를 충족하기 위해 고도의 전문 기술을 지닌 '외딴' 기업들에 점점 더 의지하게 될 것이다."[13]

또 하나 제기되는 우려는, 이들이 독립성을 유지하더라도 언젠가는 차세대 타이슨이나 네슬레(Nestle)로 스스로 진화할 수도 있다는 점이다. 실제로 홀 푸드(Whole Foods)에서 식료품 담당 부사장을 지낸 에럴 슈바이처(Errol Schweizer)는 대체단백질 회사들의 기업화 방향과 관련된 팟캐스트 '잇 포 더 플래닛(Eat for the Planet)' 편에서 진행자 닐 자차리어스(Nil Zacharias)에게 불평을 토로했다. "이렇게 해서는 우리가 원하는 식량 주권, 즉 대중의 힘으로 식품을 통제하겠다는 바람을 이룰 수 없습니다. 이건 우리가 애초에 바라던 것이 아닙니다. 결국 우리가 혐오하던 모습이 되는 것이지요."[14] (이는 물론 세포배양육 회사들이 성공할 거라는 가정하에 한 말이다.)*

그러는 사이에 또 다른 종류의 불신이 확대되면서 이 회사들이 합리적인 가격에 세포배양육을 양산할 수 있을지에 대한 회의론이 대두되고 있다. 이 회의론은 부분적으로 세포배양육 회사들과 전혀 관련이 없어 보인다. 그동안 실리콘밸리의 신생 회사들은 딱히 보여줄 만한 것이 없는데도 과대광고와 대규모 투자를 주도하는 모습을 보여왔다. 이런 악명을 얻게 된 대표적인 사례가 테라노스(Theranos)다. 비상한 두뇌를 가진 창업자 엘리자베스 홈즈(Elizabeth Holmes)가 여러 해 이끈 이 회사는 혈액검사 방식을 획기적으로 개선했다고 주장했지만 실제로는 개선한 것처럼 과장했을 뿐이었다.

세포배양육 회사들도 이런 종류의 회의론과 관련해서 스스로 반성해야 할 부분이 있다. 저널리스트 톰 필포트(Tom Philpott)는 〈마더 존스(Mother Jones)〉에서 이렇게 비꼬았다. "이 업계는 지금껏 동물 고기의 대안을 소비자들에게 제시하기보다 낙관적 일

---

* 전반적으로 대기업이 주도하는 농업 체제(Big Ag)를 우려하는 사람들을 향해 브레이크스루 인스티튜트(Breakthrough Institute)의 테드 노드하우스(Ted Nordhaus)와 댄 블라우슈타인-레토(Dan Blaustein-Rejto)는 〈포린 폴리시(Foreign Policy)〉에 이렇게 설명했다. "미국의 식품 생산과 관련된 사회적, 환경적 문제를 해결하기 위한 모든 노력은 먼저 풍요로운 현대 사회에서는 식품 체제가 대규모고 집약적이고 기술적이며 산업화된 상황을 전제한다는 현실을 감안해야 합니다. 더 발전된 식품 체제는 이런 축복을 포기하지 말고 그 위에 구축되어야 합니다."

정표를 짜는 재주가 훨씬 뛰어나다는 것을 증명해왔다."[15]

예컨대 잇 저스트(당시에는 햄튼 크릭Hampton Creek으로 불렸다)는 2017년 전망을 통해 2018년 말이면 세포배양육을 상점에서 판매할 수 있을 것이라고 밝혔다. 하지만 2019년, 2020년이 되었어도 이 예정은 여전히 진행형이었다. 이 회사의 최고경영자 조시 테트릭이 세포배양육 산업계에서 이런 식의 낙관론을 펼친 유일한 인물은 아니다. 핀리스 푸드의 최고경영자 마이크 셀든은 〈푸드 내비게이터〉에 "세포배양육은 2019년 말 참다랑어와 비슷한 가격이 될 겁니다"라고 밝혔다.[16]

잇 저스트는 2020년 12월이 되어서야 싱가포르 식품의약청으로부터 세포배양육 판매 승인을 얻어 '1880'이라는 싱가포르 레스토랑에서 굿 미트(Good Meet) 브랜드로 첫 제품을 판매했다. 농무부와 식품의약국은 세포배양육의 규제 관리에 관한 새로운 표준 합의안을 2019년 공개했지만, 현재까지 미국에서 자사 식품을 판매하도록 승인을 얻은 회사는 한 곳도 없다.

굿 미트 출시와 더불어 17달러짜리 메뉴에는 세 가지 견본 식품이 포함됐다. 참깨를 뿌린 바삭한 닭 배양육에 파를 곁들인 바오 번, 닭 배양육과 검은콩 퓌레를 곁들인 필로퍼프 페이스트리, 향신료와 핫소스를 뿌린 닭 배양육과 바삭한 메이플 와플이 그것이다. 굿 미트는 최근의 1880 메뉴에도 그대로 남아 있다.

잇 저스트가 저명한 경영 컨설팅 회사와 연계해서 수행한 조사에 따르면, 굿 미트 메뉴를 먹은 싱가포르 국민의 70퍼센트는 일반 치킨만큼 또는 그 이상 맛있다고 평가했다. 닭 배양육이 전통적 닭고기를 대체할 것이라고 응답한 비율도 거의 90퍼센트에 육박했다. 이것은 역사적으로 중대한 전환점을 의미하지만, 테트릭은 CNBC와의 인터뷰에서 "돈을 벌기 위한 목적으로 가격을 설정한 것이 아닙니다"[17]라고 설명했다. 상업적으로 폭넓게 적용하기에는 아직 갈 길이 멀다는 의미다. 2021년 싱가포르의 식당 몇 군데에서 추가로 이 메뉴를 출시했고, 2022년 중반 또는 말에는 소매점까지 진출한다는 계획을 세웠지만 잇 저스트의 이 약속이 예정대로 이행될지는 (이 글을 쓰고 있는 지금으로서는) 아직 미지수다. 오직 시간만이 답을 알고 있을 뿐이다.

《고기에 대한 명상(Meat Planet)》의 저자 벤저민 워개프트(Benjamin Wurgaft)는 세포배양육이 식당 혹은 식품점과 지속적으로 "5년 격차"[18]를 보이는 이유에 대해 이 같은 설정이 장기 프로젝트에 투자하기를 꺼리는 벤처캐피털의 자금을 쉽게 조달하게 해주기 때문이라고 주장했다. 하지만 더 많은 자금을 확보하기 위해 일정을 과장하는 것이 현재로선 필요한 전략일지 몰라도 결국은 위험한 도박이 될 수 있다. 기한이 웬만큼 지나고 나면 이 회사들이 사기꾼처럼 보일 수도 있기 때문이다. 이처럼 대체육의 대량 생산 가능성이 입증되지 않은 상태에서 세포배양육 회사 한 곳이 큰 실수를 하면 자칫 업계 전체의 평판에 큰 해를 끼칠 수 있다. 이와 관련, 저술가 마틴 로(Martin Rowe)는 이렇게 경고했다. "세포농업이 테라노스 '유니콘'으로 신생 회사들을 유혹할지도, 어쩌면 지금 이 같은 일이 벌어지고 있는지도 모른다. 막대한 기업 투자와 유명 후원자들을 등에 업은, 젊고 카리스마 넘치는 창업자 한 사람이 모든 것을 뒤바꿀 (실존하지도 않는) 기술을 약속하며, 의도했든 의도하지 않았든 같은 영역에서 비슷한 일을 하려는 많은 사람들을 엄청난 손실의 구렁텅이로 잘못 인도할 수도 있다. 누구든 자기 사업을 시작하라고 북돋우면서도 과대포장을 제대로 단속하지 못하고, 카리스마 넘치는 기업가들을 보상하거나 언론을 이용한 자본 조달에 실제로 기여하며, 근면함과 책임의식, 합리적이고 현실적인 일정 등을 도외시하는 문화는 잠재적 기만과 무모함을 향해 스스로 달려가는 것과 같다."[19]

이 경고가 경각심을 불러일으킬 수도 있고, 아니면 그조차도 지나치게 낙관적인 것으로 드러날지도 모른다. 그리고 어쩌면 테라노스에 비견될 만한 세포배양육 회사가 적어도 하나 이상은 더 있을지도 모른다.

세포배양육이 과대포장되었다고 보는 이유가 자금 조달에만 있는 것은 아니다. 세포농업 진흥에 힘쓰는 비영리단체 뉴 하비스트(New Harvest)가 주최한 2018년 컨퍼런스에서 공학자 애덤 플린(Adam Flynn)은 세포배양육 회사들의 근거 없는 낙관론을 설명하기 위해 한층 더 온정적인 이론을 소개했다. 무엇보다 그는 이 회사들을 공학자가 아닌 생물학자들이 운영한다는 데 문제가 있다고 주장했다. 그러면서 생물학자들은 동물 세포로부터 고기를 생산하는 것이 자신의 책무라고 생각하는 데 반해, 공학자들은 세포배양육이 아니라 세포배양육을 만드는 장치를 생산하는 것이 실제 임무라고 생각한다고 지적했다.

보잉(Boeing)의 공학자 출신으로 전통적 닭고기에 비해 가격 경쟁력 있는 식물성 닭고기를 생산하기 위해 노력하는 식품 기술 회사 리벨리어스 푸드(Rebellyous Foods)의 창업자 크리스티 라갈리(Christie Lagally)도 "다른 용도로 만들어진 낡은 장비를 활용하는 게 아니라 지금 우리가 하는 일에 꼭 맞게 만들어진 장비"[20]의 필요성에 대해 이와 비슷한 주장을 펼친 바 있다.

다른 한편으로, 가격 형평성(price parity)과 관련해서 기술의 진보로 자원 활용의 효율성이 높아지면 수요가 촉진되면서 해당 자원의 소비가 다시 급격히 늘어날 수 있다는 우려도 있다. 반동 효과가 100퍼센트를 넘어 원래의 효율성 향상 수준을 초과하는 이런 상황을 '제본스의 역설(Jeavons paradox)'이라고 부른다. 가장 고전적인 사례로는 조명이 꼽힌다. 램프 기름에서 수지 양초, 백열등, 형광등, LED 등으로 세상의 수요가 이동하면서 조명 가격이 크게 하락했고, 그 결과 사람들은 이전보다 훨씬 많은 조명을 사용하고 있다. 세포배양육에도 이와 동일한 논리를 적용할 수 있다. 세포배양육을 효율적으로 생산할 수 있게 되면 가격이 매우 저렴해질 것이고, 저렴한 가격만큼 사람들이 더 많이 소비하게 될 것이다. 이렇게 되면 인간의 건강 증진과 온실가스 배출 절감 등 애초에 세포배양육으로 기대했던 여러 이점들이 퇴색한 것처럼 보일 수도 있다.

세포배양육 옹호자들은 세포배양육이 보편화되더라도 실제로 우리 사회에 미치는 영향은 극히 미미할 것이며 소비를 제한하는 여러 조건들이 존재한다는 많은 전문가들의 견해를 지적한다. 결국 사람이 먹을 수 있는 양과 그러기를 바라는 양에는 한계가 있기 마련이다. 세포배양육이 아무리 저렴해지더라도 저소득 국가를 제외하고 대부분의 사람들은 기존 육식 습관을 바꾸거나 지금보다 훨씬 많은 양의 육류를 소비하지는 않을 것이다.

세포배양육, 축산업에 '독'이 될까

세포배양육의 도입이 산업형 농장과 치열하게 경쟁하는 소규모 지역 농민들에게 사형선고 같은 재앙이 될까? 애그펀더 뉴스(AgFunder News)가 논의한 대로, 일부는 "가족 농장들을 바꾸려는 게 아니다"라며 "지속가능한 고차원 동물 복지 경영의 장이 열릴 것"[21]이라고 주장한다. 다른 일부는 "소규모 자작농이 안전하리라는 환상을 가져서는 안 된다"라며 암울한 시각을 견지한다. 어느 농부이자 육류 가공 전문가가 지적했듯, 세포배양육이 우수 육류보다 저렴해지면 "소비자들의 선택권을 빼앗길 수밖에 없다. 더 싸게 만들 수 있다는 것은 전체 체제를 재편한다는 의미다." 이 말이 사실일 수도 있지만, 적어도 자연스러운 것에 집착하며 조금이라도 더 낫다고 믿는 제품을 구입하는데 더 많은 돈을 지불할 의사가 있는 소비자들은 항상 존재하는 법이다.

그러나 규모가 크게 성장한 세포배양육 산업이 고복지(higher welfare) 육류업계의 일부 수요를 잠식하고 소규모 가족 농가들의 생계를 위기로 몰더라도, 이 산업이 팽창한 결과가 공장식 농장의 존립에 끼칠 영향을 꽤 긍정적으로 보는 시각도 있다. 세포배양육 산업의 규모가 급격히 성장하면서 대체되는 일자리는 대부분 산업형 육류 회사에 고용되어 안전과 권리를 상습적으로 침해받아온 이주민들과 기타 노동자 등 사회적 취약자들이 차지할 것이다.

미들베리대학 식품연구 담당 교수인 몰리 앤더슨(Molly Anderson)은 성희롱 및 인종적 괴롭힘, 언어 및 정서적 학대, 저임금, 열악한 처우, 높은 질병 및 부상률, 열악한 주거 및 근무 환경, 비인간적 작업 속도 등이 이미 옥스팜 아메리카(Oxfam America)와 휴먼 라이트 워치(Human Rights Watch) 같은 단체들을 통해 보고된 상태라고 지적했다. "(일부) 가금류 가공 공장에서 일하는 노동자들은 화장실에 갈 시간조차도 허용되지 않아 기저

귀를 차고 일해야 합니다."[22] 그녀의 설명이다.

　미래연구소(Institute for the Future)에서 연구팀 책임자로 재직했고 식물성 육류 회사인 나우어데이즈(Nowadays)의 공동창업자인 맥스 엘더(Max Elder)는 '동물 윤리에 관한 루트리지 지침서(Routledge Handbook of Animal Ethics)'에서 세포배양육 관련 일자리가 얼마나 우수할지는 비교를 통해 체감할 수 있을 것이라고 지적했다. 그는 산업형 도축장의 열악한 노동 환경을 언급하며 "세포배양육의 대규모 생산은 아직 실현되지 않았지만, 노동 기준과 임금 수준이 향상될 것으로 기대됩니다. 고숙련 노동자들과 청정한 생산 공정을 갖춘 더욱 향상된 새로운 산업으로의 전환이 가능해질 것입니다. 어떤 사람들은 이런 시설이 도심 한복판에 자리하여 대중에게 개방되고 현재의 가축 생산 방식보다 훨씬 투명하게 운영되는 모습도 상상하고 있습니다. 지역 양조장에서 즐거운 시간을 보내던 풍경에서 맥주를 고기로 바꾸면 이것이 어떤 모습일지 대략 상상될 겁니다. 꼭 그래야만 하는 것은 아니지만, 얼마든지 가능한 일입니다."[23] 물론 실질적인 전환이 이어지려면 노동자들이 새로운 직종에 접근할 수 있도록 지원하는 환경부터 만들어져야 한다. 이미 광범위한 영역에서 성공적인 전환이 이루어지고 있으므로, 희망은 충분하다. 실제로 도축용 동물 사육에서 식물 재배로 전환한 농민들이 이미 많이 늘어나고 있다.

죽음으로부터 자유로운 고기

세포배양육의 광범위한 채택이 궁극적으로 인간의 복지를 향상시킬 수 있을지는 몰라도 사람이 아닌 동물까지 포함할 정도로 도덕적 범위를 확장할 수 있다는 의미는 아니다. 철학자 벤 브램블(Ben Bramble)은 저서 《대담(The Conversation)》에서 이렇게 기술했다. "도덕적인 문제는, 우리가 싸다는 이유로 혹은 인간의 건강이나 환경에 유익하다는 이유로 실험실에서 키운 육류로 전환할 수 있다는 사실에서 비롯됩니다. 즉 육류를 바꾸는 이유는 동물을 위해서가 아니라 우리 자신의 이익을 위해서인 것이지요."[24] 그의 이야기를 계속 들어보자. "이처럼 동물을 위해서가 아니라 우리 자신을 위한 이유 때문에 실험실 배양육으로 바꾼다면, 공장식 축산에 무관심하고 무책임하다는 도덕적 문제는 그대로 남습니다. 이 도덕적인 문제들이 또 다른 부정적인 결과를 초래한다면, 결국 우리는 문제에 맞서 부정적인 결과를 회피할 수 있는 소중한 기회조차 잃어버리는 셈입니다." 다시 말해, 이것은 본질적으로 과거에 우리가 성취한 만큼만 얻을 수 있는 윤리적 측면의 '두더지 잡기' 게임이라고 할 수 있다.

등유를 개발해서 고래를 구하고(고래의 지방에서 기름을 추출할 필요가 없어졌으므로), 펜을 개발해서 거위를 구하고(펜대로 사용할 깃털을 뽑을 필요가 없어졌으므로), 박테리아 속 인슐린을 처리해서 돼지를 도운(돼지의 췌장에서 인슐린을 뽑아낼 필요가 없어졌으므로) 사례들이 있다. 이것은 다양한 유형의 기술을 활용해 하나의 환경에서 한 가지 동물에 대한 착취를 종식시켰다는 의미가 있을 뿐이다. 이 밖의 영역에서 여전히 지속되고 있거나 새로이 등장할 또 다른 유형의 억압을 우리는 그저 지켜볼 뿐이다. 공장식 축산도 다르지 않다. 공장식 축산이 존속되고 있는 이유는 우리가 동물에게 해를 끼치지 않을 동물 윤리를 아직 수립하지 못했기 때문이다. 노예제도가 기술 발전 덕분에 종식되지 않았더라면, 그리고 노예제도에 대한 도덕적 고려에서 초래된 남북전쟁이 없었더라면, 미국인들은 이 사악한 제도에 정면으로 맞설 기회조차 얻지 못했을 것이다. 다시 말해, 제품을 만들기 위해 타인을 착취하는 것과 관련된 도덕적 해악은 희생당하는 타인의 위치에서 도덕적으로 계산해보지 않아도 동일한 제품을 만들어낼 수 있는 비착취적 대안을 찾아낼 때 비로소 해결된다.

대안언론 〈복스〉의 창립자이며 현직 〈뉴욕 타임스〉 칼럼니스트인 에즈라 클라인(Ezra Klein)처럼 가축 사육을 옹호하는 사람들 중 일부는 세포배양육이 도덕적 진보를 촉진하는 데 도움이 될 것이라고 믿는다. "새로운 도덕 체계를 쉽고 값싸게 받아들이게 하는 혁신처럼 그 사회의 가치관을 빠르게 바꾸는 것은 없습니다"[25]라고 그는 말했다. 많은 사람들이 지적하듯이, 건강이나 환경상의 이유로 동물성 식품을 포기하는 것은 도리어 동물을 향한 더 큰 관심으로 이어질 수 있다. 사람들이 더 이상 동물성 식품 소비를 합리화할 필요성이 사라질 때 비로소 동물성 식품과 연관된 윤리를 더 깊이 고찰하게 되기 때문이다. 이는《비건 세상 만들기(How to Create a Vegan World)》의 저자 토바이어스 리나르트(Tobias Leenaert)가 주장하는 관점이기도 하다. 그는 세포배양육이 "도덕적 혁명에 선행하는 기술 혁명이 될 것"[26]이라고 생각한다. 그러나 이것 역시 도덕적 실패로 간주될 수 있다. 왜냐하면 우리가 도덕적으로 얼마나 잔혹한지 제대로 판단하기 위해서는 그 관행으로부터 얻는 것이 아무것도 없어야 하기 때문이다.

현 상황에서 잠시 벗어나 세포배양육의 도입이 미래 세대들의 식습관과 윤리를 어떻게 변화시킬지 생각해보면 비관적인 관점을 고수하기는 더욱 어려워진다. 산업형 축산업이 없는 세상에서 성장한 사람들은 지금의 우리보다 동물의 생명과 고통을 더 진지하게 바라보는 문화 속에서 살아갈 가능성이 크다. 이런 문화적 전환이 세포배양육에서 비롯된다 하더라도 젊은이들은 이 같은 도덕적 가치관을 내면화하고 당연하게 받아들일 것이다. 다시 말해, 젊은이들이 동물 친화적 가치관을 확고하고 진지하게 받아들인다면, 우리 사회가 왜 이런 가치관을 갖게 되었는지 불평하는 것은 지나친 트집 잡기에 불과할 것이다. 중요한 것은 이 문제가 지금 엄연히 존재한다는 사실이다.

온갖 약속에도 불구하고 세포배양육이 온 세상의 슈퍼마켓과 식당에서 빛을 볼 수 있을지는 더 두고 봐야 할 일이다. 세포배양육 공급업자들은 대중에게 식품을 판매하기 전에 여러 장애물을 깨끗이 치워야 한다. 하지만 언젠가 세포배양육이 우리 저녁 식탁에 오른다면, 동물의 몸뚱이에서 나온 고기를 먹는 것보다 세포배양육을 먹는 게 더 자연스러워지는데 그리 많은 시간이 필요치 않을 것이다. 생명체의 죽음과 아무런 관련 없는 단백질 포장 제품에 불과할 테니 말이다.

맺음말

나는 산업형 축산에 반대합니다

비슷한 사람들 사이에서 적대감의 근간을 만들어내는 것은 아주 작은 차이다.

지그문트 프로이트(Sigmund Freud)

육류 소비는 수많은 역사적, 현대사적 이유로 우리의 삶 깊숙이 자리하고 있다. 초창기 인류는 자연 속 포식자들의 먹이가 되고 남은 동물의 사체를 청소했다. 오늘날에는 혼잡한 공장식 축사에서 수십억 마리의 가축을 사육한다. 작은 화덕 위에 올려진 아담한 조각에서 매 끼니 식탁 한가운데를 차지하기까지 육류의 위상은 시대의 흐름과 함께 견고해졌다. 오늘날 육류는 싸고 간편하고 맛있어서 대부분의 사람들에게 빼놓을 수 없는 일상이 됐다. 육류의 타고난 매력, 종교와 사회규범 속에서 수행하는 중요한 역할, 게다가 육류를 우리 식탁에 올려놓기 위해 수십억 달러를 투자하는 산업계 등 이 모든 요소로 인해 육류의 과다한 소비를 극복하기는 어려워 보인다.

그렇지만 이런 어려움 속에서도 나는 가물거리는 희망의 빛을 본다. 공장식 축산에서 비롯되는 윤리적 공포, 환경 파괴, 인간의 건강에 미치는 악영향 등에 점점 더 많은 사람들이 목소리를 내고 있다. 점점 더 많은 사람들이 육류 소비를 줄이는 데 관심을 보이고 있다.*

이런 분위기 속에서 산업형 육류의 대안으로 선택할 수 있는 것들이 그 어느 때보다 많아지고 있다. 대안마다 장단점이 있으며 모두가 소모적일 수도, 또는 효율적일 수도 있다. 뿐만 아니라 각각의 대안들이 서로 보완적인 역할을 하기도 한다. 식물성 육류, 우수 육류, 세포배양육 중 어느 하나가 산업형 육류의 대안이 되어야 하는 것은 아니다. 다양한 기호와 도덕적 관점에 부합하는 윤리적 대안이 많을수록 공장식 축산을 극복하는 것은 그만큼 수월해질 것이다. 모든 사람들이 채식 버거를 먹거나 애지중지 키운 돼지 또는 세포에서 배양한 고기를 접시에 올리려고 하지는 않겠지만, 이 모든 대안에는 각각의 역할과 윤리적 입장이 존재한다. 게다가 이런 대안은 두말할 필요 없이 산업형 축산업보다 더 낫다. 마법의 묘약은 없다는 것, 그리고 육류를 생산하는

---

* 놀랍게도 우리 아버지도 2019년부터 동물성 식품 소비를 줄이기 시작했다. 운동을 향한 열정이 되살아난 게 계기가 되어주었다. 트레이너가 "인생을 다 망치고 있다"고 한 말에 아버지의 태도가 변했다. 제발 식습관을 바꾸라고 내가 몇 년 동안이나 설득했는데도 결국 아버지를 바꾼 사람은 내가 아닌 다른 사람이었다. 그래도 나는 여전히 내가 씨를 뿌렸다고 생각한다. 요즘 아버지는 20파운드를 뺐다며 종종 들고 다니던 볼링공 하나만큼이나 살이 사라졌다고 자랑한다. 그리고 힘이 솟구친다고 말씀하신다. 심지어 양배추 스무디를 먹고 있다고 전화할 때도 있다. 우리 아버지가 할 수 있다면, 세상에 못 할 사람은 아무도 없다.

방식을 혁신하지 않는 현실적 이유들이 있음을 감안해서 우리는
이 모든 대안들이 현실에서 폭넓게 자리 잡을 수 있도록 힘을 모
아야 한다. 물론 그 과정이 결코 쉽지만은 않겠지만!

비슷한 이념을 추구하면서도 세부적인 면까지 똑같지 않다는
이유로 서로를 적대시하는 경우가 많다. "좌파는 스스로를 갉아
먹는다"라는 선전 문구처럼 좌파 진영끼리 (이를테면 버니 샌더스
Burnie Sanders와 힐러리 클린턴Hillary Clinton의 지지자들끼리) 서로 싸우는
모습을 생각해보라. 프로이트는 이런 현상을 "작은 차이의 자아
도취(the narcissism of small differences)"라고 표현했다. 한 연구에서는
여기에 "수평적 적대감(horizontal hostility)"이라는 용어를 붙이고,
이 적대감은 "차별성 우려(distinctiveness threat)"에 대한 반작용으로
형성된다고 했다. 이 같은 차별성은 주류 집단과의 격차에서 비
롯되며, 차별받는 소수 집단들은 일반적으로 자신들이 지닌 정
체성의 일부를 근거로 평가받는다. "정치적 정체성에 매몰될수
록 정치적 연대를 형성하기가 더 어려워집니다."[1]《식량의 정치
적 언어(The Political Language of Food)》를 저술한 새뮤얼 보어붐(Samuel
Boerboom)은 이렇게 설명했다.

애덤 그랜트(Adam Grant)가 《오리지널스(Originals)》에서 설명한
대로, 심리학자들은 엄격한 완전채식주의자와 덜 엄격한 채식
주의자 사이의 역학을 연구해서 일부 완전채식주의자들이 채식
주의자들을 잡식성 일반인들보다 더 적대적으로 바라본다는 사

실을 확인했다. 이들은 이런 현상이 정체성 방어에서 비롯된다고 설명했다. 즉, 완전채식주의자와 채식주의자, 준채식주의자(플렉시테리언, 육류와 유제품을 피하지만 절대적이지는 않음)가 한데 뒤엉키면 완전채식주의자의 정체성이 희석되기 때문이다.

채식주의 운동 전반을 바라볼 때 이런 수평적 적대감을 심리적으로는 이해할 수 있으나 전략적으로 볼 때 이는 분명 큰 재앙이다. 같은 목적을 추구하는 사람들 사이에 혼란이 생겨 비생산적 역효과를 낳기 때문이다. 역사가 제임스 맥윌리엄스(James McWilliams)도 "개혁 운동이 종종 그렇듯이, 진화를 추구하는 사람들과 혁명을 좇는 사람들 사이의 갈등은 진보를 더욱 더디게 한다"[2]라고 지적한 바 있다.

우리 모두는 궁극적으로 공장식 축산의 종말을 보고 싶어 한다. 그런데도 우리 안에 존재하는 미덕이나 정체성의 뿌리 같은 것들에 얽매이고, 공장식 축산 이후의 이상적 지평에 대한 서로의 비전에 대해 논쟁하느라 시간을 허비하고 있다.

어떻든 간에 우리가 가장 우선적으로 추구해야 할 것은 공장식 축산의 종말이다. 그러기 위해서는 공장식 축산을 종식시키려는 다른 이들의 해결책이 마음에 들지 않더라도 그 접근법을 저지하거나 적어도 적극적으로 반대하는 일은 없어야 한다. 즉, 식물성 육류와 세포배양육 옹호자들이 우수 육류를 윤리적, 환경적 또는 영양학적으로 이상적이지 않다고 생각하더라도 적극적으로 반대해서는 안 된다는 뜻이다. 물론 우수 육류 옹호자들 역시 식물성 육류와 세포배양육이 '진짜 고기'가 아니라는 이유로 반대해서는 안 된다. 변화를 위해 싸우기로 마음먹었다면 어떤 경로를 선택했든 공장식 축산에 맞서기 위해 협력해야 한다. 이 대안들 중 어느 하나만으로는 공장식 축산을 대체할 수 없기 때문이다. 식물성 육류, 우수 육류, 세포배양육은 각기 서로가 할 수 없는 방식으로 산업형 축산을 서서히 와해시키고 있다. 적어도 아직까지는 세 가지 모두가 필요해 보인다.

산업형 축산업이 어떻게 세상을 장악하게 됐는지 알아가면서 깨달은 가장 두드러진 한 가지는 바로 이윤의 지배적 역할이었다. 필립 아머의 노란 화차에 인쇄된 "우리가 세상을 먹여살린다"라는 슬로건을 기억할 것이다. 축산업을 고깃덩이를 생산하는 거대한 산업으로 변모시킨 혁명가들이 거창한 동기를 내세우며 입에 발린 소리를 떠벌렸지만, 실질적인 동기는 거의 대부분 이윤이었다. '미래를 향한' 모든 과정은 비용을 절감하고, 생산량을 늘리고, 더 많은 돈을 버는 데 집중됐다. 이 모든 노력을 한때는 존경의 눈빛으로 우러러보기도 했다. 산업형 축산이 발달한 데는 관련 대기업들의 이기심이 주된 동기로 작용했지만, 그들 중 일부는 대중에게 저렴한 비용으로 단백질을 공급함으로써 세상을 발전시킨다는 자부심도 느꼈을 것이다.

이제 우리는 값싼 고기를 얻는 대신 사람과 동물과 환경이 치러야 하는 대가에 대해, 값싼 고기에서 얻는 어떤 이익보다도 훨씬 큰 대가를 치러야 한다는 사실에 대해 더 잘 알게 됐다. 산업형 축산을 해결할 진정한 대책의 동기를 이윤에서만 찾아서는 안 된다. 선을 행하겠다는 열망이 있어야 한다. 이것이 식물성 육류, 우수 육류, 세포배양육 옹호자들을 하나로 통합할 수 있는 방법이다.

화이트오크 목장의 윌 해리스는 산업형 축산업자로서도 잘 해왔지만, 궁극적으로는 개인의 수익보다 동물의 복지에 더 관심을 기울인 덕분에 성공적인 사업 모델을 구축할 수 있었다. 비욘드 미트의 창업자 이선 브라운이 식물성 맥도날드를 구상하고 고기 맛이 나는 식물성 식품을 생산하는 회사를 설립한 이유는, 이것이 돈을 많이 벌 수 있는 최선의 방법이라고 생각해서가 아니다. 동물 복지와 환경, 인간의 건강을 향상시키겠다는 동기가 더 강했다. 이런 열망에서 시작된 그의 행보는 뜨거운 관심을 받았고, 그 결과 비욘드 미트는 수십억 달러 규모로 성장했다. 마지막으로, 세포배양육 옹호자들은 동물 없이 진짜 고기를 만드는 것이 식용 동물을 키우는 것보다 훨씬 효율적이고 수익성도 나을 것이라고 믿지만 아직까지는 먼 나라 얘기다. 이 모든 개척자들이 오로지 돈에만 관심이 있었더라면 수익을 얻기까지 수십 년 걸릴지도 모를 기술에 이렇듯 전념하지는 않았을 것이다. 그중 많은 이들이 인간의 건강과 동물 복지와 환경에 관심을 갖고 있기 때문에 여러 가지 문제에도 불구하고 계속해서 앞으로 나아가고 있는 것이다. 실제로 최근 등장한 세포배양육 회사들 중 상당수는 동물권 운동가들이 설립하거나 후원하고 있다.

공장식 축산의 대안들을 지지하기에 앞서 꼭 알아야 할 것이 있다. 앞으로 이 논쟁은 정치, 기후 변화 등의 주제와 맞물리면서 양극화될 가능성이 높다. 실제로 미국을 비롯한 전 세계 많은 나라에서 극단적인 양극화 현상이 빚어지고 있다. 기후 변화에 대처하려는 노력을 마치 사람을 통제하고 경제 성장을 방해하고 삶의 즐거움을 빼앗으려는 좌파의 사악한 모략처럼 바라보는 사람들은, 대체로 기후 친화적으로 묘사되는 산업형 축산의 대안들에도 의심의 눈초리를 보낸다. 그러므로 공장식 축산에 대항하기 위한 연대는 전술적으로, 문화적으로, 또 철학적으로 더욱 폭넓게 형성되어야 함을 상기해야 한다.

모든 사람이 완벽하게 동의하는 원칙과 전술은 있을 수 없다. 동시에, 우리에게는 늘 중첩되는 우려들이 있다. 우리는 이런 우려에 주목하고 관심을 가져야 한다. 우리 모두가 함께할 수 있다면, 꼭 그래야 한다. 극복하기 어려울 만큼 차이가 크다면 또다른 길을 선택하면 된다. 그러나 서로에게 등을 돌리는 일은 결코 있어서는 안 된다. 너무 많은 것들이 위태로운 상황이다. 우리 모두의 생각도 이와 같으리라고 믿는다.

감사의 글

이 책 《고기는 절반만 먹겠습니다》와 이 책의 출발점인 리듀스테리언 운동은 그동안 내가 진심으로 존경해온 수천 명도 더 되는 사람들로부터 거의 10여 년에 걸쳐 전수받은 통찰과 호의, 노고의 결정체입니다. 이 책은 그들을 위한, 그들로 인한 것입니다.

먼저 나의 저술 활동을 굳건하게 뒷받침해준 에이전트 린다 코너에게 감사드립니다. 당신처럼 유능하고 정직한 사람의 든든한 후원을 받는, 나같이 운 좋은 저술가는 무척 드물 겁니다.

글로브 피쿼트 사업부 협력사인 프로메테우스 북스를 대표하여 제이크 보너가 이 책에 보여준 열정은 내게는 그 무엇보다 소중한 의미를 갖고 있습니다. 책상 위에서 마주한 순간부터 이 책의 가능성을 의심치 않았던 당신에게 깊이 감사합니다. 아울러 이 책의 제작과 마케팅, 홍보에 큰 도움을 준 제시 맥클리어리와 제스 캐스트너에게도 찬사를 보냅니다.

그 누구와도 비견할 수 없을 정도의 편집 능력을 지닌 니컬러스 브롬리와 라이스 서던에게도 큰 빚을 졌습니다. 덕분에 이 책은 확실히 더 간결하고 이해하기 쉬워졌습니다.

소피아 데이비스-포겔이 나의 사고방식과 세상을 바라보는 방식에 끼친 어마어마한 영향은 아무리 과장해도 지나치지 않을 것입니다.

최대한 사실에 입각해 원고를 작성해준 에밀리 버드에게도 감사드립니다.

시선을 사로잡는 책 표지를 디자인한 크리스 데이비슨에게 감사의 인사를 전합니다. 당신은 최고의 재능을 부여받은 그래픽 디자이너입니다!

이 책의 내용을 바탕으로 다큐멘터리를 제작하는데 피와 땀, 눈물을 쏟아부은 저니 웨이드-하크는 유능한 감독일 뿐 아니라 대단히 품격 있는 사람입니다. 당신은 유약한 내 지성에 찾아온 길잡이입니다.

이 책에 자신의 글을 인용하도록 허락해준 모든 분들도 감사합니다. 여러분 모두가 지식의 보고입니다. 여러분의 전문성과 지혜를 기꺼이 나에게 나눠주신 것에 고개 숙여 감사드립니다.

특히 내 삶과 그 페이지 하나하나를 화사하게 덧대주신 아버지, 어머니께도 감사를 전합니다. 나를 향한 두 분의 조건 없는 사랑에 늘 큰 빚을 지고 있네요.

힘차게 달려와 안겨 핥아주는 토비와 쿠퍼, 너희들도 고마워. 너희 두 악동이 있어 내 삶이 더 순수하고 신나고 평온해졌어.

댄 펠드먼, 마이크 영, 데이비드 디릴로, 대니얼 메디나, 빈센트 로마노, 아서 카페타나키스, 조 이스트먼, 마이클 트롤란을 포함한 모든 친구들. 가장 필요할 때마다 웃게 해주어서 고마워요!

마지막으로, 내 아내이며 최고의 친구이자 나의 전부인 이사벨. 사랑해! 그 이상 어떤 말이 더 필요할까!

주

머리말 - 우리는 왜 그렇게 고기를 좋아하는가

1. Jacy Reese, "There's No Such Thing as Humane Meat or Eggs. Stop Kidding Yourself," The Guardian, Nov. 16, 2018, https://www.theguardian.com/food/2018/nov/16/theres-no-such-thing-as-humane-meat-or-eggs-stop-kidding-yourself.

제1부 - 육식의 급부상

1장: 잡식동물의 탄생

1. 99% Invisible, "What Was the First Item Ever Designed?," Slate, Sep. 12, 2014, http://www.slate.com/blogs/the_eye/2014/09/12/_99_invisible_roman_mars_on_the_acheulean_hand_ax_and_the_genesis_objects.html.

2. Lynne Rossetto Kasper, "Why Do We Eat Meat? Tracing the Evolutionary History," The Splendid Table, March 6, 2013, https://www.splendidtable.org/story/2013/03/06/why-do-we-eat-meat-tracing-the-evolutionary-history.

3. Jeffrey Kluger, "Sorry Vegans: Here's How Meat-Eating Made Us Human," Time, March 9, 2016, http://time.com/4252373/meat-eating-veganism-evolution/.

4. Katherine Zink and Daniel Lieberman, "Impact of Meat and Lower Palaeolithic Food Processing Techniques on Chewing in Humans," Nature 531, (March 9, 2016): 500-503.

5. Richard Wrangham, Catching Fire: How Cooking Made Us Human (New York: Basic Books, 2009), 8.

6. Chris Stringer와의 인터뷰, Oct. 13, 2016.

3장: 인습, 그리고 신세계

1. "Christopher Columbus," History.com, Updated Oct. 7, 2020, https://www.history.com/topics/exploration/christopher-columbus.

2. Clements R. Markham (ed.), The Journal of Christopher Columbus (During His First Voyage, 1492-93) (London: Elibron Classics, 2005), 54.

3. "History of Pork," Texas Pork Producers Association, https://texaspork.org/history-of-pork/.

4. Rebecca Earle, "'If You Eat Their Food...': Diets and Bodies in Early Colonial Spanish America," American Historical Review 115, no. 3 (June 2010): 688-713.

5. Susanne Groom, At the King's Table: Royal Dining through the Ages (London: Merrell, 2013). eBook.

6. Jeffrey L. Forgeng, Daily Life in Stuart England (Westport, CT: Greenwood Press, 2007), 153.

7. Virginia DeJohn Anderson, Creatures of Empire: How Domestic Animals Transformed Early America (New York: Oxford University Press, 2004), eBook.

8. Andrew F. Smith, Food in America: The Past, Present, and Future of Food, Farming, and the Family Meal (Santa Barbara, CA: ABC-CLIO, 2017), 221.

9. Katharine E. Harbury, Colonial Virginia's Cooking Dynasty (Columbia: University of South Carolina Press, 2004), 75.

10. John Lawson, A New Voyage to Carolina (Chapel Hill: University of North Carolina Press, 2000), eBook.

11. Clayton Colman Hall (ed.), Narratives of Early Maryland, 1633-1684 (New York: Charles Scribner's Sons, 1910), 291.

12. Daniel Blake Smith and Lorri Glover, The Shipwreck That Saved Jamestown: The Sea Venture Castaways and the Fate of America (New York: Henry Holt, 2008), 38.

13. Nicholas Hayward, A Huguenot Exile in Virginia: Or, Voyages of a Frenchman Exiled for His Religion, with a Description of Virginia & Maryland (New York: Press of the Pioneers. 1934), 123.

14. Sarah F. McMahon, "A Comfortable Subsistence: The Changing Composition of Diet in Rural New England, 1620-1840," The William and Mary Quarterly 42, no. 4 (April 1985).

15. Stanley Lebergott, Pursuing Happiness: American Consumers in the Twentieth Century (Princeton, NJ: Princeton University Press, 2014), 79.

16. Abigail Carroll, Three Squares: The Invention of the American Meal (New York: Basic Books, 2013), 30.

17. Amelia Simmons, American Cookery (Carlisle, MA: Applewood Books, 1996), eBook.

18. Lydia Maria Child, The American Frugal Housewife: Dedicated to Those Who Are Not Ashamed of Economy (Carlisle, MA: Applewood Books, 1989), 43.

19. Jerry Robinson, Bankruptcy of Our Nation (Revised and Expanded): Your Financial Survival Guide (Green Forest, AR: New Leaf Publishing Group, 2012), 99-100.

4장: 언제, 어디서나, 더 싸게

1. Isabella Lucy Bird, The Englishwoman in America (London: John Murray, 1856), 125.

2. Brent Coleman, "They Didn't Fly, but Pigs Once Roamed Cincinnati Streets by the Thousands in a Meat-Packing Marathon," WCPO, May 2, 2017, https://www.wcpo.com/news/insider/they-didnt-fly-but-pigs-once-roamed-cincinnati-streets-by-the-thousands-in-a-meat-packing-marathon.

3. Report of the Secretary of Agriculture (Washington, DC: U.S. Government Printing Office, 1867), 386.

4. "The New Porkopolis," New York Times, March 28, 1863, https://www.nytimes.com/1863/03/28/archives/the-new-porkopoliscincinnati-has.html?searchResultPosition=1.

5. William Cronon, Nature's Metropolis: Chicago and the Great West (New York: W.W. Norton, 1992), 349.

6. Milo Milton Quaife (ed.), The Development of Chicago, 1674-1914: Shown in a Series of Contemporary Original Narratives (Chicago: Caxton Club, 1916), 239-41.

7. David Riesman, The American City: A Sourcebook of Urban Imagery (New York: Routledge, 2017), 45.

8. Jennifer Jensen Wallach, How America Eats: A Social History of U.S. Food and Culture (Lanham, MD: Rowman & Littlefield, 2013), 50.

9. J. Frank Dobie, The Longhorns (Austin: University of Texas Press, 1980), 147.

10. Charles A. Siringo, A Texas Cow-Boy (Chicago: M. Umbdenstock, 1885), 123.

11. Chicago: A Strangers' and Tourists' Guide to the City of Chicago (Chicago: Relig. Philo. Pub. Association [J. S. Thompson], 1866), 59.

12. Jonathan Rees, Before the Refrigerator: How We Used to Get Ice (Baltimore: Johns Hopkins University Press, 2018), 53.

13. Sydney Anderson, "Producing Live Stock for the Meat Industry," Butcher's Advocate and Market Journal, July 26, 1922.

14. American Railroad Journal and Mechanics' Magazine, 1842. 165.

15. Michael North, Machine-Age Comedy (New York: Oxford University Press, 2009), 10.

16. Ted Genoways, The Chain: Farm, Factory, and the Fate of Our Food (New York: HarperCollins, 2015), eBook.

5장: 농장에서 공장으로

1. Anita Krajnc와의 인터뷰, July 1, 2018.

2. Andrew F. Smith, Food in America: The Past, Present, and Future of Food, Farming, and the Family Meal (Santa Barbara, CA: ABC-CLIO, 2017), 40.

3. 같은 책

4. Minnesota Farmers' Institutes, Annual No. 7 (Minneapolis: O.C. Gregg, Sup't, 1894), 192.

5. William Henry Williams, Delmarva's Chicken Industry: 75 Years of Progress (Georgetown, DE: Delmarva Poultry Industry, Inc., 1998).

6. Emelyn Rude, Tastes Like Chicken: A History of America's Favorite Bird (New York: Pegasus Books, 2016), eBook.

7. Maureen Ogle, In Meat We Trust: An Unexpected History of Carnivore America (New York: Houghton Mifflin Harcourt, 2013), 90.

8. John Fraser Hart, The Changing Scale of American Agriculture (Charlottesville: University of Virginia Press, 2003). 117.

9. 같은 책 116.

10. National Poultry Improvement Plan, "Poultry Disease Information," U.S. Poultry, http://www.poultryimprovement.org/default.cfm?CFID=588848&CFTOKE N=eddf5ec 53f4e552c-7641D891-9C56-C7B0 -AE759E6AC8C0E4D8.

11. J. C. Walker, "Benjamin Minge Duggar," in Biographical Memoirs (Washington, DC: National Academy of Sciences, 1877), 118-19 http://www.nasonline.org/ publications/biographical-memoirs/memoir-pdfs/duggar-benjamin.pdf.

12. Richard Conniff, "The Man Who Turned Antibiotics into Animal Feed—Part 3," Strange Behaviors (blog), March 10, 2014, https://strangebehaviors.wordpress. com/2014/03/10/the-man-who-turned-antibiotics-into-animal-feed-part-3/.

13. Thomas Jukes and E. L. Robert Stokstad, "The Multiple Nature of the Animal Protein Factor," Journal of Biological Chemistry 180, no. 2 (Sep. 1949): 647-54.

14. Maryn McKenna, Big Chicken: The Incredible Story of How Antibiotics Created

Modern Agriculture and Changed the Way the World Eats (Washington, DC: National Geographic Society, 2017), 43.

15. Everybody's Poultry Magazine 50 (1945), 7.

16. Rude, Tastes Like Chicken.

17. Alice Roberts, Tamed: Ten Species That Changed Our World (New York: Random House, 2017), eBook.

18. Bosley Crowther, "Celeste Holm and Dan Dailey Star in 'Chicken Every Sunday,' New Bill at the Roxy," New York Times, Jan. 19, 1949, https://www.nytimes.com/1949/01/19/archives/celeste-holm-and-dan-dailey-star-in-chicken-every-sunday-new-bill.html.

6장: 편의의 시대

1. Bob Ortega, In Sam We Trust: The Untold Story of Sam Walton and How Wal-Mart Is Devouring the World (London: Kogan Page, 1999), 43.

2. Ai Hisano, "Cellophane, the New Visuality, and the Creation of Self-Service Food Retailing," Harvard Business School General Management Unit Working Paper No. 17-106, May 24, 2017, https://ssrn.com/abstract=2973544.

3. Anastacia Marx De Salcedo와의 인터뷰 , May 20, 2017.

4. Joe Levit, "How Do They Make Spam?," Live Science, Sep. 16, 2010, https://www.livescience.com/32813-hormel-spam-no-mystery-meat.html.

5. Gregory Benford et al., "The Future That Never Was: Pictures from the Past," Popular Mechanics, Jan. 27, 2011, https://www.popularmechanics.com/flight/g462/future-that-never-was-next-gen-tech-concepts/.

6. "TV Dinners Seek Gourmet Market," New York Times, Feb. 10, 1984, https:// www.nytimes.com/1984/02/10/business/tv-dinners-seek-gourmet-market.html.

7. Josh Ozersky, The Hamburger: A History (New Haven, CT: Yale University Press, 2008. 14.

8. Ray Kroc, with Robert Anderson, Grinding It Out: The Making of McDonald's (New York: St. Martin's, 2016), 65.

9. 같은 책, 109.

10. Greg Critser, Fat Land: How Americans Became the Fattest People in the World (New York: Houghton Mifflin Harcourt, 2004), 113.

11. K. Annabelle Smith, "The Fishy History of the McDonald's Filet-O-Fish Sandwich,"

Smithsonian Magazine, March 1, 2013, https://www.smithsonianmag.com/arts-culture/the-fishy-history-of-the-mcdonalds-filet-o-fish-sandwich-2912/.

12. Michael Pollan, The Omnivore's Dilemma (New York: Penguin, 2006), 105.

13. Drew Desilver, "Chart of the Week: Is Food Too Cheap for Our Own Good?," Pew Research, May 23, 2014, https://www.pewresearch.org/fact-tank/2014/ 05/23/ chart-of-the-week-is-food-too-cheap-for-our-own-good/.

14. "Panel Stands by Its Dietary Goals but Eases a View on Eating Meat," New York Times, Jan. 24, 1978, https://www.nytimes.com/1978/01/24/archives/panel-stands-by-its-dietary-goals-but-eases-a-view-on-eating-meat.html.

제2부-오늘도 여전히 고기에 빠져 사는 이유

7장: 행복한 죽음

1. Mahatma Gandhi, An Autobiography or The Story of My Experiments with Truth (New Haven, CT: Yale University Press, 2018), 131.

2. David A. Kessler, The End of Overeating: Taking Control of the Insatiable American Appetite (New York: Rodale Books, 2010), 12.

3. Michael Moss, "The Extraordinary Science of Addictive Junk Food," New York Times, Feb. 20, 2013, https://www.nytimes.com/2013/02/24/magazine/the-extraordinary-science-of-junk-food.html.

4. Barb Stuckey, Taste What You're Missing: The Passionate Eater's Guide to Why Good Food Tastes Good (New York: Atria Books, 2012), 29.

5. Mark Schatzker, The Dorito Effect: The Surprising New Truth About Food and Flavor (New York: Simon & Schuster, 2016), 50.

6. Melanie Warner, Pandora's Lunchbox: How Processed Food Took Over the American Meal (New York: Scribner, 2013), 178.

7. Ben Tinker, "How Your Food Is Engineered to Taste Great," CNN, Nov. 9, 2017, https://www.cnn.com/2017/11/09/health/food-flavor-natural-artificial/index.html.

8. John Prescott, "Meet the New Taste... Same as the Old Taste?," LinkedIn, Feb. 17, 2015, https://www.linkedin.com/pulse/meet-new-taste-same-old-john-prescott.

9. Schatzker, The Dorito Effect, 52.

10. "Chicken McNuggets," McDonald's, https://www.mcdonalds.com/us/en-us/ product/chicken-mcnuggets-4-piece.html.

11. Bee Wilson과의 인터뷰, Oct. 12, 2016

12. Bee Wilson, First Bite: How We Learn to Eat (New York: Basic Books, 2015). 92.

8장: 산업계의 속임수

1. "There's an Answer to Cattle's Carbon Emissions—nd It Isn't Less Beef," National Cattlemen's Beef Association Sponsored Article, Quartz, Aug. 21, 2018, https://qz.com/1363873/theres-an-answer-to-cattles-carbon-emissions-and-it-isnt-less-beef/.

2. Alexandra Bruell, "Beef Is Back for Dinner as Marketers Woo Nostalgic Millennials," Wall Street Journal, Oct. 5, 2017, https://www.wsj.com/articles/beef-industry-aims-to-herd-millennials-with-nostalgic-ad-1507201382.

3. Kevin Schulz, "Report: Pork Checkoff Pays Off for Pork Producers," National Hog Farmer, Jan 8, 2018, https://www.nationalhogfarmer.com/business/report-pork-checkoff-pays-pork-producers.

4. Rhonda Perry, "Anti-heck Off Signatures Are Flooding In," In Motion Magazine, Feb. 7, 1999, http://www.inmotionmagazine.com/checko.html.

5. Chris Petersen, "Congress Must Reform Commodity Checkoff Programs," Des Moines Register, June 18, 2018, https://eu.desmoinesregister.com/story/opinion/columnists/iowa-view/2018/06/18/new-farm-bill-reform-misused-commodity-checkoff-programs-factory-farming/705365002/.

6. New York Times Editorial Board, "The Other Political Pork," New York Times, Nov. 10, 2002, https://www.nytimes.com/2002/11/10/opinion/the-other-political-pork.html.

7. "Paid Advertisement: Beefing Up Sustainability," Wall Street Journal, Aug. 14, 2021, A5.

8. Deena Shanker, "The US Meat Industry's Wildly Successful, 40-Year Crusadeto Keep Its Hold on the American Diet," Quartz, updated Oct. 22, 2015, https://qz.com/523255/the-us-meat-industrys-wildly-successful-40-year-crusade-to-keep-its-hold-on-the-american-diet/.

9. Charlie Mitchell and Austin Frerick, "The Hog Barons," Vox, Updated April 19, 2021, https://www.vox.com/the-highlight/22344953/iowa-select-jeff-hansen-pork-farming.

10. Steve Johnson, "The Politics of Meat," PBS Frontline, https://www.pbs.org/wgbh/

pages/frontline/shows/meat/politics/.

11. Charles Siderius, "Off the Killing Floor," Dallas Observer, Jan. 11, 2001, https://www. dallasobserver.com/news/off-the-killing-floor-6393233.

12. "How the Heart-Check Food Certification Program Works," American Heart Association, https://www.heart.org/en/healthy-living/company-collaboration/heart-check certification/how-the-heart-check-food-certification-program-works. gram/.

13. "Lobbyists Want to Reverse Michelle Obama's Healthy School Lunch Program," The Grio, March 15, 2017, https://thegrio.com/2017/03/15/lobbyists-want-to-reverse-michelle-obamas-healthy-school-lunch-pro

14. Allison Aubrey, "More Salt, Fewer Whole Grains: USDA Eases School Lunch Nutrition Rules," NPR, The Salt, Dec. 7, 2018, https://www.npr.org/sections/thesalt/2018/12/07/674533555/more-salt-in-school-lunch-fewer-whole-grains-usda-eases-school-lunch-rules.

15. Sam Howe Verhovek, "Talk of the Town: Burgers v. Oprah," New York Times, Jan. 21, 1998, https://www.nytimes.com/1998/01/21/us/talk-of-the-town-burgers-v-oprah.html.

16. The Associated Press, "Dip in Beef Prices Seasonal, Expert Says in Oprah Trial, Los Angeles Times, Feb. 12, 1998, https://www.latimes.com/archives/la-xpm-1998-feb-12-mn-18386-story.html.

17. Sue Anne Pressley, "Oprah Winfrey Wins Case Filed by Cattlemen,"Washington Post, Feb. 27, 1998, https://www.washingtonpost.com/archive/politics/1998/02/27/oprah-winfrey-wins-case-filed-by-cattlemen/dd4612f5-ccbf-4e3d-a1c1-f84d1f4fd23c/.

18. "What PETA REALLY Stands For," PETA, https://www.peta.org/features/what-peta-really-stands-for/,https://www.peta.org/issues/animals-used-for-experimentation/silver-spring-monkeys/.

19. Interview with Daisy Freund, Nov. 14, 2018.

20. "What Is Ag-Gag Legislation?," American Society for the Prevention of Cruelty to Animals, https://www.aspca.org/improving-laws-animals/public-policy/what-ag-gag-legislation.

21. Richard Oppel Jr., "Taping of a Farm Cruelty Is Becoming the Crime," New York Times, April 6, 2013, https://www.nytimes.com/2013/04/07/us/taping-of-farm-

cruelty-is-becoming-the-crime.html.

22. "What Is Ag-Gag Legislation?"

23. Ron Nixon, "Farm Bill Compromise Will Change Programs and Reduce Spending," New York Times, Jan. 27, 2014, https://www.nytimes.com/2014/01/28/us/politics/farm-bill-compromise-will-reduce-spending-and-change-programs.html.

24. Robert Paarlberg, Food Politics: What Everyone Needs to Know.(New York: Oxford University Press, 2013).

25. Dan Charles, "Farmers Got Billions from Taxpayers in 2019, and Hardly Anyone Objected," NPR, All Things Considered, December 31, 2019, https://www.npr.org/sections/thesalt/2019/12/31/790261705/farmers-got-billions-from-taxpayers-in-2019-and-hardly-anyone-objected.

26. Geoff Dembicki, "Trump Is Bailing Out Big Meat—and Further Screwing the Planet," New Republic, June 1, 2020, https://newrepublic.com/article/157913/trump-bailing-big-meatand-screwing-planet.

27. Dan Imhoff, Food Fight: The Citizen's Guide to the Next Food and Farm Bill (Plymouth, MA: Watershed Media, 2012), eBook.

28. Jonathan Barker, "Poverty, Hunger, and US Agricultural Policy: Do Farm Programs Affect the Nutrition of Poor Americans?," American Enterprise Institute, Jan. 27, 2017, https://aic.ucdavis.edu/2017/01/27/poverty-hunger-and-us-agricultural-policy-do-farm-programs-affect-the-nutrition-of-poor-americans/.

29. Jayson Lusk, "Are Farm Subsidies Making Us Fat?," Jayson Lusk: Food and Agricultural Economist (blog), July 22, 2016, http://jaysonlusk.com/blog/2016/7/22/are-farm-subsidies-making-us-fat.

30. Brian Kahn, "Joe Biden Is Not Coming for Your Poorly Cooked Hamburger," Gizmodo, April 26, 2021, https://earther.gizmodo.com/joe-biden-is-not-coming-for-your-poorly-cooked hamburge-1846764056.

31. United States Department of Agriculture, "Dietary Guidelines for Americans 2020-2025," https://www.dietaryguidelines.gov/sites/default/files/2020-12/Dietary_ Guidelines_for_ Americans_2020-2025.pdf.

32. Brian Kateman, "Pasta Is Now a Vegetable? USDA's School Lunch Guidelines Threaten the Health of Our Nation's Children," Forbes, Jan. 30, 2020, https://www.forbes.com/sites/briankateman/2020/01/30/pasta-is-now-a-vegetable-usdas-school-lunch-guidelines-threaten-the-health-of-our-nations-children/.

33. Marion Nestle, Unsavory Truth: How Food Companies Skew the Science of What We Eat (New York: Basic Books, 2018), eBook.

34. Marion Nestle, "At Last: the 2020 Dietary Guidelines Advisory Committee," Food Politics (blog), Feb. 26, 2019, https://www.foodpolitics.com/2019/02/at-last-the-2020-dietary-guidelines-advisory-committee/.

35. Walter Willett과의 인터뷰, Aug. 8, 2018

36. Lauren O'Connor et al., "A Mediterranean-Style Eating Pattern with Lean, Unprocessed Red Meat Has Cardiometabolic Benefits for Adults Who Are Overweight or Obese in A Randomized, Crossover, Controlled Feeding Trial," American Journal of Clinical Nutrition 108, no. 1 (July 2018): 33-40.

37. Amy Patterson Neubert, "Study: DASH Diet Can Substitute Lean Pork for Chicken or Fish to Reduce Blood Pressure," Purdue University, June 10, 2015, https://www.purdue.edu/newsroom/releases/2015/Q2/study-dash-diet-can-substitute-lean-pork-for-chicken-or-fish-to-reduce-blood-pressure.html.

38. Nestle, Unsavory Truth.

39. Sanjiv Agarwal, "Association of Lunch Meat Consumption with Nutrient Intake, Diet Quality and Health Risk Factors in U.S. Children and Adults: NHANES 2007-2010," Nutrition Journal 14 (Dec., 2015): 128.

40. Interview with David Katz, Aug. 14, 2018

41. Peter Whoriskey, "Hot Dogs, Bacon and Other Processed Meats Cause Cancer, World Health Organization Declares," Washington Post, Oct. 26, 2015, http://www.washingtonpost.com/news/wonkblog/wp/2015/10/26/hot-dogs-bacon-and-other-processed-meats-cause-cancer-world-health-organization-declares/.

42. "IARC Meat Vote Is Dramatic and Alarmist Overreach," North American Meat Institute, Oct. 26, 2015, https://www.meatinstitute.org/index.php?ht=display/ReleaseDetails/i/116652/pid/287.

43. Nanci Hellmich, "Red-Meat Intake Linked to Increased Risk of Diabetes," USA Today, June 17, 2013, https://www.usatoday.com/story/news/nation/2013/06/17/diabetes-red-meat-intake/2431405/.

44. Kayla James, "'Don't Give Up': Man Paralyzed in 2015 Shooting Heads to Paralympic Games," WCVB, updated June 28, 2021, https://www.wcvb.com/article/iowan-paralyzed-2015-shooting-heads-to-paralympic-games/36859930.

45. Kathleen Doheny, "Eating Red Meat May Boost Death Risk," MedicineNet, March

23, 2009, https://www.medicinenet.com/script/main/art.asp?articlekey=98724.

46. Sigal Samuel, "It's Not Just Big Oil. Big Meat Also Spends Millions to Crush Good Climate Policy," Vox, April 13, 2021, https://www.vox.com/future-perfect/22379909/big-meat-companies-spend-millions-lobbying-climate.

47. Lily Rothman, "Link Between Bacon and Cancer Had Been Long Suspected," Time, Oct. 26, 2015, https://time.com/4086914/bacon-cancer-nitrate-1980/.

48. Judy Blitman, "Food and Health Experts Warn against Bringing Home the Bacon," New York Times, Aug. 8, 1973, https://www.nytimes.com/1973/08/08/archives/food-and-health-experts-warn-against-bringing-home-the-bacon-im.html.

49. Philip Hilts, "The Day Bacon Was Declared Poison," Washington Post, April 26,1981, https://www.washingtonpost.com/archive/lifestyle/magazine/1981/04/26/the-day-bacon was-declared-poison/07f7c03e-44a9-45cd-9204-f0964096774d/.

50. 같은 책

51. Victor Cohn, "U.S. Agencies Reject Banning Nitrite in Meat," Washington Post, Aug. 20, 1980, https://www.washingtonpost.com/archive/politics/1980/08/20/us-agencies-reject-banning-nitrite-in-meat/d42a3a2c-77c2-4514-8996-baf8a643e251/.

52. "Beef Cattle Production in the US Not a Significant Contributor to Long-Term Global Warming," Farms.com, March 12, 2019, https://www.farms.com/news/beef-cattle-production-in-the-us-not-a-significant-contributor-to-long-term-global-warming-144140.aspx.

53. Marion Nestle, "Least Credible Food Industry Ad of the Week: JBS and Climate Change," Food Politics (blog), April 26, 2021, https://www.foodpolitics.com/2021/04/least-credible-food-industry-ad-of-the-week-jbs-and-climate-change/.

54. Ashoka Mukpo, "JBS, other Brazil meatpackers linked to devastating Pantanal fires, Greenpeace says," Mongabay, March 17, 2021, https://news.mongabay.com/2021/03/jbs-other-brazil-meatpackers-linked-to-devastating-pantanal-fires-greenpeace-says/.

55. Aurora Sola, "Beef Giant JBS Vows to Go Deforestation-Free—14 Years fromNow," Mongabay, April 6, 2021, https://news.mongabay.com/2021/04/beef-giant-jbs-vows-to-go-deforestation-free-14-years-from-now/.

9장: 육류의 역설

1. Emily Crane, "How Biden's climate plan could limit you to eat just one burger a MONTH, cost $3.5K a year per person in taxes, force you to spend $55K on an electric car and 'crush' American jobs," Daily Mail, updated April 27, 2021, https://www.dailymail.co.uk/news/article-9501565/How-Bidens-climate-plan-affect-everyday-Americans.html.

2. Marjorie Taylor Green, Twitter post, April 25, 2021, 1:57 p.m., https://twitter.com/mtgreenee/status/1386378888465485830?lang=en.

3. Philip Bump, "Fox News's Latest Straw Man Is Made of Red Meat," Washington Post, April 26, 2021, https://www.washingtonpost.com/politics/2021/04/26/fox-newss-latest-straw-man-is-made-red-meat/.

4. Donald Trump Jr., Twitter post, April 24, 2021, 12:16 p.m., https://twitter.com/donaldjtrumpjr/status/1385991099299377159?lang=en.

5. Lauren Boebert, Twitter post, April 24, 2021, 9:53 a.m., https://twitter.com/laurenboebert/status/1385955098715729926?lang=en.

6. Greg Abbott, Twitter post, April 25, 2021, 5:35 p.m., https://twitter.com/gregabbott_tx/status/1386433630747070468?lang=en.

7. Facts First (blog), "Does Biden's Climate Plan Include 'Cutting 90% of Red Meat from Our Diets by 2030'?," CNN, https://www.cnn.com/factsfirst/politics/factcheck_e5e088b0-0b69-400b-aa5d-b5cfb9168d33.

8. Gordon Hodson, "The Meat Paradox: Loving but Exploiting Animals," Psychology Today, March 3, 2014, https://www.psychologytoday.com/us/blog/without-prejudice/201403/the-meat-paradox-loving-exploiting-animals.

9. Kelly Weill, "Why Right Wingers Are Going Crazy about Meat," The Daily Beast, Aug. 25, 2018, https://www.thedailybeast.com/why-right-wingers-are-going-crazy-about-meat.

10. 같은 책.

11. "Meat Processing and Products," Center for Responsive Politics, https://www.opensecrets.org/industries/indus.php?ind=G2300.

12. Ryan McCrimmon, "White House Dances around a Big Contributor to Climate Change: Agriculture," Politico, April 22, 2021, https://www.politico.com/news/2021/04/22/climate-change-biden-agriculture-484351.

13. Paula Goodyer, "Meat Eaters Justify Diet Using 'Four Ns': Natural, Necessary,

Normal, Nice," Sydney Morning Herald, May 30, 2015, https://www.smh.com.au/
lifestyle/health-and-wellness/meat-eaters-justify-diet-using-four-ns-natural-
necessary-normal-nice-20150530-ghd5le.html.

14. Weill, "Why Right Wingers Are Going Crazy about Meat."

15. Paul Rozin et al., "Is Meat Male? A Quantitative Multimethod Framework to
Establish Metaphoric Relationships," Journal of Consumer Research 39, no. 3 (Oct.
2012): 629-43.

16. 13redcliffe, "Kingsford Charcoal Commercial," YouTube video, 0:30, April 7, 2009,
https://www.youtube.com/watch?v=FyuaCLM_syA.

17. Meghan Casserly, "Grilling, Guys and the Great Gender Divide," Forbes, July 1, 2010,
https://www.forbes.com/2010/07/01/grilling-men-women-barbecue-forbes-
woman-time-cooking.html?sh=6207f7ecbad6.

18. "Sexual Politics of Meat," CarolJAdams.com, https://caroljadams.com/spom-the-
book.

19. University of Technology, Sydney, "The Link between Meat and Social Status,"
Phys.org, https://phys.org/news/2018-09-link-meat-social-status.html.

20. Krishna Ramanujan, "Eating Green Could Be in Your Genes," Cornell Chronicle,
March 29, 2016, https://news.cornell.edu/stories/2016/03/eating-green-could-
be-your-genes.

제3부-미래의 육류

10장: 시계를 되돌려

1. Will Harris와의 인터뷰 , Jan. 18, 2019.

2. Gosia Gozniacka, "Big Food Is Betting on Regenerative Agriculture to Thwart
Climate Change," Civil Eats, Oct. 29, 2019, https://civileats.com/2019/10/29/big-
food-is-betting-on-regenerative-agriculture-to-thwart-climate-change/.

3. Larissa Zimberoff, "There's a New 'Organic' Food That Fights Global
Warming,"Bloomberg, April 23, 2021, https://www.bloomberg.com/news/
articles/2021-04-23/regenerative-farming-is-a-new-kind-of-organic-food-that-
s-good-for-earth-too.

4. Jonathan Foley, "Beef Rules," GlobalEcoGuy.org, June 19, 2019, https://
globalecoguy.org/beef-rules-d5bbf65a24e3.

5. Matthew Hayek and Rachael Garrett, "Nationwide Shift to Grass-Fed Beef Requires Larger Cattle Population," Environmental Research Letters 13, no. 8 (July 2018): 13.

6. "Back to Grass: The Market Potential for U.S. Grassfed Beef," Stone Barns Center for Food & Agriculture, April 2017, https://www.stonebarnscenter.org/wp-content/uploads/2017/10/ Grassfed_Full_v2.pdf.

7. Tara Garnett, Cecile Godde, et al., "Grazed and Confused?" Report by Food Climate Research Network, 2017, https://www.oxfordmartin.ox.ac.uk/downloads/reports/fcrn_gnc_report.pdf.

8. James McWilliams, "The Myth of Sustainable Meat," New York Times, April 12, 2012, https://www.nytimes.com/2012/04/13/opinion/the-myth-of-sustainable-meat.html.

9. Joel Salatin, "Joel Salatin responds to New York Times' 'Myth of Sustainable Meat,'" Grist, April 17, 2012, https://grist.org/sustainable-farming/farmer-responds-to-the-new-york-times-re-sustainable-meat/.

10. David Bronner, "How the Regenerative Agriculture and Animal Welfare Movements Can End Factory Farming, Restore Soil and Mitigate Climate Change," Dr. Bronner's All-One(blog), March 7, 2017, https://www.drbronner.com/all-one-blog/2017/03/regenetarians-unite/.

11. Tamar Haspel, "Is Grass-Fed Beef Really Better for You, the Animal and the Planet?," Washington Post, Feb. 23, 2015, https://www.washingtonpost.com/lifestyle/food/is-grass-fed-beef-really-better-for-you-the-animal-and-the-planet/2015/02/23/92733524-b6d1-11e4-9423-f3d0a1ec335c_story.html.

12. George Monbiot, "Goodbye—and Good Riddance—to Livestock Farming,"Guardian, Oct. 4, 2017, https://www.theguardian.com/commentisfree/2017/oct/04/livestock-farming-artificial-meat-industry-animals.

13. Helen Atthowe와의 인터뷰, July 6, 2019.

14. The Associated Press, "'Green Manure' Keeps These Farmers Happy," NBC News, June 21, 2008, https://www.nbcnews.com/id/wbna25242888.

15. James McWilliams, "The Omnivore's Contradiction: That Free-Range,Organic Meat Was Still an Animal Killed for Your Dinner," Salon, Jan. 3, 2016, https://www.salon.com/2016/01/03/the_omnivores_contradiction_that_free_range_organic_meat_was_still_an_animal_killed_for_your_dinner/.

16. Anna Charlton and Gary Francione, "A 'Humanely' Killed Animal Is Still Killed—and That's Wrong," Aeon, Sep. 8, 2017, https://aeon.co/ideas/a-humanely-killed-animal-is-still-killed-and-thats-wrong.

11장: 식물 2.0

1. Ethan Brown과의 인터뷰 , Feb. 12, 2019.
2. Parker Lee와의 인터뷰, Feb. 12, 2019.
3. Daniel Ryan과의 인터뷰 , Feb. 12, 2019.
4. Julie Wushensky와의 인터뷰 , Feb. 12, 2019.
5. Lizzy Gurdus, "Beyond Meat Is Soaring, but There's No Real Evidence Its Products Are Healthier Than Real Meat, Says Former US Agriculture Chief," CNBC, May 26, 2019, https://www.cnbc.com/2019/05/24/fmr-us-agriculture-chief-on-beyond-meats-nutritional-reality.html.
6. Lauren Wicks, "What Is the Impossible Burger—And Is It Even Healthy?" CookingLight, May 28, 2019, https://www.cookinglight.com/news/is-the-impossible-burger-healthy.
7. Alicia Kennedy, "Impossible Burgers Won't Save the Environment—They're Just a Greenwashing Trend," In These Times, April 22, 2020, https://inthesetimes.com/article/corporate-fake-meat-wont-save-us-impossible-burger-beyond-meat-greenwashing.
8. Larissa Zimberoff, Technically Food: Inside Silicon Valley's Mission to Change What We Eat (New York: Abrams, 2021), eBook.

12장: 도축 없는 육류

1. Neil Stephens and Martin Ruivenkamp, "Promise and Ontological Ambiguity in the In vitro Meat Imagescape: From Laboratory Myotubes to the Cultured Burger," Science as Culture 25, no. 3 (July, 2016): 327-55.
2. Warren James Belasco, Meals to Come: A History of the Future of Food (Berkeley: University of California Press, 2006), 37.
3. Kat Eschner, "Winston Churchill Imagined the Lab-Grown Hamburger," Smithsonian Magazine, Dec. 1, 2017, https://www.smithsonianmag.com/smart-news/winston-churchill-imagined-lab-grown-hamburger-180967349/.
4. "Lab-Grown Meat: How 'Moo's Law' Will Drive Innovation," Money Week,

April 16, 2021, https://moneyweek.com/investments/commodities/soft-commodities/603088/lab-grown-meat-new-agrarian-revolution.

5. Lora Kolodny, "Impossible Foods CEO Pat Brown Says VCs Need to Ask Harder Scientific Questions," TechCrunch, May 22, 2017, https://techcrunch.com/2017/05/22/impossible-foods-ceo-pat-brown-says-vcs-need-to-ask-harder-scientific-questions/.

6. Oliver Morrison, "'Cultured Meat Is Fool's Gold': Environmentalists Lock Horns over Controversial Documentary," Food Navigator, Updated Jan. 13, 2020, https://www. foodnavigator.com/Article/2020/01/10/Cultured-meat-is-fool-s-gold-Environmentalists-lock-horns-over-controversial-documentary.

7. Chase Purdy, "Why We Don't Yet Know If Cell-Cultured Meat Will Actually Fight Climate Change," Quartz, Feb. 20, 2019, https://qz.com/1553875/is-cell-cultured-meat-environmentally-friendly/.

8. Jane Calvert, "Synthetic Biology: Constructing Nature?," The Sociological Review 58, no. 1 (May, 2010): 95-112.

9. Dana Perls, "From Lab to Fork: Critical Questions on Laboratory-Created Animal Product Alternatives," Friends of the Earth, June 2018, http://foe.org/wp-content/uploads/ 2018/ 06/From-Lab-to-Fork-1.pdf.

10. Ruth DeFries와의 인터뷰, March 21, 2017.

11. Elaine Watson, "Cargill and Other 'Food Industry Giants' Join $17m Funding Round for Clean Meat Co Memphis Meats," Food Navigator, Updated Aug. 23, 2017, https://www.foodnavigator-usa.com/Article/2017/08/23/Cargill-joins-funding-round-for-clean-meat-co-Memphis-Meats.

12. Charlie Mitchell, "Fake Meat, Real Profits," Baffler, January 27, 2021, https://thebaffler.com/ latest/fake-meat-real-profits-mitchell.

13. Jenny Kleeman, "What's the Point of Lab-Grown Meat When We Can Simply Eat More Vegetables?" Guardian, Dec. 4, 2020, https://www.theguardian.com/commentisfree/2020/dec/04/lab-grown-meat-cultured-protein.

14. Errol Schweizer, "We Won't End Factory Farming Until We Dismantle theSystem," Eat for the Planet (podcast), April 21, 2021, https://eftp.co/errol-schweizer.

15. Tom Philpott, "Is Lab Meat About to Hit Your Dinner Plate?," Mother Jones, August 2, 2021, https://www.motherjones.com/food/2021/08/is-lab-meat-about-to-hit-your-dinner-plate/.

16. Elaine Watson, "Cultured Fish Co Finless Foods Aims to Achieve Price Paritywith Bluefin Tuna by the End of 2019," Food Navigator, Dec. 21, 2017, https://www.foodnavigator-usa.com/Article/ 2017/12/21/Finless-Foods-co-founder-talks-clean-meat-clean-fish-cultured-meat#.

17. Jade Scipioni, "This Restaurant Will Be the First Ever to Serve Lab-GrownChicken (for $23)," CNBC, Make It, updated Dec. 23, 2020, https://www.cnbc.com/ 2020/12/18/singapore-restaurant-first-ever-to-serve-eat-just-lab-grown-chicken.html.

18. Sam Bloch, "The Hype and the Hope Surrounding Lab-GrownMeat," TheCounter, July 23, 2019, https://newfoodeconomy.org/new-harvest-cell-cultured-meat-lab-meat/.

19. Martin Rowe, "Beyond Impossible: The Futures of Plant-Basedand Cellular Meat and Dairy," BrighterGreen, 2019, https://brightergreen.org/wp-content/uploads/2019/07/Beyond-the-Impossible.pdf.

20. Chase Purdy, "Meet the Mechanical Engineer Who Left Boeing to Make Plant-Based Chicken," Quartz, Feb. 4, 2020, https://qz.com/1794108/a-former-boeing-engineer-is-making-plant-based-meat/.

21. Emma Cosgrove, "What Do Farmers Think about Cultured Meat?," AgFunder News, Oct. 12, 2017, https://agfundernews.com/what-do-farmers-think-about-cultured-meat.html.

22. Interview with Molly Anderson, Aug. 15, 2018.

23. Max Elder, "Cultured Meat: A New Story for the Future of Food." In The Routledge Handbook of Animal Ethics, edited by Bob Fischer (New York: Taylor & Francis,2019), eBook.

24. Ben Bramble, "Lab-Grown Meat Could Let Humanity Ignore a Serious Moral Failing," The Conversation, Dec. 14, 2017, https://theconversation.com/lab-grown-meat-could-let-humanity-ignore-a-serious-moral-failing-88909.

25. Ezra Klein, "Ending the Age of Animal Cruelty," Vox, Jan. 29, 2019, https://www.vox.com/ future-perfect/2019/1/29/18197907/clean-meat-cell-plant-impossible-beyond-animal-cruelty.

26. "Tobias Leenaert: 'I Suspect Clean Meat Can Be the Technological Revolution That Precedes a Moral Revolution,'" Vegconomist, Jan. 15, 2019, https://vegconomist.com/interviews/tobias-leenaert-i-suspect-clean-meat-can-be-the-

technological-revolution-that-precedes-a-moral-revolution/.

맺음말 - 나는 산업형 축산에 반대합니다

1. Samuel Boerboom과의 인터뷰 , May 20, 2017.

2. James McWilliams, "Vegan Feud," Slate, Sep. 7, 2012, https://slate.com/human-interest/2012/09/hsus-vs-abolitionists-vs-the-meat-industry-why-the-infighting-should-stop.html.

참고문헌

서문 - 우리는 고기를 '너무 많이' 소비한다

Sentience Institute. "99% of US Farmed Animals Live on Factory Farms, Study Shows." Press release, April 11, 2019. https://www.sentienceinstitute.org/press/us-farmed-animals-live-on-factory-farms.

1장: 잡식동물의 탄생

Agence France-Presse. "2.4-Million-Year-Old Tools Found in Algeria Could Upend

Human Origin Story." The Telegraph, Nov. 30, 2018. https://www.telegraph.co.uk/news/2018/11/30/24-million-year-old-tools-found-algeria-could-upend-human-origin/.

Aiello, Leslie, and Peter Wheeler. "The Expensive-Tissue Hypothesis: The Brain and the Digestive System in Human and Primate Evolution." Current Anthropology 36, no. 2 (April 1995): 199-221.

Boyd, Robynne. "Do People Only Use 10 Percent of Their Brains?" Scientific American, Feb. 7, 2008. https://www.scientificamerican.com/article/do-people-only-use-10-percent-of-their-brains/.

California Academy of Sciences. "Oldest Evidence of Stone Tool Use and Meat-Eating among Human Ancestors Discovered: Lucy's Species Butchered Meat." ScienceDaily, Aug. 11, 2020. https://www.sciencedaily.com/releases/2010/08/100811135039.htm

Clinton, Keely. "Average Cranium/Brain Size of Homo neanderthalensis vs. Homo sapiens." Cobb Research Lab at Howard University, Dec. 24, 2015. https://www.cobbresearchlab.com/issue-2-1/2015/12/24/average-cranium-brain-size-of-homo-neanderthalensis-vs-homo-sapiens.

Dunn, Rob. "How to Eat Like a Chimpanzee." Scientific American, Aug. 2, 2012. https://blogs.scientificamerican.com/guest-blog/how-to-eat-like-a-chimpanzee/.

Joyce, Christopher. "Food for Thought: Meat-Based Diet Made Us Smarter." NPR, Aug. 2, 2010. https://www.npr.org/2010/08/02/128849908/food-for-thought-meat-based-diet-made-us-smarter.

Kluger, Jeffrey. "Sorry Vegans: Here's How Meat-Eating Made Us Human." Time, March 9, 2016. https://time.com/4252373/meat-eating-veganism-evolution/.

Lewin, Roger. "Man the Scavenger." Science 224, no. 4641 (May 1984): 861-62.

McLerran, Dan. "Study Lends New Support to Theory That Early Humans Were Scavengers." Popular Archaeology, March 3, 2015. https://popular-archaeology.com/article/study-lends-new-support-to-theory-that-early-humans-were-scavengers/.

Milks, Annemieke, David Parker, and Matt Pope. "External Ballistics of Pleistocene Hand-Thrown

Spears: Experimental Performance Data and Implications for Human Evolution." Scientific Reports 9, no. 820 (Jan. 2019). https://doi.org/10.1038/s41598-018-37904-w.

Nova. "Who's Who in Human Evolution." PBS. https://www.pbs.org/wgbh/nova/hobbit/tree-nf.html.

Potts, Richard, and Christopher Sloan. What Does It Mean to Be Human? Washington, DC: National Geographic, 2010.

Semaw, Sileshi. "The World's Oldest Stone Artefacts from Gona, Ethiopia: Their Implications for Understanding Stone Technology and Patterns of Human Evolution between 2.6-1.5 Million Years Ago." Journal of Archaeological Science 27, no. 12 (Dec, 2000): 1197-214.

Smithsonian National Museum of Natural History. "Ardipithecus ramidus." https://humanorigins.si.edu/evidence/human-fossils/species/ardipithecus-ramidus.

———. "Orrorin tugenensis." https://humanorigins.si.edu/evidence/human-fossils/

species/orrorin-tugenensis.

Wong, Kate. "How Scientists Discovered the Staggering Complexity of Human Evolution." Scientific American, Sep. 1, 2020. https://www.scientificamerican.com/article/how-scientists-discovered-the-staggering-complexity-of-human-evolution/.

2장: 창조 이야기

BBC News. "Ancient Egyptian Priests 'Killed by Rich Ritual Food.'" Feb. 26, 2010. http://news.bbc.co.uk/2/hi/health/8536480.stm.

Bekoff, Marc. "The First Domestication: How Wolves and Humans Coevolved." Psychology Today, Dec. 11, 2017. https://www.psychologytoday.com/us/blog/animalemotions/201712/the-first-domestication-how-wolves-and-humans-coevolved. Driscoll, Carlos, et al. "From Wild Animals to Domestic Pets, an Evolutionary View of Domestication." Proceedings of the National Academy of Sciences of the United States of America 106, Supplement 1 (June 2009): 9971-78.

Jarus, Owen. "Who Built the Egyptian Pyramids?" Live Science, May 15, 2021. https:// www. livescience.com/who-built-egypt-pyramids.html.

Larson, Greger. "Genetics and Domestication." Current Anthropology 52, no. S4

(Oct. 2011): S485-95.

Miller, Naomi, and Wilma Wetterstorm. "The Beginnings of Agriculture." In The Cambridge World History of Food, edited by Kenneth Kiple, 2:1123-39. London: Cambridge University Press. 2000.

Paoletta, Rae. "How Cats Conquered Humans Thousands of Years Ago." Gizmodo, June 19, 2017. https://gizmodo.com/how-cats-conquered-humans-thousands-of

-years-ago-1796222203.

Pierotti, Raymond, and Brandy R Fogg. The First Domestication: How Wolves and Humans Coevolved. New Haven, CT: Yale University Press, 2017.

United States Census Bureau. "Historical Estimates of World Population." https:// www.census.gov/data/tables/time-series/demo/international-programs/historical-est-worldpop.html.

3장: 인습, 그리고 신세계

Anderson, James Maxwell. The History of Portugal. Westport, CT: Greenwood Press. 2000.

Anderson, Virginia DeJohn. Creatures of Empire: How Domestic Animals Transformed Early America. New York: Oxford University Press. 2004.

Bushman, Richard L. The American Farmer in the Eighteenth Century: A Social and Cultural History. New Haven, CT: Yale University Press. 2018.

Chandonnet, Ann. Colonial Food. London: Bloomsbury Publishing. 2013.

Childs, Craig. Atlas of a Lost World: Travels in Ice Age America. New York: Knopf Doubleday Publishing Group. 2019.

Clemen, Rudolf Alexander. The American Livestock and Meat Industry. New York: Ronald Press Company. 1923.

Earle, Rebecca. The Body of the Conquistador: Food, Race and the Colonial Experience in Spanish America, 1492-1700. New York: Cambridge University Press. 2014.

Fitzgerald, Amy J. "A Social History of the Slaughterhouse: From Inception to Contemporary Implications." Human Ecology Review 17, no. 1 (2010): 58-69.

Gibson, Abraham. Feral Animals in the American South: An Evolutionary History. New York: Cambridge University Press. 2016.

Harbury, Katharine E. Colonial Virginia's Cooking Dynasty. Columbia, SC: University of South Carolina Press. 2004.

McMahon, Sarah F. "A Comfortable Subsistence: The Changing Composition of Diet in Rural New England, 1620-1840." The William and Mary Quarterly 42, no. 1 (1985): 26-65.

McWilliams, James E. A Revolution in Eating: How the Quest for Food Shaped America. New York: Columbia University Press. 2005.

Robison, Jim. Kissimmee: Gateway to the Kissimmee River Valley. Charleston, SC: Arcadia. 2003.

Shepherd, James F., and Samuel H. Williamson. "The Coastal Trade of the British North American Colonies, 1768-1772." Journal of Economic History 32, no. 4 (Dec. 1972): 783-810.

Sim, Alison. Food and Feast in Tudor England. Cheltenham, UK: History Press, 2005.

Stahl, Peter. "Animal Domestication in South America." In Handbook of South American Archaeology, edited by Helaine Silverman and William Harris Isbell, 121-30. New York: Springer. 2008.

Struzinski, Steven. "The Tavern in Colonial America." Gettysburg Historical Journal 1, no. 7 (2003): https://cupola.gettysburg.edu/ghj/vol1/iss1/7.

Wright, Mike. What They Didn't Teach You about the American Revolution. Novato, CA: Presidio Press. 2009.

4장: 언제, 어디서나, 더 싸게

Anderson, Oscar Edward. Refrigeration in America. Princeton, NJ: Princeton University Press. 2015.

Anschutz, Philip F., William J. Convery, and Thomas J. Noel. Out Where the West

Begins: Profiles, Visions, and Strategies of Early Western Business Leaders. Denver, CO: Cloud Camp Press. 2017.

Armour, Jonathan Ogden. The Packers, the Private Car Lines, and the People. Philadelphia: H. Altemus Company. 1906.

Avey, Tori. "Discover the History of Meatless Mondays." PBS, The History Kitchen(blog), Aug. 16, 2013. https://www.pbs.org/food/the-history-kitchen/history-meatless-mondays/.

Barker, Lesley. St. Louis Gateway Rail: The 1970s. Charleston, SC: Arcadia. 2006.

Beattie, Alan. False Economy: A Surprising Economic History of the World. New York: Riverhead Books. 2009.

Bigott, Joseph C. From Cottage to Bungalow: Houses and the Working Class in Metropolitan Chicago, 1869-1929. Chicago: University of Chicago Press. 2001.

Bjornlund, Lydia. How the Refrigerator Changed History. Minneapolis, MN: Abdo Publishing. 2015.

Boorstin, Daniel J. The Americans: The Democratic Experience. New York: Knopf Doubleday Publishing Group. 2010.

Bramley, Anne. "How Chicago's Slaughterhouse Spectacles Paved the Way for Big Meat." NPR, The Salt, Dec. 3, 2015. https://www.npr.org/sections/thesalt/2015/12/03/458314767/how-chicago-s-slaughterhouse-spectacles-paved-the-way-for-big-meat.

Brooks, Eugene Clyde. The Story of Corn and the Westward Migration. Chicago: Rand McNally & Co. 1916.

Chicago Association of Commerce. "How We Began in Chicago." Chicago Commerce, Sep. 24, 1921.

Clampitt, Cynthia. Pigs, Pork, and Heartland Hogs: From Wild Boar to Baconfest. Lanham, MD: Rowman & Littlefield Publishers. 2018.

Coleman, Brent. "They Didn't Fly, but Pigs Once Roamed Cincinnati Streets by the Thousands in a Meat-Packing Marathon." WCPO, May 2, 2017. https://www.wcpo.com/news/insider/they-didnt-fly-but-pigs-once-roamed-cincinnati-streets-by-the-thousands-in-a-meat-packing-marathon.

Cox, James. Historical and Biographical Record of the Cattle Industry and the Cattlemen of Texas and Adjacent Territory. St. Louis: Woodward & Tiernan Printing Company. 1895.

D'Eramo, Marco. The Pig and the Skyscraper: Chicago: A History of Our Future. New York: Verso. 2002.

Erickson, Hal. Any Resemblance to Actual Persons: The Real People Behind 400+ Fictional Movie Characters. Jefferson, NC: McFarland. 2017.

Fields, Gary. Territories of Profit: Communications, Capitalist Development, and the Innovative Enterprises of G.F. Swift and Dell Computer. Stanford, CA: Stanford University Press. 2004.

Hallas, Herbert C. William Almon Wheeler: Political Star of the North Country. Albany, NY: Excelsior Editions. 2013.

Hammond, Roland. A History and Genealogy of the Descendants of William Hammond of London, England, and His Wife Elizabeth Penn: Through Their Son Benjamin of Sandwich and Rochester, Mass., 1600-1894. Boston: D. Clapp & Son, Printers. 1894.

Homans, James E., James Grant Wilson, and John Fiske (eds.). The Cyclopædia of American Biography. New York: Press Association Compilers, Incorporated. 1915.

Horowitz, Roger. Putting Meat on the American Table: Taste, Technology, Transformation. Baltimore: Johns Hopkins University Press. 2006.

Hutson, Cecil Kirk. "Texas Fever in Kansas, 1866-1930." Agricultural History 68, no.1 (1994): 74-104.

Janega, James. "Meatpacking." Chicago Tribune, Aug. 8, 2014. https://www.chicagotribune.com/business/blue-sky/chi-meatpacking-top-chicago-innovations-bsi-series-story.html.

Kemp, Bill. "'Porkers' Wail of Anguish' Once Heard on Bloomington's South Side."The Pantagraph, Feb. 23, 2008. https://www.pantagraph.com/news/porkers-wail-of-anguish-once-heard-on-bloomingtons-south-side/article_dbc8dd0b-4f42-57f6-80fd-0d157cd65224.html.

Knowlton, Christopher. Cattle Kingdom: The Hidden History of the Cowboy West. New York: Houghton Mifflin Harcourt. 2017.

Koziarz, Jay. "Transportation That Built Chicago: The River System." Curbed, Sep. 19, 2017. https://chicago.curbed.com/2017/9/19/16332590/transportation-chicago-river-history-future.

Kujovich, Mary Yeager. "The Refrigerator Car and the Growth of the American Dressed Beef Industry." The Business History Review 44, no. 4 (1970): 460-82.

Malone, John Williams. An Album of the American Cowboy. New York: Watts. 1971.

McCoy, Joseph Geiting. Historic Sketches of the Cattle Trade of the West and Southwest. Kansas City, MO: Ramsey, Millett & Hudson. 1874.

Morgan, Ted. Shovel of Stars: The Making of the American West 1800 to the Present. New York: Touchstone. 1996.

Moser, JoAnn. Mason Jar Nation: The Jars That Changed America and 50 Clever Ways to Use Them Today. Minneapolis, MN: Cool Springs Press. 2016.

Nevius, James. "New York's Built Environment Was Shaped by Pandemics." Curbed, March 19, 2020. https://ny.curbed.com/2020/3/19/21186665/coronavirus-new-york-public-housing-outbreak-history.

O'Connell, William E. "The Development of the Private Railroad Freight Car, 1830-1966." The Business History Review 44, no. 2 (1970): 190-209.

Ogle, Maureen. In Meat We Trust: An Unexpected History of Carnivore America. New York: Houghton Mifflin Harcourt. 2013.

Pacyga, Dominic A. Chicago: A Biography. Chicago: University of Chicago Press. 2009.

Pierce, Bessie Louise. History of Chicago, Volume III: The Rise of a Modern City, 1871-1893. Chicago: University of Chicago Press. 2007.

Roberts, Jeffrey P. Salted and Cured: Savoring the Culture, Heritage, and Flavor of America's Preserved Meats. White River Junction, VT: Chelsea Green Publishing. 2017.

Robertson, James I. After the Civil War: The Heroes, Villains, Soldiers, and Civilians Who Changed America. Washington, DC: National Geographic. 2015.

Rosenberg, Chaim M. America at the Fair: Chicago's 1893 World's Columbian Exposition. Charleston, SC: Arcadia. 2008.

Sandburg, Carl. Chicago Poems: Unabridged. Mineola, NY: Dover Publications. 2012.

Sandweiss, Martha, Ed Milner, Clyde Milner, and Carol A. O'Connor. The Oxford History of the American West. New York: Oxford University Press. 1994.

Smith, Andrew F. Eating History: 30 Turning Points in the Making of American Cuisine. New York: Columbia University Press. 2009.

Turner, Katherine Leonard. How the Other Half Ate: A History of Working-Class Meals at the Turn of the Century. Berkeley, CA: University of California Press. 2014.

Walsh, Margaret. The Rise of the Midwestern Meat Packing Industry. Lexington:

University Press of Kentucky. 2021.

Warren, Wilson J. Tied to the Great Packing Machine: The Midwest and Meatpacking. Iowa City: University of Iowa Press. 2007.

Weisberger, Bernard A. The Titans. Boston: New Word City. 2016.

Wilson, Jeff. Produce Traffic and Trains. Waukesha, WI: Kalmbach Books. 2018.

Winans, Charles. "The Evolution of a Vast Industry." Harper's Weekly, July 1, 1905.

Youngblood, Dawn. The SMS Ranch. Charleston, SC: Arcadia Publishing Incorporated. 2017.

Ziegelman, Jane, and Andrew Coe. A Square Meal: A Culinary History of the Great Depression. New York: Harper. 2016.

5장: 농장에서 공장으로

Bonah, Christian, David Cantor, and Mathias Dorries (eds.). Meat, Medicine and Human Health in the Twentieth Century. New York: Routledge. 2015.

Boyd, William. "Making Meat: Science, Technology, and American Poultry Production." Technology and Culture 42, no. 4 (Oct. 2001): 631-64.

Broadway, Michael J., and Donald D. Stull. Slaughterhouse Blues: The Meat and Poultry Industry in North America. Boston: Cengage Learning. 2012.

Bugos, Glenn E. "Intellectual Property Protection in the American Chicken-Breeding Industry." Business History Review 66, no. 1 (Spring 1992): 127-68.

Buzzell, Robert D. "Is Vertical Integration Profitable?" Harvard Business Review, January 1983. https://hbr.org/1983/01/is-vertical-integration-profitable.

Clark, Thomas D. "The Furnishing and Supply System in Southern Agriculture since 1865." Journal of Southern History 12, no. 1 (1946): 24-44.

Cole, Larry. Communication in Poultry Grower Relations: A Blueprint to Success. Ames: Iowa State University Press. 2008.

Collingham, Lizzie. The Taste of War: World War II and the Battle for Food. NewYork: Penguin. 2013.

Fite, Gilbert C. Cotton Fields No More: Southern Agriculture, 1865--1980. Lexington: University Press of Kentucky, 1984.

Gisolfi, Monica R. The Takeover: Chicken Farming and the Roots of American

Agribusiness. Athens: University of Georgia Press. 2017.

Golay, Michael. America 1933: The Great Depression, Lorena Hickok, Eleanor Roosevelt, and the Shaping of the New Deal. New York: Simon & Schuster. 2016.

Gordon, John Steele. "The Chicken Story." American Heritage, Sept., 1996. https://www.americanheritage.com/chicken-story.

Hart, John Fraser. The Changing Scale of American Agriculture. Charlottesville: University of Virginia Press. 2003.

Horowitz, Roger. Food Chains: From Farmyard to Shopping Cart. Philadelphia: University of Pennsylvania Press. 2011.

Jukes, Thomas, and E. L. Robert Stokstad. "The Multiple Nature of the Animal Protein Factor." Journal of Biological Chemistry 180, no. 2 (Sep. 1949): 647-54.

Kahn, Laura H. One Health and the Politics of Antimicrobial Resistance. Baltimore: Johns Hopkins University Press. 2016.

Lawler, Andrew. "Chicken of Tomorrow." Aeon, Nov. 5, 2014. https://aeon.co/essays/how-the-backyard-bird-became-a-wonder-of-science-and-commerce.

———. "How the Chicken Became Our National Bird." Saveur, Sep. 8, 2016. https://www.saveur.com/chicken-of-tomorrow/.

Lawler, Andrew, and Jerry Adler. "How the Chicken Conquered the World." Smithsonian, June 2012. https://www.smithsonianmag.com/history/how-the-chicken-conquered-the-world-87583657/.

Leeson, Steven, and John D. Summers. Broiler Breeder Production. Nottingham, UK: Nottingham University Press. 2010.

Litwack, Gerald. Vitamins and Hormones: Advances in Research and Applications, Volume 52. San Diego: Academic Press. 2011.

Lymbery, Philip. Farmageddon: The True Cost of Cheap Meat. London: Bloomsbury. 2015.

Maslowski, Susan. "Farmer's Table: Chicken Lombardy Casserole." Charleston Gazette-Mail, June 1, 2016. https://www.wvgazettemail.com/metrokanawha/farmer-s-table-chicken-lombardy-casserole/article_c69d96f4-aac5-5b92-88c6-e35e9479f846.html.

McDowell, Lee R. Vitamin History, the Early Years. Sarasota, FL: First Edition Design Publishing. 2013.

McKenna, Maryn. Big Chicken: The Incredible Story of How Antibiotics Created Modern Agriculture and Changed the Way the World Eats. Washington, DC: National Geographic. 2017.

McKittrick, Meredith. "Industrial Agriculture." In A Companion to Global Environmental History, edited by J. R. McNeill and Erin S. Mauldin. West Sussex,UK: Wiley. 2015.

Moody, John. The Frugal Homesteader: Living the Good Life on Less. Gabriola Island, BC: New Society Publishers. 2018.

Norval, Mary. "A Short Circular History of Vitamin D from Its Discovery to Its Effects." Journal of the Royal Medical Society 268, no. 2 (2005).

Ogle, Maureen. In Meat We Trust: An Unexpected History of Carnivore America. New York: Houghton Mifflin Harcourt. 2013.

Pappworth, Maurice Henry. "Vitamin B12 (from Streptomyces Griseus) in Pernicious Anaemia." British Medical Journal 1, no. 4665 (June 1950): 1302-3.

Poultry Science Association. "Annual Meeting." Poultry Science 31, no. 1 (Jan. 1952):10.

Ravina, Enrique. The Evolution of Drug Discovery: From Traditional Medicines to Modern Drugs. Weinheim, Germany: Wiley. 2011.

Roberts, Paul. The End of Food. New York: Mariner Books. 2009.

Robison, W. L. Vitamin B-12 Supplements for Growing and Fattening Pigs. Ohio Agricultural Experiment Station. April, 1953. https://kb.osu.edu/bitstream/handle/1811/63024/OARDC _research _bulletin_n0729.pdf?sequence=1&isAllowed=y.

Rosenfeld, Louis. "Vitamine—Vitamin. The Early Years of Discovery." Clinical Chemistry 43, no. 4 (April 1997): 680-85.

Rude, Emelyn. Tastes Like Chicken: A History of America's Favorite Bird. New York: Pegasus Books. 2016.

Sachs, Jessica Snyder. Good Germs, Bad Germs: Health and Survival in a Bacterial World. New York: Hill and Wang. 2007.

Sawyer, Gordon. Northeast Georgia: A History. Charleston, SC: Arcadia. 2001.

Schrepfer, Susan R., and Philip Scranton (eds.). Industrializing Organisms: Introducing Evolutionary History. New York: Routledge. 2004.

Silbergeld, Ellen K. Chickenizing Farms and Food: How Industrial Meat Production Endangers Workers, Animals, and Consumers. Baltimore: Johns Hopkins University Press. 2016.

Smith, Andrew F. Food in America: The Past, Present, and Future of Food, Farming, and the Family Meal. Santa Barbara, CA: ABC-CLIO. 2017.

Stuesse, Angela. Scratching Out a Living: Latinos, Race, and Work in the Deep South. Oakland: University of California Press. 2016.

Thompson, Gabriel. Working in the Shadows: A Year of Doing the Jobs (Most) Americans Won't Do. New York: Nation Books. 2011.

Twilley, Nicola, and Cynthia Graber. "How the Chicken Industry Got Hooked on Antibiotics." The Atlantic, Aug. 16, 2017. https://www.theatlantic.com/science/archive/2017/08/big-pharma-big-chicken/536979/.

Urry, Amelia. "Our Crazy Farm Subsidies, Explained." Grist, April 20, 2015. https://grist.org/food/our-crazy-farm-subsidies-explained/.

Vardeman, Johnny. "Johnny Vardeman: Storm Victim's Cemetery Marker in Need of Repair." Gainseville Times, March 25, 2017. https://www.gainesvilletimes.com/columnists/columnists/johnny-vardeman-storm-victims-cemetery-marker-in-need-of-repair/.

Weinberg, Carl. "Jesse Jewell (1902-1975)." New Georgia Encyclopedia. Jan. 14, 2005. https://www.georgiaencyclopedia.org/articles/business-economy/jesse-jewell-1902-1975.

Williams, Tara Layman. The Complete Guide to Raising Chickens: Everything You Need to Know Explained Simply. Ocala, FL: Atlantic Publishing Group. 2011.

Williams, William Henry. Delmarva's Chicken Industry: 75 Years of Progress. Georgetown, DE: Delmarva Poultry Industry, Inc. 1998.

Wright, Gavin, and Howard Kunreuther. "Cotton, Corn and Risk in the Nineteenth Century." Journal of Economic History 35, no. 3 (1975): 526-51.

6장: 편의의 시대

Anderson, Avis H. A & P: The Story of the Great Atlantic & Pacific Tea Company. Charleston, SC: Arcadia. 2002.

Bartholomew, Ivy A. "Matters of Taste: Spam Mania." The Rotarian, August, 2000.

Batchelor, Bob. American Pop: Popular Culture Decade by Decade. Westport, CT: Greenwood. 2008.

Belluz, Julia. "The Average American Woman Now Weighs 166 Pounds—As Much as a 1960s Man." Vox. Updated June 17, 2015. https://www.vox.com/2015/6/15/8784389/america-weight-gain.

Black, Dustin, Armstrong, Dan. The Book of Spam: A Most Glorious and Definitive Compendium of the World's Favorite Canned Meat. New York: Atria Books. 2008.

Bromell, Nicolas. "The Automat: Preparing the Way for Fast Food." New York History 81, no. 3 (2000): 300-312.

BuzzFeed Multiplayer. "McDonald's: 1955 vs. Now." YouTube video. 4:40, Sep. 4, 2015. https://www.youtube.com/watch?v=oqI4rR6lXU0.

Carraher, Charles E. Jr. Seymour/Carraher's Polymer Chemistry: Sixth Edition. Boca Raton, FL: CRC Press. 2003.

Chibuzo. "How Smart Thinking Drove the Initial Growth of A&P." High Impact Nation, Oct. 1, 2021. https://highimpactnation.net/2021/01/10/how-smart-thinking-drove-the-initial-growth-of-ap/.

Critser, Greg. Fat Land: How Americans Became the Fattest People in the World. New York: Houghton Mifflin Harcourt. 2004.

Deck, Cecilia. "Fast-Food Pioneer A&W Survives to Map Comeback." Chicago Tribune, Nov. 19, 1989. https://www.chicagotribune.com/news/ct-xpm-1989-11-19-8903110146-story.html.

Edwards, Owen. "How 260 Tons of Thanksgiving Leftovers Gave Birth to anIndustry." Smithsonian, Dec. 2004. https://www.smithsonianmag.com/history/tray-bon-96872641/.

Ellickson, Paul B. "The Evolution of the Supermarket Industry: From A&P to Wal-Mart." In Handbook on the Economics of Retail and Distribution, edited by Emek Basker. Cheltenham, UK: Edward Elgar Publishing. 2016.

Faulk, Richard. The Next Big Thing: A History of the Boom-or-Bust Moments That Shaped the Modern World. San Francisco: Zest Books. 2019.

Ferdman, Roberto. "America's 60-Year Love Affair with Frozen TV Dinners Is Over." Quartz, March 13, 2014. https://qz.com/187433/americas-60-year-love-affair-with-frozen-tv-dinners-is-over/.

Gantz, Carroll. Refrigeration: A History. Jefferson, NC: McFarland. 2015.

Genoways, Ted. The Chain: Farm, Factory, and the Fate of Our Food. New York: HarperCollins. 2015.

Gref, Lynn G. The Rise and Fall of American Technology. New York: Algora. 2010.

Grimes, William. "Michael James Delligatti, Creator of the Big Mac, Dies at 98." New York Times, Nov. 30, 2016. https://www.nytimes.com/2016/11/30/business/michael-james-delligatti-creator-of-the-big-mac-dies-at-98.html.

Hamilton, Andrew. "Dinners without Drudgery." Popular Mechanics 87, no. 4 (April 1947): 174-77.

Hamilton, Shane. "The Economies and Conveniences of Modern-Day Living: Frozen Foods and Mass Marketing, 1945-1965." Business History Review 77, no. 1 (2003): 33-60.

Harris, William. "10 Most Popular McDonald's Menu Items of All Time."

HowStuffWorks, April 7, 2009. https://money.howstuffworks.com/10-popular-mcdonalds-menu-items.htm#pt4.

Hisano, Ai. "Cellophane, the New Visuality, and the Creation of Self-Service Food Retailing." Harvard Business School Working Paper, No. 17-106, May 2017.

Hogan, David G. Selling 'em by the Sack: White Castle and the Creation of American Food. New York: New York University Press. 1999.

Jackson, Tom. Chilled: How Refrigeration Changed the World and Might Do So Again. London: Bloomsbury. 2015.

Jakle, John A., and Keith A. Sculle. Fast Food: Roadside Restaurants in the Automobile Age. New York: Johns Hopkins University Press. 2002.

Kieler, Ashlee. "The White Castle Story: The Birth of Fast Food and the Burger Revolution." Consumerist, July 14, 2015. https://consumerist.com/2015/07/14/the-white-castle-story-the-birth-of-fast-food-the-burger-revolution/.

Kurlansky, Mark. Frozen in Time: Clarence Birdseye's Outrageous Idea about Frozen Food. New York: Delacorte Press. 2014.

Leonard, Christopher. The Meat Racket: The Secret Takeover of America's Food Business. New York: Simon & Schuster. 2015.

Levinson, Marc. The Great A&P and the Struggle for Small Business in America. New York: Hill and Wang. 2011.

Love, John F. McDonald's: Behind the Arches. New York: Bantam Books. 1995. New

York Times. "TV Dinners Seek Gourmet Market." Feb. 10, 1984. https://www.nytimes.com/1984/02/10/business/tv-dinners-seek-gourmet-market.html

Nibert, David Alan. Animal Oppression and Human Violence: Domesecration, Capitalism, and Global Conflict. New York: Columbia University Press. 2013.

Novak, Matt. "The Great Depression and the Rise of the Refrigerator." Pacific Standard, Updated June 14, 2017. https://psmag.com/environment/the-rise-of-the-refrigerator-47924.

Rees, Jonathan. Refrigeration Nation: A History of Ice, Appliances, and Enterprise in America. Baltimore: Johns Hopkins University Press. 2013.

Risch, Erna. The Quartermaster Corps: Organization, Supply, and Services Volume I. Washington, DC: Center of Military History, United States Army, 1995.

Rosenwald, Michael S. "From the A&P to Amazon: The Rise of the Modern Grocery Store." Washington Post, June 16, 2017. https://www.washingtonpost.com/news/retropolis/wp/2017/06/16/from-the-ap-to-amazon-the-rise-of-the-modern-grocery-store/.

Rude, Emelyn. Tastes Like Chicken: A History of America's Favorite Bird. New York: Pegasus Books. 2016.

Ruhlman, Michael. Grocery: The Buying and Selling of Food in America. New York: Abrams. 2018.

Schlosser, Eric. Fast Food Nation: The Dark Side of the All-American Meal. New York: Mariner Books. 2012.

Smith, Andrew F. (ed.). The Oxford Encyclopedia of Food and Drink in America. New York: Oxford University Press. 2013.

Smith, Andrew F. Savoring Gotham: A Food Lover's Companion to New York City. New York: Oxford University Press. 2015.

Smith, Andrew F. The Turkey: An American Story. Champaign: University of Illinois Press. 2006.

Smith, Annabelle K. "The Strange History of Frozen Food." Eater, Aug. 21, 2014. https://www.eater.com/2014/8/21/6214423/the-strange-history-of-frozen-food-from-clarence-birdseye-to-the.

Tweedie, Steven. "How the Microwave Was Invented by a Radar Engineer Who Accidentally Cooked a Candy Bar in His Pocket." Business Insider, July 3, 2015. https://www.businessinsider.com/how-the-microwave-oven-was-invented-byaccident-2015-4.

7장: 행복한 죽음

American Heart Association Editorial Staff. "Saturated Fat." https://www.heart.org/en/healthy-living/healthy-eating/eat-smart/fats/saturated-fats.

Duke University Medical Center. "Salt Appetite Is Linked to Drug Addiction, Research Finds." ScienceDaily. http://www.sciencedaily.com/releases/2011/07/110711151451.htm.

Endocrine Today. "With 'Bliss Points' and 'Mouth Feel,' Food Industry Plays Role in Hedonic Eating Habits." Healio, Nov. 14, 2018. https://www.healio.com/endocrinology/obesity/news/online/%7B0c3a46c9-3ebc-4fee-a5aa-c8ddb4e37dac%7D/with-bliss-points-and-mouth-feel-food-industry-plays-role-in-hedonic-eating-habits.

McQuaid, John. Tasty: The Art and Science of What We Eat. New York: Scribner. 2015.

Moorhead, Alana. "Slice of Heaven: Ever Wondered Why Toast Tastes So Much Better Than Bread? There's Actually a Scientific Reason Behind It." The Sun, June 26, 2016. https://www.thesun.co.uk/living/1344052/ever-wondered-why-toast-tastes-so-much-better-than-bread-theres-actually-a-scientific-reason-behind-it/.

Mouritsen, Ole G. ,and Klavs Styrbak. Umami: Unlocking the Secrets of the Fifth Taste. New York: Columbia University Press. 2014.

O'Connell, Libby. The American Plate: A Culinary History in 100 Bites. Naperville, IL: Sourcebooks. 2014.

Squire, Larry R (ed.). Encyclopedia of Neuroscience. Cambridge, MA: Elsevier/Academic Press. 2009.

U.S. Food and Drug Administration. "Added Sugars on the New Nutrition Facts Label." FDA.gov. Updated March 11, 2020. https://www.fda.gov/food/new-nutrition-facts-label/added-sugars-new-nutrition-facts-label.

Zaraska, Marta. Meathooked: The History and Science of Our 2.5-Million-Year Obsession with Meat. New York: Basic Books. 2016

8장: 산업계의 속임수

Batheja, Aman. "The Time Oprah Winfrey Beefed with the Texas Cattle Industry."

Texas Tribune, Jan. 10, 2018. https://www.texastribune.org/2018/01/10/time-oprah-winfrey-beefed-texas-cattle-industry/.

Cook, Ken. "Government's Continuing Bailout of Corporate Agriculture." Environmental Working Group, May 5, 2010. https://www.ewg.org/news-insights/news/governments-continuing-bailout-corporate-agriculture.

Coudray, Guillaume. Who Poisoned Your Bacon? The Dangerous History of Meat Additives. London: Icon Books. 2021.

Davies, Steve. "Court Dismisses Challenge to Payments for Pork Trademark." Agri-Pulse, Aug. 23, 2019. https://www.agri-pulse.com/articles/12538-court-dismisses-challenge-to-payments-for-pork-trademark.

Genoways, Ted. "Gagged by Big Ag." Mother Jones, July, 2013. https://www.texastribune.org/2018/01/10/time-oprah-winfrey-beefed-texas-cattle-industry/.

Lusk, Jayson. "Are Farm Subsidies Making Us Fat?" Jayson Lusk: Food and Agricultural Economist (blog), Aug. 11, 2021. http://jaysonlusk.com/blog/2016/7/22/are farm-subsidies-making-us-fat.

Morgan, Dan. "Industry Finds a Way around Budget Cutters." Washington Post, June 26, 1995. https://www.washingtonpost.com/archive/politics/1995/06/26/industry-finds-a-way-around-budget-cutters/ff605843-4532-4e95-ad08-88bb590b3e6f/.

Nepveux, Michael. "Chicken and Pork in Cold Storage Lead to Lower Overall Levels of Meat and Poultry." American Farm Bureau, March 24, 2021. https://www.fb.org/market-intel/chicken-and-pork-in-cold-storage-lead-to-lower-overall-levels-of-meat-and-p.

Nestle, Marion. "Least Credible Food Industry Ad of the Week: JBS and Climate Change." Food Politics (blog), April 26, 2021. https://www.foodpolitics.com/2021/04/least-credible-food-industry-ad-of-the-week-jbs-and-climate-change/.

US Agricultural Marketing Service. "USDA Additional Food Purchase Plans." US Department of Agriculture, May 4, 2020. https://www.ams.usda.gov/press-release/usda-announces-additional-food-purchase-plans.

US Department of Agriculture. "Regulatory Reform at a Glance. Proposed Rule: School Meals Flexibilities." Jan. 2020. https://fns-prod.azureedge.net/sites/default/files/resource-files/school-meals-flexibilities-fact-sheet.pdf.

Vinik, Danny. "A $60 Million Pork Kickback?" Politico, Aug. 30, 2015. https://www.politico.com/agenda/story/2015/08/a-60-million-pork-kickback-000210/.

Wildavsky, Aaron. But Is It True? A Citizen's Guide to Environmental Health and Safety Issues. Cambridge, MA: Harvard University Press, 1997.

9장: 육류의 역설

Brissette, Christy. "Is Meat Manly? How Society Pressures Us to Make Gendered Food Choices." Washington Post, Jan. 25, 2017. https://www.washingtonpost.com/lifestyle/wellness/is-meat-manly-how-society-pressures-us-to-make-gendered-food-choices/2017/01/24/84669506-dce1-11e6-918c-99ede3c8cafa_story.html.

Casserly, Meghan. "Grilling, Guys and the Great Gender Divide." Forbes, July 1, 2010. https://www.forbes.com/2010/07/01/grilling-men-women-barbecue-forbes-woman-time-cooking.html?sh=6207f7ecbad6.

Facts First (blog). "Does Biden's Climate Plan Include 'Cutting 90% of Red Meat from Our Diets by 2030?'" CNN. https://www.cnn.com/factsfirst/politics/factcheck_e5e088b0-0b69-400b-aa5d-b5cfb9168d33.

Goodyer, Paula. "Meat Eaters Justify Diet Using 'Four Ns': Natural, Necessary, Normal, Nice." Sydney Morning Herald, May 30, 2015. https://www.smh.com.au/lifestyle/health-and-wellness/meat-eaters-justify-diet-using-four-ns-natural-necessary-normal-nice-20150530-ghd5le.html.

Hendricks, Scotty. "Poorer People Eat More Meat to Feel Affluent, New Study Claims." Big Think, Sep. 13, 2018. https://bigthink.com/scotty-hendricks/a-new-study-finds-that-poorer-people-eat-more-meat-to-feel-more-affluent.

Hodson, Gordon. "The Meat Paradox: Loving but Exploiting Animals." Psychology Today, March 3, 2014. https://www.psychologytoday.com/us/blog/without-prejudice/201403/the-meat-paradox-loving-exploiting-animals.

Ramanujan, Krishna. "Eating Green Could Be in Your Genes." Cornell Chronicle, March 29, 2016. https://news.cornell.edu/stories/2016/03/eating-green-could-be-your-genes.

Smith, Kat. "Conservatives Consume Way More Meat and Dairy Than Liberals, Study Finds." LiveKindly. https://www.livekindly.co/conservatives-more-meat-than-liberals/.

Sparkman, Gregg, et al. "Cut Back or Give It Up? The Effectiveness of Reduce and Eliminate Appeals and Dynamic Norm Messaging to Curb Meat Consumption." Journal of Environmental Psychology 75 (June 2021): 101592.

Sugar, Rachel. "The Politics of 'Dude Food.'" Vox, Jan. 6, 2021. https://www.vox.com/

the-goods/22178806/diners-dudes-diets-emily-contois.

University of Oslo. "The Meat Paradox." ScienceDaily, Oct. 11, 2016. www.sciencedaily.com/releases/2016/10/161011125655.htm.

Weill, Kelly. "Why Right Wingers Are Going Crazy about Meat." The Daily Beast, Aug. 25, 2018. https://www.thedailybeast.com/why-right-wingers-are-going-crazy-about-meat.

Whalen, Eamon. "How Red Meat Became the Red Pill for the Alt-Right." The Nation, June 15, 2020. https://www.thenation.com/article/society/beef-red-pill-right/.

Zaraska, Marta. "Hooked on Meat: How Cultural Beliefs and Attitudes Drive Meat Consumption." Meatonomics (blog), April 20, 2016. https://meatonomics.com/2016/04/20/hooked-on-meat-how-cultural-beliefs-and-attitudes-drive-meat-consumption/.

10장 시계를 되돌려

Agricultural Marketing Service. "National Monthly Grass Fed Beef Report." US Department of Agriculture, Aug. 27, 2021. https://www.ams.usda.gov/mnreports/lsmngfbeef.pdf.

Benenson, Bob. "Grazing in the Grass Is Growing Fast." New Hope Network, April 3, 2019. https://www.newhope.com/market-data-and-analysis/grazing-grass-growing-fast.

Brissette, Christy. "Your 'Grass-Fed' Beef May Not Have Come from a Cow Grazing in a Pasture. Here's Why." Washington Post, Dec. 19, 2018. https://www.washingtonpost.com/lifestyle/wellness/your-grass-fed-beef-may-have-not-have-come-from-a-cow-grazing-in-a-pasture-heres-why/2018/12/13/7e65ebb2-fc91-11e8-83c0-b06139e540e5_story.html.

Consumer Reports. "Why Grass-Fed Beef Costs More." Yahoo Finance, Aug 24, 2015. https://finance.yahoo.com/news/why-grass-fed-beef-costs-100000222.html.

Goldman, Jason G. "Is Meat-Eating a Conversation Tactic?" The Thoughtful Animal (blog), April 12, 2013, https://blogs.scientificamerican.com/thoughtful-animal/is-meat-eating-a-conservation-tactic/.

Held, Lisa. "Despite Many Challenges, Grassfed Beef Could Go Mainstream." Civil Eats, June 7, 2017. https://civileats.com/2017/06/07/despite-many-challenges-grassfed-beef-could-go-mainstream/.

Humaneitarian. "On Being a Humaneitarian." https://humaneitarian.org/being-a-humaneitarian/on-being-a-humaneitarian/#.YSrlBS1h3BB.

LowImpact.org. "Is Eating Meat Ethical or Sustainable? Interview with Simon Fairlie, Author of 'Meat: A Benign Extravagance.'" Sep. 16, 2018. https://www.lowimpact.org/is-eating-meat-ethical-simon-fairlie-interview/.

New York Times. "Your Questions about Food and Climate Change, Answered." April 30, 2019. https://www.nytimes.com/interactive/2019/04/30/dining/climate-change-food-eating-habits.html?smid=fb-share.

O'Connor, Jennifer. "Barriers for Farmers and Ranchers to Adopt Regenerative Ag Practices in the U.S." Guidelight Strategies, Aug. 2020. https://forainitiative.org/wp-content/uploads/Barriers-to-Adopt-Regnerative-Agriculture-Interactive.pdf.

Skool of Vegan. "I Only Eat Humane Animal Products." http://www.skoolofvegan.com/humane-meat.html.

Stone Barns Center for Food and Agriculture. "Back to Grass: The Market Potential for U.S. Grassfed Beef." April, 2017. https://www.organicconsumers.org/sites/default/files/grassfed-marketstudy-f.pdf.

White Oak Pastures. "Study: White Oak Pastures Beef Reduces Atmospheric Carbon." June 4, 2019. https://blog.whiteoakpastures.com/blog/carbon-negative-grassfed-beef.

Zimberoff, Larissa. "There's a New 'Organic' Food That Fights Global Warming." Bloomberg Green, April 23, 2021. https://www.bloomberg.com/news/articles/2021-04-23/regenerative-farming-is-a-new-kind-of-organic-food-that-s-good-for-earth-too.

11장: 식물 2.0

Balu, Nivedita. "Impossible Foods Raises $200 Million in Fresh Funding." Reuters, Aug. 13, 2020. https://www.reuters.com/article/us-impossible-foods-funding/impossible-foods-raises-200-million-in-fresh-funding-idUSKCN2592WV.

Plant Based Foods Association. "2020 Retail Sales Data Announcement." Press release, April 6, 2021. https://www.plantbasedfoods.org/2020-retail-sales-data-announcement/.

Shanker, Deena. "Impossible and Beyond Slash Prices as Fake-Meat Market Heats Up." Bloomberg Businessweek, April 16, 2021. https://www.bloomberg.com/news/articles/2021-04-16/beyond-meat-bynd-impossible-foods-battle-over-future-offake-meat-industry.

12장: 도축 없는 육류

Blaustein-Rejto, Dan, and Alex Smith. "We're on Track to Set a New Record for Global Meat Consumption." MIT Technology Review, April 26, 2021. https://www.technologyreview.com/2021/04/26/1023636/sustainable-meat-livestock-production-climate-change/.

Flynn, Adam. "Industry Parallels: Algal Biofuels." New Harvest 2018 Conference, July 21, 2018. https://www.pscp.tv/futurefoodshow/1ZkKzNvMNqwKv.

University of Oxford. "Lab-Grown Meat Would Cut Greenhouse Gas Emissions and Save Energy, Research Suggests." ScienceDaily, July 18, 2011. http://www.sciencedaily.com/releases/2011/07/110714101036.htm.

Zaraska, Marta. "Lab-Grown Meat Is in Your Future, and It May Be Healthier Than

the Real Stuff." Washington Post, May 2, 2016. https://www.washingtonpost.com/national/health-science/lab-grown-meat-is-in-your-future-and-it-may-be-healthier-than-the-real-stuff/2016/05/02/aa893f34-e630-11e5-a6f3-21ccdbc5f74e_story.html.

맺음말 - 나는 산업형 축산에 반대합니다

Lusk, Jayson. "The Political Polarization of Meat Demand." Jayson Lusk: Food and Agricultural Economist (blog), April 23, 2019. http://jaysonlusk.com/blog/2019/4/23/the-political-polarization-of-meat-demand.

고기는 절반만 먹겠습니다

초판 1쇄 인쇄 2023년 6월 20일
초판 1쇄 발행 2023년 6월 27일

지은이 브라이언 케이트먼
옮긴이 김광수
펴낸이 이범상
펴낸곳 (주)비전비앤피 · 애플북스

기획 편집 이경원 차재호 정락정 김승희 김연희 박성아 김태은 신은정 박승연 박다정
디자인 최원영 허정수 이설
마케팅 이성호 이병준
전자책 김성화 김희정
관리 이다정

주소 우)04034 서울시 마포구 잔다리로7길 12 (서교동)
전화 02)338-2411 | **팩스** 02)338-2413
홈페이지 www.visionbp.co.kr
인스타그램 www.instagram.com/visionbnp
포스트 post.naver.com/visioncorea
이메일 visioncorea@naver.com
원고투고 editor@visionbp.co.kr

등록번호 제313-2007-000012호

ISBN 979-11-92641-14-0   03330

도서에 대한 소식과 콘텐츠를
받아보고 싶으신가요?